国家出版基金项目
NATIONAL PUBLICATION FOUNDATION

中宣部2022年主题出版重点出版物

“十四五”国家重点图书出版规划项目

纪录小康工程

全面建成小康社会

西藏大事记

XIZANG DASHIJI

本书编写组 编

XZCB 西藏人民出版社

责任编辑：苏远尚
封面设计：石笑梦　格桑罗布
版式设计：胡欣欣　格桑罗布

图书在版编目（CIP）数据

全面建成小康社会西藏大事记 / 本书编写组 编 .— 拉萨：西藏人民出版社，2022.7
（“纪录小康工程”地方丛书）
ISBN 978 − 7 − 223 − 07128 − 4

I. ①全…　II. ①本…　III. ①小康建设 – 大事记 – 西藏　IV. ① F124.7

中国版本图书馆 CIP 数据核字（2022）第 078815 号

全面建成小康社会西藏大事记
QUANMIAN JIANCHENG XIAOKANG SHEHUI XIZANG DASHIJI

本书编写组

西藏人民出版社发行
（850000　拉萨市林廓北路 20 号）

深圳市精彩印联合印务有限公司印刷

2022 年 10 月第 1 版　2022 年 10 月第 1 次印刷
开本：710 毫米 ×1000 毫米 1/16　印张：24.875
字数：305 千字

ISBN 978 − 7 − 223 − 07128 − 4　定价：88.00 元

邮购地址 850000　拉萨市林廓北路 20 号

总　序

为民族复兴修史　为伟大时代立传

小康，是中华民族孜孜以求的梦想和夙愿。千百年来，中国人民一直对小康怀有割舍不断的情愫，祖祖辈辈为过上幸福美好生活劳苦奋斗。“民亦劳止，汔可小康”“久困于穷，冀以小康”“安得广厦千万间，大庇天下寒士俱欢颜”……都寄托着中国人民对小康社会的恒久期盼。然而，这些朴素而美好的愿望在历史上却从来没有变成现实。中国共产党自成立那天起，就把为中国人民谋幸福、为中华民族谋复兴作为初心使命，团结带领亿万中国人民拼搏奋斗，为过上幸福生活胼手胝足、砥砺前行。夺取新民主主义革命伟大胜利，完成社会主义革命和推进社会主义建设，进行改革开放和社会主义现代化建设，开创中国特色社会主义新时代，经过百年不懈奋斗，无数中国人摆脱贫困，过上衣食无忧的好日子。

特别是党的十八大以来，以习近平同志为核心的党中央统揽中华民族伟大复兴战略全局和世界百年未有之大变局，团结带领全党全国各族人民统筹推进“五位一体”总体布局、协调推进“四个全面”战略布局，万众一心战贫困、促改革、抗疫情、谋发展，党和国家事业取得历史性成就、发生历史性变革。在庆祝中国共产党成立100周年大会上，习近平总书记庄严宣告：“经过全党全国各族人民持续奋斗，我们实现了第一个百年奋斗目标，在中华大地上全面建成了小康社会，历史性地解决了绝对贫困问题，正在意气风发向着全面建成社会主义现代化强国的第二个百年奋斗目标迈进。”

这是中华民族、中国人民、中国共产党的伟大光荣！这是百姓的福祉、国家的进步、民族的骄傲！

全面小康，让梦想的阳光照进现实、照亮生活。从推翻“三座大山”到“人民当家作主”，从“小康之家”到“小康社会”，从“总体小康”到“全面小康”，从“全面建设”到“全面建成”，中国人民牢牢把命运掌握在自己手上，人民群众的生活越来越红火。“人民对美好生活的向往，就是我们的奋斗目标。”在习近平总书记坚强领导、亲自指挥下，我国脱贫攻坚取得重大历史性成就，现行标准下9899万农村贫困人口全部脱贫，建成世界上规模最大的社会保障体系，居民人均预期寿命提高到78.2岁，人民精神文化生活极大丰富，生态环境得到明显改善，公平正义的阳光普照大地。今天的中国人民，生活殷实、安居乐业，获得感、幸福感、安全感显著增强，道路自信、理论自信、制度自信、文化自信更加坚定，对创造更加美好的生活充满信心。

全面小康，让社会主义中国焕发出蓬勃生机活力。经过长期努力特别是党的十八大以来伟大实践，我国经济实力、科技实力、国防实力、综合国力跃上新的大台阶，成为世界第二大经济体、第一大工业国、第一大货物贸易国、第一大外汇储备国，国内生产总值从 1952 年的 679 亿元跃升至 2021 年的 114 万亿元，人均国内生产总值从 1952 年的几十美元跃升至 2021 年的超过 1.2 万美元。把握新发展阶段、贯彻新发展理念、构建新发展格局、推动高质量发展，全面建设社会主义现代化国家，我们的物质基础、制度基础更加坚实、更加牢靠。全面建成小康社会的伟大成就充分说明，在中华大地上生气勃勃的创造性的社会主义实践造福了人民、改变了中国、影响了时代，世界范围内社会主义和资本主义两种社会制度的历史演进及其较量发生了有利于社会主义的重大转变，社会主义制度优势得到极大彰显，中国特色社会主义道路越走越宽广。

全面小康，让中华民族自信自强屹立于世界民族之林。中华民族有五千多年的文明历史，创造了灿烂的中华文明，为人类文明进步作出了卓越贡献。近代以来，中华民族遭受的苦难之重、付出的牺牲之大，世所罕见。中国共产党带领中国人民从沉沦中觉醒、从灾难中奋起，前赴后继、百折不挠，战胜各种艰难险阻，取得一个个伟大胜利，创造一个个发展奇迹，用鲜血和汗水书写了中华民族几千年历史上最恢宏的史诗。全面建成小康社会，见证了中华民族强大的创造力、坚韧力、爆发力，见证了中华民族自信自强、守正创新精神气质的锻造与激扬，实现中华民族伟大复兴有了更为主动的精神力量，进入不可逆转的历史进程。今天，我们比历史上任何时期都更接近、更有信心和能力实现中华民族伟大复兴的目标，中国人民的志气、骨气、底气极大增强，奋进新征程、建功新时代有着前所未有的历史主动精神、历史创造精神。

全面小康，在人类社会发展史上写就了不可磨灭的光辉篇章。中华民族素有和合共生、兼济天下的价值追求，中国共产党立志于为人类谋进步、为世界谋大同。中国的发展，使世界五分之一的人口整体摆脱贫困，提前十年实现联合国2030年可持续发展议程确定的目标，谱写了彪炳世界发展史的减贫奇迹，创造了中国式现代化道路与人类文明新形态。这份光荣的胜利，属于中国，也属于世界。事实雄辩地证明，人类通往美好生活的道路不止一条，各国实现现代化的道路不止一条。全面建成小康社会的中国，始终站在历史正确的一边，站在人类进步的一边，国际影响力、感召力、塑造力显著提升，负责任大国形象充分彰显，以更加开放包容的姿态拥抱世界，必将为推动构建人类命运共同体、弘扬全人类共同价值、建设更加美好的世界作出新的更大贡献。

回望全面建成小康社会的历史，伟大历程何其艰苦卓绝，伟大胜利何其光辉炳耀，伟大精神何其气壮山河！

这是中华民族发展史上矗立起的又一座历史丰碑、精神丰碑！这座丰碑，凝结着中国共产党人矢志不渝的坚持坚守、博大深沉的情怀胸襟，辉映着科学理论的思想穿透力、时代引领力、实践推动力，镌刻着中国人民的奋发奋斗、牺牲奉献，彰显着中国特色社会主义制度的强大生命力、显著优越性。

因为感动，所以纪录；因为壮丽，所以丰厚。恢宏的历史伟业，必将留下深沉的历史印记，竖起闪耀的历史地标。

中央宣传部牵头，中央有关部门和宣传文化单位，省、市、县各级宣传部门共同参与组织实施“纪录小康工程”，以为民族复兴修史、为伟大时代立传为宗旨，以“存史资政、教化育人”为目的，形成了数据库、大事记、系列丛书和主题纪录片 4 方面主要成果。目前已建成内容全面、分类有序的 4 级数据库，编纂完成各级各类全面小康、脱贫攻坚大事记，出版“纪录小康工程”丛书，摄制完成纪录片《纪录小康》。

“纪录小康工程”丛书包括中央系列和地方系列。中央系列分为“擘画领航”“经天纬地”“航海梯山”“踔厉奋发”“彪炳史册”5 个主题，由中央有关部门精选内容组织编撰；地方系列分为“全景录”“大事记”“变迁志”“奋斗者”“影像记”5 个板块，由各省（区、市）和新疆生产建设兵团结合各地实际情况推出主题图书。丛书忠实纪录习近平总书记的小康情怀、扶贫足迹，反映党中央关于全面建成小康社会重大决策、重大部署的历史过程，展现通过不懈奋斗取得全面建成小康社会伟大胜利的光辉历程，讲述在决战脱贫攻坚、决胜全面小康进程中涌现的先进个人、先进集体和典型事迹，揭示辉煌成就和历史巨变背后的制度优势和经验启示。这是对全面建成小康社会伟大成就的历史巡礼，是对中国共产党和中国人民奋斗精神的深情礼赞。

历史昭示未来，明天更加美好。全面建成小康社会，带给中国人民的是温暖、是力量、是坚定、是信心。让我们时时回望小康历程，深入学习贯彻习近平新时代中国特色社会主义思想，深刻理解中国共产党为什么能、马克思主义为什么行、中国特色社会主义为什么好，深刻把握“两个确立”的决定性意义，增强“四个意识”、坚定“四个自信”、做到“两个维护”，以坚如磐石的定力、敢打必胜的信念，集中精力办好自己的事情，向着实现第二个百年奋斗目标、创造中国人民更加幸福美好生活勇毅前行。

目　录

一九四九年

2 月 3 日 毛泽东在西柏坡与米高扬会谈时谈到解决西藏问题。毛泽东和党中央于 2 月 1—3 日在河北省平山县西柏坡中共中央所在地会见了来访的苏共中央政治局委员 A · 米高扬一行，并进行座谈。毛泽东在会谈中指出，解放全国，比较麻烦的有两处：台湾和西藏。其实西藏问题也并不难解决，只是不能太快，不能过于鲁莽，因为:（1）交通困难，大军不便行动，给养供应麻烦也较多；（2）民族问题，尤其是受宗教控制的地区，解决它更需要时间，须要稳步前进，不应操之过急。

9 月 7 日 周恩来在“关于人民政协的几个问题”的报告中谈西藏工作。他在谈话中强调，我们主张民族自治，但一定要防止帝国主义利用民族问题来挑拨离间中国的统一。

10 月 1 日 青海致电毛泽东、朱德希望早日解放西藏。10 月 1 日，

中华人民共和国中央人民政府在北京成立。中国人民解放军总部向全军发出命令：迅速肃清国民党反动军队的残余，解放一切尚未解放的国土。居留在青海的班禅额尔德尼 · 确吉坚赞在给毛泽东主席、朱德总司令的致电中表示，拥护中央人民政府，希望早日解放西藏。

10 月 10 日 毛泽东电告一兵团出兵西藏解放藏北。在第一野战军第一兵团进军新疆途中，毛泽东于 10 月 10 日电示第一兵团司令员兼政委王震：“你们的进军任务，包括出兵西藏，解放藏北。”

10 月 13 日 毛泽东确定第二野战军经营云贵川康及西藏。

11月23日 毛泽东致电彭德怀提出以西北为主进军和经营西藏。毛泽东在电报中指出："经营西藏问题请你提到西北局会议上讨论一下。""就现在情况看来，应责成西北局担负主要的责任，西南局则担任第二位的责任。"同时指出："解决西藏问题不出兵是不可能的，出兵当然不只有西北一路，还要有西南一路。故西南局在川康平定后，即应着手经营西藏。"

12月30日 彭德怀致电中央并毛泽东提出西北入藏困难大，由西南入藏为易。彭德怀详细报告了由新疆、青海入藏路线的道路和气候情况，提出："由青海、新疆入藏困难甚大，难以克服。由打箭炉分两路，一路经理塘、科麦，一路经甘孜、昌都，两路入藏，较青新两路为易。如入藏任务归西北，须在和田、于田、玉树屯兵囤粮，修筑道路，完成入藏准备，需要两年，且由南疆入后藏，及由大河坝入前藏，两路每年只有4个月（即5月中旬至9月）可通行，其余8个月，因大雪封山不能行动。"

12月 毛泽东提出"进军西藏宜早不宜迟"。毛泽东赴苏联访问，途经满洲里时，给中共中央并西南局写了一封信。时任第二野战军司令部作战处处长的李觉收到信后，立即呈送刘伯承司令员、邓小平政委。信的大意是：印、美都在打西藏的主意，解放西藏的问题要下决心了，"进军西藏宜早不宜迟，否则夜长梦多"。

一九五〇年

1月2日　毛泽东从莫斯科致电党中央确定由西南局担负进军和经营西藏的任务。毛泽东在致党中央、彭德怀、邓小平、刘伯承及贺龙的电报中说："西藏人口虽不多，但国际地位极重要。""由青海及新疆向西藏进军，既有很大困难，则向西藏进军及经营西藏的任务应确定由西南局担负。"电报还指出，"进军及经营西藏是我党光荣而艰苦的任务"，要求西南局确定入藏的部队及领导经营西藏的负责干部，还对西南局组织进军西藏的各项准备工作，提出了具体的意见。

1月10日　毛泽东致电党中央同意第二野战军的进军西藏计划。电报中指出："现在英国、印度、巴基斯坦均已承认我们，对于进军西藏是有利的。""经营西藏应成立一个党的领导机关。""这个领导机关应迅即确定，责成他们负责筹划一切，并定出实行计划，交西南局及中央批准。"

1月24日　中央致电西南局、西北局，赞同刘、邓"多路向心进兵"，建议和批准成立中共西藏工委。电报说，已决定十八军为进军西藏的主力，并提议由青海、新疆及云南各出一支兵向西藏多路向心进兵，以便解决粮食及地形上的困难。望西北局和王震立即讨论并提出意见。同意西南局上报的中共西藏工作委员会组成人员名单，并请西北局考虑是否还有其他人可以加入此委员会。

3月4日　第十八军在乐山召开庆功暨进军西藏誓师大会，号召全军指战员坚决执行中央命令，发扬解放军光荣传统和革命英雄主义精神，进军西藏，解放西藏人民。大会庄严宣誓：定把五星红旗插上喜马拉雅山！

5月17日 中央正式确定关于和平解放西藏的方针，并电示西南局、西北局起草同西藏进行和平谈判的条款。5月11日，西南局为便于西藏问题能够政治解决，拟定了关于解决西藏的方针、政策四条，报请中央审批。中央肯定了西南局拟定的四条，指出："在解放西藏的既定方针下和军事进攻的同时，利用一切可能以加强政治争取工作，是完全必要的。"中央指出："这里的基本问题，是西藏方面必须驱逐英、美帝国主义侵略势力，协助人民解放军入藏。我们方面则可以承认西藏的政治制度、宗教制度，连同达赖的地位在内，以及现有的武装力量、风俗习惯，概不变更，并一律加以保护。"

6月6日 第十八军进军西藏的南路先遣部队出发。南路进藏先遣部队（157团1营以及军后派出沿途设置兵站人员，共570人），于6月6日自西康省天全出发，于8月2日抵达巴安（今巴塘），与在该地活动的我党地下工作人员胜利会师。157团主力也于9月29日到达巴安。

6月18日 由第一军组建的青海骑兵支队600多人、马1000余匹，在支队长孙巩、政委冀春光率领下，自西宁出发，于7月24日进抵玉树。

7月27日 新疆独立骑兵师决定派出先遣连向西藏进军。先遣连为独立骑兵师1团1连，包括汉、回、藏、蒙古、锡伯、维吾尔、哈萨克7个民族，共130余人（加强连）。团保卫股长李狄三，以团党委和团首长的代表身份，带领这个连执行任务。

8月26日 雅安至甘孜段公路通车。公路通车后，十八军后方运输部队即实行全线紧急运输，抢运物资。至年底，出动汽车11000多台次，向甘孜等地运送物资35500余吨。

10 月 6 日—24 日　昌都战役胜利结束。这一战役经过大小战斗 20 余次，败、俘藏军 5700 余人，占当时藏军总数的三分之一，俘虏福特等英印特务 4 人，打开进军西藏的大门，为和平解放西藏创造了条件。

11 月　中共昌都工作委员会成立。

12 月 27 日　昌都地区召开第一届人民代表会议，昌都地区人民解放委员会宣告成立。会议共开 7 天，着重讨论贯彻中央关于和平解放西藏的各项政策和成立昌都地区人民解放委员会等问题。31 日，会议产生了以阿沛·阿旺晋美为主任的昌都地区僧俗人民争取和平解放西藏工作委员会，该委员会于 1951 年 1 月 1 日发出了争取和平解放西藏的签名书。1951 年 1 月 1 日，会议选举出昌都地区解委会委员 35 人。昌都地区人民解放委员会宣告成立。

一九五一年

1月10日 周恩来致电张宗逊、习仲勋并告中共中央西北局、新疆军区、西南军区关于进军西藏事由。电文说：（一）“由新疆出兵西藏及新疆公路问题，王震同志来京时已经谈妥。”所需汽油，“中财委允许照数拨给，但需新疆自己解决运输问题”。（二）“为配合西南入藏作战，今春在必要时，可由玉树向黑河方向出动少数骑兵。”“为准备将来护送班禅入藏，则仍应以青海八百骑兵，再招收若干青海藏人作为班禅卫队，入藏后并准备长期留下，成为干部。”“此项任务，望你们责成青海军区特别注意完成。”

1月31日 周恩来指示西北进藏事宜。周恩来在京接见相关同志。在谈话中，周恩来对西北进藏的任务、路线、领导关系、干部配备、通讯联络等问题，均作了明确指示。

3月 康藏公路修建司令部成立。昌都小学成立。

4月29日 中央人民政府和西藏地方政府的代表开始进行和平解放西藏问题的谈判。中央人民政府全权代表李维汉、张经武、张国华、孙志远和西藏地方政府全权代表阿沛·阿旺晋美、凯墨·索安旺堆、土丹旦达、土登列门、桑颇·登增顿珠，正式开始举行关于和平解放西藏问题的谈判。

5月23日 《中央人民政府和西藏地方政府关于和平解放西藏办法的协议》在京签字。签字仪式在北京中南海勤政殿举行，由中央人民政府朱德副主席、李济琛副主席和政务院陈云副总理主持。签字后，中央人民政府首席代表李维汉和西藏地方政府首席代表阿沛·阿旺晋美致词，最后朱德副主席讲话。

5 月 23 日 毛泽东指示西藏一切工作必须慎重稳进。《十七条协议》签订当天下午，毛泽东听取协议签字情况的汇报。毛泽东详细询问了进藏部队的思想和生活情况，要求部队很快进军拉萨，为全部实现十七条协议而努力。毛泽东指示说："你们在西藏考虑任何问题，首先要想到民族和宗教问题这两件大事，一切工作必须慎重稳进。"

5 月 25 日 毛泽东发布进军训令。训令指出：我人民解放军为了保证协议的实现与巩固国防的需要，决定派必要的兵力进驻西藏。《训令》对西南、西北部队进军、补给、修筑公路、机场等都作出了部署。

6 月 11 日 中央同意西藏工委吸收西北西藏工委同志参加。中央复电西南局并西北局：关于工委组织，同意西南局的第二种方案，即在原有 8 人外，再吸收西北西藏工委中之范明、慕生忠、牙含章 3 人参加，并增加范明为副书记。两个工委在会合前都不变。

8 月 3 日 新疆独立骑兵师一部，进驻阿里首府噶大克。至此，该部番号改为阿里骑兵支队。

8 月 22 日 由青海方向进藏的第十八军独立支队，开始由青海香日德向拉萨进发。出发前，部队颁布了《进藏行军计划》《草地行军常识》，随后又颁布了《入藏守则》。班禅堪布会议厅先遣工作队一部分人员同行。

9 月 13 日 毛泽东指示进藏部队进行农业生产。毛泽东电告邓小平，进藏部队抵达拉萨、日喀则后，应抽出兵力进行农业生产。甘孜至拉萨沿途部队，今后亦应以生产与筑路并重，一部分修路，一部分生产。

9 月 28 日 张经武向达赖赠送毛泽东的礼品。中央人民政府赴藏代表张经武到罗布林卡向达赖赠送毛泽东的礼物中，有针织哈达 1 条，毛泽东画像 1 帧，全国政协第一届全体会议纪念刊 1 册，大幅彩色天安门照片 1 帧，《伟大祖国》照片 1 套，以及许多象牙雕刻、玛瑙玉器、瓷器、湘绣、绸缎等珍贵物品。达赖接受礼物时向毛泽东像致敬。送礼毕，达赖在卧室同张经武会谈。当张经武谈到希望达赖致电中央对协议表示态度时，达赖说他正准备致电毛泽东表示拥护。达赖祝毛泽东身体健康。

10 月 26 日　张国华、谭冠三率领进藏部队进入拉萨。部队举行入城式，受到西藏地方政府官员和 20000 多僧俗人民的盛大欢迎。

12 月 1 日　第十八军独立支队在司令员范明、政委慕生忠率领下到达拉萨，受到西藏人民和先期到达拉萨的张经武、张国华、谭冠三和进藏部队的热烈欢迎。班禅堪厅先遣工作队 150 余人在计晋美率领下，同时到达拉萨。

12 月 20 日　西南、西北十八军机关与十八军独立支队举行会师大会。会上，谭冠三致词，张经武、张国华、范明、阿沛 · 阿旺晋美等讲话，大会向毛泽东、朱德发了致敬电。

一九五二年

1 月 10 日　中国共产党西藏工作委员会在拉萨召开干部大会，宣布工委组成及各部委人员名单。

2 月 10 日　奉中央军委命令，中国人民解放军西藏军区在拉萨成立，统一领导西藏地区武装部队，十八军番号随即撤销。11 日，在布达拉宫前的广场上举行西藏军区成立大会，检阅解放军驻藏部队。同日，西藏军区藏文藏语训练班开学，后改为军区干部学校，再后改为西藏干部学校。

4 月 6 日　党中央发出毛泽东起草的《关于西藏工作方针的指示》。指示中指出：我们惟靠两条基本政策，争取群众，使自己立于不败。第一条是精打细算，生产自给，并以此影响群众，这是最基本的环节。第二条是同印度和内地打通贸易关系。指示说："我们要用一切努力和适当办法，争取达赖及其上层集团的大多数，孤立少数坏分子，达到不流血地在多年内逐步地改革西藏经济、政治的目的；但也要准备对付坏分子可能率领藏军举行叛变，向我袭击。"指示说："目前不仅没有全部实行协定的物质基础，也没有全部实行协定的群众基础。""目前不要改编藏军，也不要在形式上成立军分区，也不要成立军政委员会。暂时一切仍旧，拖下去，以待一年或两年后我军确能生产自给并获得群众拥护的时候，再谈这些问题。"

5 月 22 日　西藏工委在西藏发放第一批无息农贷。这次西藏工委（对外以进藏部队先遣支队政治部代理人民银行名义）在拉萨郊区农村发放无息农贷共30多万元（银元）。

6月 在去冬今春部队开荒生产的基础上，拉萨西郊“七一”“八一”两个农场建成。“七一” 农场为进藏地方工作人员经营，“八一”农场为进藏部队经营。

8月15日 拉萨小学正式开学。根据中央指示，西藏工委与西藏地方政府协商，创办了拉萨小学。

8月16日 中央电复关于今后西藏地区一个时期的工作计划。7月22日，西藏工委向中央报告了西藏地区一个时期的工作计划，对西藏的政治形势作了估计，提出“统一战线应以反帝爱国为主和以稳定上层、与帝国主义争夺上层为中心工作，不是反帝反封建同时并进的统战方针”。计划中提出争取今年下半年成立军分区的任务。

9月8日 西藏第一所现代医疗机构——拉萨市人民医院成立。西藏没有一所现代医疗机构，各种疾病流行。解放军进藏后，努力开展卫生医疗工作，为群众免费治病，在接近群众影响群众方面收到显著效果。1951年11月间成立的人民解放军拉萨门诊所，到人民医院成立时已免费为僧俗人民治病36000多人次，受到群众热烈欢迎。

9月 国家首批到拉萨的农业技术人员第一次试种冬小麦。

10月 中共阿里分工委成立，受西藏工委和新疆分局双重领导。

11月21日 康藏公路甘孜至昌都段通车。昌都通车后，十八军后方部队司令部不久就前进到昌都，昌都成了进藏部队运输补给的重要基地。

12月1日 西藏军区第一届党代表会议在拉萨召开。驻太昭以西各部队党员代表3338人参加了会议。会议以解决西藏工作的政策、策略和长期建藏两个问题为重点。一致通过向党中央、毛主席表示长期建设西藏的决心。这是进藏部队全体指战员在认识上从“三年一换”

到长期建藏的飞跃，是革命英雄主义的集中体现。同日，西藏军区干部学校开学。

一九五三年

1月28日 中共黑河（今那曲）分工委成立，对外称独立支队驻黑河办事处。

1月31日 拉萨市爱国青年文化联谊会成立。这是一个争取、团结西藏各族青年的统一战线性质的组织。

1月 西北局组成西北运输总队。1952年冬，由于运输困难，进藏部队发生严重粮荒。为解决进藏部队供应问题，中央指示在加紧修筑康藏公路的同时，责成西北局组成一支运输队，向西藏运粮。西北局于1953年初在兰州成立了西北运输总队，王宝珊任总队长，慕生忠任政委。运输总队于当年夏季在青海、宁夏、甘肃等省（区）购买骆驼26000余峰。至1954年春，运输总队由青海向西藏藏北运送了面粉、黄豆160多万公斤，医药、器材等45000公斤，共计168万多公斤。

2月17日 康藏公路昌都至拉萨段动工修建。为了保证1954年底全线通车，西南军区决定东线（即从昌都向西）、西线（从拉萨向东）同时动工，以加快筑路速度。1953年东线后方部队集中2个师6个步兵团、2个工兵团和第一施工局技术工人、民工数千人，渡怒江天险，劈然乌石峡，战拉月通麦泥石流，全力向拉萨挺进。西线，西藏工委、西藏军区同西藏地方政府协商决定：军区负责公路设计，带领民工施工；噶厦负责调集民工（实到8066名）和第155团、军区炮兵营参加施工；由军区和噶厦联合组成筑路委员会统一领导，担负拉萨至巴河桥段（全长 323 公里）的施工任务。

3 月 15 日　西藏工委确定保证军供调剂民需的财经工作方针。西藏工委在《1953 年的工作和任务》中要求，在保证军供、调剂民需（后改为兼顾民需）的总方针下，大力开展经济统战工作，要更广泛地和贵族、寺院、商号订立购货合同，大量利用外汇，换取必要的物资，还应组织公私力量，开展内运，囤积物资，稳定物价。

3 月 17 日　中财委拨款 30 亿元（旧币）修建青藏公路格尔木至可可西里段。

4 月 20 日　康藏公路拉萨至太昭（今工布江达）段开始动工。为加快筑路速度，西藏军区和西藏地方政府联合成立筑路委员会，约 9000 多名民工参加了筑路。在筑路中，这批民工与解放军一道艰苦创业，思想觉悟不断提高，大部分成为新一代道班工人。

9 月　西藏第一个有线广播站——拉萨市有线广播站正式播音。

11 月　西北运输总队探察青藏公路线路。11 月中旬，西北运输总队在往拉萨运送物资时，决定派人探察青藏路格尔木至黑河段线路情况。对线路踏勘作出结论是：远看是山，近看是川，山高坡度缓，河多水不深。随后，又派出另一支探路队，赶着两辆胶轮车，沿着同一条路到达藏北聂荣。两次马车探路，说明该线修公路较易。

12 月 1 日　拉萨—北京、拉萨—重庆两条无线电话电路开通，并增办无限长途电话业务。

一九五四年

3月8日 拉萨市爱国妇女联谊会成立。这是争取、团结西藏妇女的统一战线性质的组织。

4月29日 中印两国政府签订《关于中国西藏地方和印度政府之间的通商和交通协定》。

5月11日 青藏公路格尔木至拉萨段动工修建。慕生忠任指挥长，任启明任副指挥长，筑路工程师为邓郁清。这段公路共长1300公里，参加施工的有运输总队职工1200人，兰州军区调来工兵1个班，卡车10台。7月30日到达可可西里（即今五道梁），81天修通了300余公里，完成第一期工程。9月中旬，第二期工程开工，10月20日打通海拔5220米的唐古拉山30公里路段。10月下旬，兰州军区派来工程兵2团，汽车100辆，投入施工。11月11日，抵达藏北黑河。

5月 西藏第一个运输企业——昌都运输公司成立，为西藏公路运输部门最早执行公路运输统计报表的单位。

7月15日 达赖、班禅联袂赴京参加第一届全国人民代表大会。达赖于7月15日离开拉萨，沿正在修建中的康藏公路赴京。7月16日，班禅经青藏线赴京。达赖、班禅在西安会合后，共同联袂进京，于9月4日到达北京。抵达北京火车站时，受到朱德副主席、周恩来总理等国家领导人和各界人士以及人民群众的热烈欢迎。

7月17日 江孜遭受特大水灾，解放军奋力抢救，中央拨款救济。年楚河上游因山上冰雪崩坍至高山湖中，湖坝崩溃，河水猛烈暴涨，江孜以下沿河地区遭受特大水灾，淹没170多个村庄，受灾群众30000余人，淹死群众691人。我驻江孜部队和江孜分工委机关工作人员，在自身同样遭受洪水袭击的危急时刻，全部出动，舍生忘死，全力抢救。政务院拨款80万银元救济灾民。进藏部队、机关在供应十分困难的情况下，紧缩内部开支，救济灾民，向灾民发放大米、青稞15000多公斤，帐篷布26000米，干部、战士捐献10万多元。10月13日，中央同意以工代赈，又拨款300万银元，修筑江孜到日喀则和江孜到亚东的公路，参加筑路的民工有4000多人。这次救灾工作，是在中共江孜分工委具体领导下进行的。在救灾过程中，大力开展上层统战工作，进行社会调查、灾情调查，把救济粮款发放到受灾的贫苦农奴手中。这次救灾工作，在群众中产生了深远的影响。

9月11日 毛泽东接见达赖和班禅额尔德尼。达赖、班禅在京期间，毛泽东多次接见他们，进行了亲切谈话。9月11日，第一届全国人大会议召开前夕，毛泽东接见达赖、班禅时，提出西藏不成立军政委员会，而成立西藏自治区筹备委员会的问题，达赖、班禅表示完全同意。

11月2日 李维汉召集达赖、班禅和进藏负责干部会议，决定成立西藏自治区筹备委员会筹备小组。李维汉召集达赖、班禅及西藏主要官员和工委在京的负责干部会议，根据毛泽东指示，对西藏不成立军政委员会而成立西藏自治区筹备委员会问题作了详细阐明，并对成立筹委会筹备小组和解决西藏有关一些历史问题作了指示。11月4日，西藏地方政府、班禅堪布会议厅委员会、昌都人民解放委员会、中央方面4个代表组，召开了第一次会议，正式成立了筹备小组。经过两个多月多次小组会议和组长联席会，个别交谈，反复协商，一致通过了5个草案，即：1. 筹委会的性质任务；2. 筹委会的人员组成；3. 筹委会下设机构；4. 筹委会与国务院的隶属关系；5. 筹委会的财政问题。

12 月 25 日 康藏、青藏公路全线通车。康藏公路从雅安到拉萨全长 2255 公里（1955 年后改称川藏公路，以成都为起点，全长 2416 公里），青藏公路从西宁到拉萨全长 2100 公里（后经改建全长 1948 公里）。两路共投入军工民工 11 万，其中康藏公路即达 10 万余人。在四年多的筑路过程中，伤亡达 3000 多人。通车典礼在拉萨举行。毛泽东为公路通车题词："庆贺康藏、青藏两公路的通车，巩固各民族人民的团结，建设祖国！"由于两条公路通车，进藏部队和进藏工作人员的补给供应问题得到解决，进藏部队在西藏站稳了脚跟。两条公路对建设西藏、巩固国防有重要意义。

一九五五年

3月9日 国务院决定成立西藏自治区筹备委员会。国务院第七次全体会议通过《关于成立西藏自治区筹备委员会的决定》。《决定》指出：西藏自治区筹委会是负责筹备成立西藏自治区的带政权性质的机关，受国务院领导。其主要任务是依据我国宪法的规定以及关于和平解放西藏办法的协议和西藏的具体情况，筹备在西藏地区实行区域自治。会上还通过《国务院关于有关西藏交通运输问题的决定》《国务院关于帮助西藏地方进行建设事项的决定》《国务院对于西藏地方政府和班禅堪布会议厅委员会之间关于历史和悬案问题的谈判达成的协议的批复》《国务院对于达赖喇嘛随行官员领导小组关于西藏自治区筹备委员会组成人员名额和比例及其主要人员、藏钞、藏军问题的报告的批复》。

3月9日 国务院全体会议第七次会议通过《关于帮助西藏地方进行建设事项的决定》。按照西藏地方目前的需要和可能条件，决定拨款并派遣技术人员，帮助西藏地方进行经济和文化建设，包括在拉萨建立一座设备较为完善的水力发电厂、在拉萨建立一座皮革厂、修筑拉萨河和年楚河的河堤水坝等。

3月11日 中央提出对西藏有关问题的指示，说："此次达赖、班禅同时来京，初步确定了成立西藏自治区筹备委员会，停止藏钞、整编藏军各方案，并在双方历史悬案谈判上达成了协议"，"这些都说明他们这次来京有结果，有进步，怀疑顾虑减少，进一步向我们靠拢，这是好的。但必须认识到这只是进了一步，而不是一大步，摆在我们面前的困难和障碍还是严重的”，“决不可由于这一进步，而滋长骄傲自满、急躁冒进情绪”。

5月1日 经国务院批准，西藏军区升格为大军区，成为全国12个大军区之一。

7月1日 西藏工委调整分工委机构。经中央批准，昌都、三十九族、波密3个地区分工委机关合并为昌都分工委，另设丁青、波密两个中心县委，丁青、波密警备区管辖区划归昌都警备区管辖。西藏工委和西藏各地分工委向社会正式公开名称，西藏地方党委以军队番号为代号的情况遂告结束。1956年，噶厦政府决定在塔布、工布地区新设塔工基巧。对此，西藏工委又将原属波密地区的这两地，组成了新的塔工分工委。

9月4日 中央对西藏工作作出重要指示：西藏民族同国内其他先进民族一样，是一定要走上而且能够走上社会主义发展道路的。在党和工人阶级政权的领导下，经过国家对西藏民族在政治、经济、文化各方面更多的长期的援助，同时在西藏内部完成了民主改革，消灭了封建农奴制度的基础上，西藏民族可以避免资本主义的发展阶段，而通过自己的道路逐步地过渡到社会主义。

10月20日 拉萨—日喀则—江孜段公路通车。公路全长330多公里。日喀则至江孜段是江孜、日喀则遭受大水灾后采用以工代赈的办法修建的。

11月23日 交通部西藏交通局在拉萨成立。

12月3日 中央指示西藏工委更广泛地开展统战工作。指示中指出：自从1954年达赖、班禅来京出席全国人民代表大会以及川藏、青藏公路通车后，西藏形势已发生了重大的有利的变化。在这种新的情况下，我们应该更积极地开展工作，特别是应该更广泛更放手地开展统一战线的工作，以巩固既得成绩，进一步地肃清帝国主义和国民党的影响，孤立反动分子，为建立西藏自治区和逐步开展群众工作创造条件。

一九五六年

1 月 16 日　中共西藏地区代表会议在拉萨举行。会议听取和讨论了《关于四年来党在西藏地区的工作总结和 1956 年工作任务》的报告，选举产生中共西藏地区监察委员会，并选出西藏地区出席中共第八次全国代表大会的代表。会议于 2 月 3 日闭幕。

3 月 1 日　西藏地区第一次国产商品展览会在拉萨开幕。

3 月 22 日　穿越藏北草原、全长 1300 多公里的黑（河）阿（里）公路试线通车。

3 月 23 日　黑阿公路试线通车。从黑河（今那曲）到阿里首府噶大克的公路是简易公路，公路穿过藏北“无人区”大草原，全长 1300 多公里。

3 月 29 日　江（孜）亚（东）公路通车。亚东为西藏通往印度的一座边城，是中印通商的重要口岸。公路于 1955 年 8 月 15 日开始修建，达赖、班禅都派代表参加公路修建委员会，任副主任委员。这条公路是“以工代赈”的方式修建的，投入民工 2000 余人，均系年楚河两岸的受灾灾民。另外还投入了一部分部队。

4 月 17 日　以陈毅为团长的中央代表团抵达拉萨。受中共中央委托，以中共中央委员、国务院副总理陈毅率领的由 17 个民族组成的中央代表团，坐汽车经青藏公路于 17 日抵达拉萨，前来参加西藏自治区筹备委员会成立大会。这是西藏和平解放以来中央向西藏派出的第一个代表团。拉萨僧俗人民 30000 余人热烈欢迎代表团；达赖、班禅额尔德尼到离城 10 里的接官亭欢迎中央代表团。拉萨举行了隆重的欢迎仪式。

4 月 22 日 西藏自治区筹备委员会成立大会在拉萨举行。中央代表团团长、国务院副总理陈毅，中央代表团副团长、中央人民政府驻西藏代表、主席办公厅主任张经武，中央代表团副团长、中共中央统一战线工作部副部长、中华人民共和国民族事务委员会副主任汪锋分别在大会上讲话。达赖致开幕词，陈毅副总理宣读国务院命令，并代表国务院把西藏自治区筹备委员会的钢印授予达赖。西藏自治区筹备委员会宣告成立。

4 月 22 日 《西藏日报》（藏、汉文版）创刊。在此以前，1952 年 11 月 1 日已创办藏、汉文版《新闻简讯》。

5 月 6 日 西藏自治区筹备委员会举行第一次会议，通过了第一号决定，内容包括：一、传达筹委会成立大会的决议和各项主要报告；二、筹委会直属各部门的建立和健全问题；三、关于西藏的各项建设问题；四、培养干部问题；五、采取措施降低物价等项事宜。

5 月 26 日 北京—拉萨航线试航成功。

6 月 30 日 筹委会秘书长阿沛·阿旺晋美宣布，筹委会所属 14 个厅、委、处全部建立。

7 月 1 日 中共山南分工委成立。

7 月 10 日 西藏工委确定在社会上开展建团、建党工作。西藏工委在《1956 年第二季度工作综合报告和第三季度工作安排》中说：西藏在社会上已经开始建团建队（少先队），截至目前，拉萨、日喀则、昌都三地区已发展团员 449 人。这就为今后在西藏社会上建党打下了初步基础。第三季度中，在全区普遍地开展建团建队工作，并在拉萨、日喀则、昌都、江孜等地在社会上开展建党工作。

8 月 29 日—10 月 9 日 西藏各地基巧级办事处相继成立。8 月 29

日，自治区筹委会下属的山南基巧级办事处（相当专署级）成立；8月 31 日，拉萨基巧级办事处成立；9 月 2 日，江孜基巧级办事处成立；9 月 15 日，日喀则基巧级办事处成立；10 月 5 日，塔工基巧级办事处成立；10 月 9 日，阿里、黑河两个基巧级办事处成立。昌都地区人民解放委员会举行扩大会议，于 9 月 17 日宣布解委会代行昌都基巧级办事处职权。

8 月　拉萨分工委（兼拉萨市委）成立。中共拉萨分工委成立后的具体任务是，进一步贯彻执行党的民族政策和宗教政策；继续巩固和扩大反帝爱国统一战线；深入开展社会改革和民主改革的宣传教育工作；大量吸收培养各族干部，并做好拉萨地区的建党工作。

9 月 5 日　当雄机场竣工。这是西藏高原第一座机场，机场海拔 4300 米，建设工期仅为 118 天。

9 月 8 日　拉萨—林芝开行客运班车。

9 月 21 日　拉萨中学正式开学。这是西藏的第一所中学，入学学生 200 多人。6 月 12 日动工兴建，9 月 4 日基本修建竣工。12 月，开始兴建第二中学。日喀则、昌都、江孜也相继成立了中学。

9 月 28 日　西藏爱国青年联谊会在拉萨成立。这是争取团结西藏青年的统一战线性质的组织。

11 月 9 日—12 月 5 日　西藏军区举行文艺检阅大会。参加检阅大会的有 21 个代表队、共 600 多人，14 个战士演出队和机关业余演出队表演的 135 个节目。同时，还检阅了军区部队文艺爱好者自 1954 年以来的文学创作和美术、摄影作品。

一九五七年

1月9日 拉萨至泽当公路全线通车。

1月14日—21日 西藏首次农村工作会议在拉萨召开。参加会议的有拉萨、昌都、日喀则等地区的代表。中央人民政府驻西藏代表、中共西藏工委负责同志先后作了讲话。

2月5日 藏北黑河硼砂厂开工生产。硼砂厂在黑河以西班戈湖附近。1960年，周总理指示硼砂厂扩大生产，中央解决设备困难，并调拨汽车1000辆，加强运输工作。当年生产原硼14万吨。当时苏联逼债，硼砂出口苏联还债。

3月12日 自治区筹备委员会、西藏工委和西藏军区，给参加传召大会的2万多名喇嘛发放布施，还赠给每个喇嘛“达赖喇嘛·丹增嘉措、班禅额尔德尼·确吉坚赞在北京期间和各族人民敬爱的伟大领袖毛泽东主席在一起”的彩色照片一幅和介绍祖国社会主义建设及社会主义改造与西藏自治区筹备委员会成立以来西藏地区的建设成就的说明书。自治区筹委会、西藏工委和西藏军区还向7000多名贫民发放了布施。

4月20日—25日 西藏军区第一次党代会在拉萨召开。参加大会的代表和候补代表共181人。班禅额尔德尼发电报祝贺，有21个代表在大会上作了发言。大会以无记名方式选举了新的军区党委会。

5月23日 中央人民政府驻西藏代表张经武在北京发表广播讲话。张经武在讲话中回顾总结了西藏6年来的主要成就，强调西藏自治区筹备委员会的成立，是西藏人民政治生活中的重大事件，是西藏内部更进一步团结的标志。指出今后西藏工作的基本任务是，继续认真执行协议，加强民族团结和西藏内部团结，为西藏地方的进步和发展而努力。

6 月 5 日　青藏线开通拉萨—唐古拉自办汽车邮路。

6 月 14 日　西藏工委举行扩大会议，一致拥护中央“六年不改”的西藏工作方针，研究了军队和地方的收缩工作。

7 月 31 日　西藏工委统战部在拉萨召开各界人士座谈会。拉萨各界人士 1000 多人出席座谈会。会上作了《关于在第二个五年计划期间在西藏地区不实行民主改革的方针和今后西藏地区的工作任务》的报告。

8 月 9 日　自治区筹委会举行常委会议，精简机构，将民政处、公安处、司法处合并为民政处，建设处、工商处、财政处、农林处、畜牧处合并为财政处，撤销财经委员会。全区已经成立起来的 60 多个宗级办事处，除昌都地区的以外，一律撤销。

10 月 6 日　新藏公路全线通车。新藏公路由新疆叶城县至西藏西部阿里地区首府噶大克，翻越昆仑山脉的 10 个雪山大坂，全长 1179 公里，全线海拔 4000 米以上的地段有 915 公里，海拔 5000 米以上的地段有 130 公里，是世界最高的公路。于 1956 年 3 月动工，1957 年 10 月 6 日完工。这条公路对于建设阿里地区、巩固国防有重要意义。

11 月 19 日　西藏工委召开扩大会议，决定党内开展整风运动。会议听取了张经武同志关于党的八届三中全会精神的传达报告和张国华同志代表工委所作的“关于收缩工作的总结和今后工作的问题”的报告。会议决定西藏地区各级党组织开展整风运动，在各族各阶层人士中进行社会主义教育和爱国主义教育。12 月 27 日，工委发出《关于党内进行整风和在社会上进行社会主义教育的指示》，指示中指出：

工委和工委机关从1958年1月4日开始整风。

12月5日 西藏工委发出《关于西藏地区收缩工作总结和下一步工作安排的意见》。《意见》中指出，收缩工作从3月开始，按原《决定》精神进行，8月基本结束。西藏地区下一步工作是要积极进行上层统一战线工作、对敌斗争工作和影响群众工作。

一九五八年

1月23日 《中华人民共和国和尼泊尔王国保持友好关系以及关于中国西藏地方和尼泊尔之间的通商和交通的协定》开始生效。

3月3日 西藏工委、自治区筹委会、西藏军区在拉萨给参加传召大法会的2万多名喇嘛发放布施。

5月8日 拉萨人造卫星观测站建成。该站从4月25日开始筹建，在建设过程中，得到了各有关部门的大力支持。

8月1日 新疆叶城—西藏噶尔的自办汽车邮路正式开通。

9月15日 西藏公学在陕西咸阳正式开学。1957年6月，西藏工委在精简人员中，为了培养少数民族干部和为将来民主改革储备少数民族干部，决定在内地筹建西藏干部学校。筹建工作开始，工委将3000多名已经吸收参加工作的西藏青年送到内地学习。1957年7月，经中央批准改建为西藏公学。经过一年多的筹备，西藏公学于9月15日在陕西咸阳正式开学。在校三千多名少数民族男女学员中，绝大部分都是农奴的子女，学员衣食和学习费用均由国家供给。与此同时，西藏团校也在咸阳开学。工委还送了一批少数民族干部到北京、兰州、成都的民族学院学习。

10月1日 纳金电站动工修建。西藏工委、西藏噶厦政府和西藏军区成立了纳金电站修建指挥部。1000多驻藏人民解放军、西藏工委及各群众团体和各族民工4000多人以及北京、江苏、安徽、湖北、陕西、云南、四川等省市来的技术人员参加了施工。电站总投资

1300 万元。此项工程被列为国家“二五”计划电力建设重点项目。

11 月 8 日 拉萨机关民兵团正式成立。为了防备叛乱，实行自卫，在西藏工委统一领导下，拉萨机关工作人员成立了民兵团，各机关分别成立了民兵排和民兵连。昌都、日喀则、江孜、泽当、黑河等地机关也都相继成立了民兵营或民兵连。各机关一边修筑工事，进行军事训练，一边照常进行工作。

11 月 13 日 西藏工委作出《关于八年来西藏工作基本总结和今后四年内工作方针与任务的报告》。西藏工委在分析当前西藏的基本形势时指出，西藏地区的武装叛乱有三种可能，一种是当前的局部性叛乱发展为全面性的叛乱，一种是昌都地区发生全面叛乱，其他地区仍像现在这样的局部性叛乱，一种是在一个相当长的时期内继续像现在这样的局部性叛乱。不论哪一种叛乱，我们都必须在政治、军事各方面作好充分的准备。工委提出：根据西藏基本形势和当前情况，在“六年不改”的方针下，今后四年内我们的方针和任务是：巩固已得阵地，继续稳步前进，在巩固中求发展，在发展中求巩固，为在西藏地区实行民主改革积极创造条件，争取在四年之后出现一个民主改革成为大势所趋、人心所向的新形势。为此，我们在这一段时期内的主要工作是：一是加强对敌斗争，主要斗争对象是公开叛乱的反动分子和帝特分子；二是大力开展上层统战工作；三是重点进行争取群众工作；四是积极培养少数民族革命干部工作；五是适当地发展生产建设，主要是搞好机关生产。

11 月 13 日 西藏 8 年来已吸收和培养 6128 名少数民族干部和学员，发展了 1190 名少数民族党员、1934 名少数民族团员，建立和发展了爱国青年、妇女的组织和工作。这是西藏人民彻底解放不可忽视的一支新生的革命力量，也是将来西藏进行民主改革、建设新西藏的宝贵财富。

12 月 1 日　西藏第一座生物制药厂建成。

12 月 28 日　西藏人民广播电台首次试播。这是西藏的第一座无线广播电台，用藏、汉两种语言进行广播。

一九五九年

1月27日 西藏工委财经部颁发《西藏地区工农业贷款试行办法》。

2月1日—6日 西藏军区举行1959年文艺检阅大会。参加这次文艺检阅的有8个单位的代表队，共290多人，演出了114个节目。

3月20日 叛乱武装向我发起全面进攻，我军对拉萨叛乱武装进行反击。凌晨3时40分，叛乱武装在罗布林卡南面拉萨河热马岗渡口附近，首先向我军控制该渡口的一个连开枪射击，随即全市叛乱武装向我驻拉萨的党、政、军机关和企事业单位发起全面攻击。10时，我军在炮火配合下，开始对盘踞在拉萨市区的叛乱武装进行作战，首先攻占敌人重要据点药王山，截断市区敌人外逃通路，切断罗布林卡与市内的联系。18时，军委电示，药王山攻下后，如果叛军继续在拉萨市区作战，我应逐步攻克可能攻克的叛军据点。遵照军委指示，我军又以多路向罗布林卡发起攻击，经过短促激战，迅速攻占叛乱武装的指挥中心。随即，部队转移，对市区进行合围。

3月22日 拉萨市区的叛乱全部平息。22日拂晓，大昭寺叛军投降。接着，布达拉宫之敌也打出白旗。至此，拉萨市区的叛乱全部平息。战斗结束，我共歼叛乱分子5300余名，其中毙545名，伤、俘4800余名。

3月30日 西藏工委、西藏军区联合组成军管小组进入三大寺。经中央批准，西藏工委、西藏军区联合组成的三个军管小组，在武装分队的掩护下，分别进驻叛乱的哲蚌寺、色拉寺、甘丹寺，搜捕叛乱分子，清查武器和反动文件，发动群众，组织以贫苦喇嘛为骨干的寺庙管理委员会，彻底摧毁叛乱的基础。

4月5日 中央复电西藏工委同意实行“谁种谁收”政策。中央指出：“同意用军管会名义出面，动员农民迅速春耕，宣布凡耕种叛乱者占有的土地（不公开说寺庙），今年可免缴地租，谁种谁收。至于耕种未参加叛乱的人的土地，在未实行土改以前，是否先宣布实行减租，请你们研究并将意见报中央后再定。”

4月8日 山南地区乃东县人民政府正式成立。这是西藏地区第一个属于人民自己的县级政权组织。乃东县人民政府成立后，召开了首次头人和群众代表大会，与会者一致表示要坚决彻底平定叛乱。

4月8日 自治区筹委会召开行使西藏地方政府职权的第一次全体委员会议。代理主任委员班禅额尔德尼主持。会议一致通过了《关于贯彻执行国务院3月28日命令的决议》，号召西藏全体僧俗人民全力支持人民解放军，彻底平息叛乱，紧密团结起来，建设新西藏。会议还通过了《关于健全和加强自治区筹备委员会各部门组织机构的决议》等。

4月28日 二届全国人大一次会议通过《关于西藏问题的决议》，完全同意国务院对西藏反动集团举行叛乱后所采取的各项措施。

7月1日 西藏工委指示开展民主改革第一步“三反双减”运动。指示中说，平叛斗争已经取得很大胜利，民主改革的形势已经到来，改革必须按照中央指示的分为两个步骤进行。《指示》就民主改革第一步工作中以下问题作出决定：1.在进行“三反双减”运动中，要充分发动群众，逐步建立县、区、乡农民协会。2.在牧区要团结一切可以团结的力量（包括牧主在内），肃清叛乱武装，保护和发展牲畜；没收叛乱领主、牧主的牲畜，分配给牧民，实行“谁放牧归谁所有”的政策；对未叛牧主实行“牧主牲畜仍归牧主所有”和“牧主牧工两利”

政策。3. 在充分发动群众的同时，注意做好统战工作，民主改革中一些重大问题和重要措施，要同上层充分协商。4. 在民主改革中，彻底解决寺庙的特权和剥削问题，开展“三反”（反叛乱、反特权、反剥削）运动。5. 民主改革要实行党、政、军一元化领导。

7 月 15 日 西藏全区发行使用人民币。自治区筹委会发布《关于在全区普遍发行使用人民币的布告》，确定人民币为法定本位币，“袁大头”银元继续使用。8 月 10 日，自治区筹委会又发布了《关于在全区废除和收兑藏币的布告》，宣布废除藏币，禁止使用，并限期进行收兑。

7 月 23 日 自治区筹委会召开第二次全体委员会议，通过《西藏自治区减租减息实施简则》《关于西藏地区区划的调整方案》《西藏各地各县、区、乡农民协会的组织章程》。

7 月 西藏公学 3000 多名学员返藏投入民主改革。在西藏公学学习的 3000 多名少数民族学员，其中绝大部分都是贫苦农奴的子女。他们在西藏民主改革一开始，就迅速分批返藏投入了民主改革工作。在其他民族学院学习的一批学员也返藏投入民主改革运动。

9 月 16 日 西藏工委制订《关于西藏地区土地制度改革方案》。

9 月 20 日 西藏工委制定《关于执行赎买政策的具体办法》。

9 月 22 日 自治区筹委会召开第三次全体委员会议，宣布废除封建农奴主土地所有制，实行农民土地所有制。会议决定，在完成民主改革第一步“三反双减”地区，立即转入以分配土地为主要内容的第二步。会议一致通过《关于废除封建农奴主土地所有制，实行农民土地所有制的决议》《关于西藏地区土地制度改革的实施办法》《关于农村阶级划分的决定》和有关牧区政策的报告。

10 月 9 日 自治区筹委会成立土地制度改革委员会。自治区筹委会第三次全体委员会议决定成立土地制度改革委员会，成员大多数是上层爱国进步人士。这一机构的主要任务是为执行西藏土改的实施方案和解决土改中出现的问题。

10 月 29 日 西藏政协筹委会在拉萨成立。中央人民政府驻西藏代表、中共西藏工委书记、副书记等出席了大会。大会阐述了党在西藏八年来一贯执行的民族政策和宗教信仰自由的政策，以及目前国内外的形势。大会通过了由 17 人组成的西藏政协筹备委员会的名单。参加大会的有西藏各地区上中层人士代表共 30 多人。

11 月 3 日 西藏工委制订《关于西藏地区土地制度改革方案》。

11 月 30 日 中国人民银行拉萨市中心支行成立。

11 月 西藏工委指示在农村中进行建党工作。指示说，本着“积极慎重”的建党方针，在民主改革运动中结合做好建党的准备工作，并在民主改革完成的基础上，紧接着经过试点，有计划、有步骤地在农村中发展新党员，建立党的组织。这是西藏地区全党的一项严重的政治任务和组织任务。

12 月 13 日 西藏工委在拉萨召开牧区工作会议，明确西藏民主改革期间党在牧区的方针政策，提出除没收叛乱领主和叛乱牧主的牲畜分给原放牧者及贫苦牧民所有外，对整个牧区的生产资料所有制，不予变更；实行不斗争、不分配牲畜和不在牧区划阶级的方针。会议确定，当前党在牧区的主要任务是充分发动群众，开展“三反”“两利”（反叛乱、反乌拉、反奴役和牧工牧主两利）运动，建立人民政权，妥善安排牧民的生产和生活，达到全面发展畜牧业经济的目的。会议于 1960 年元月 4 日结束，历时 24 天。

12 月 27 日 西藏政协宣告成立。政协第一届西藏委员会第一次会议于 20 日举行。会议通过了向毛主席的致敬电和政协西藏委员会在民主改革运动期间的任务决议。会议于 27 日宣告西藏政协正式成立后结束。

12 月　西藏强边固边巩固国家安全屏障。随着西藏地区叛乱的平息，边防部队陆续全面进驻中印、中尼、中不、中锡、中缅边境要地，后陆续建立山南、江孜、塔工、黑河、昌都、日喀则等军分区，从而改变了西藏近 4000 公里边界线上长期有边无防的状况。

一九六〇年

1月7日 国务院通过《关于西藏地区市县行政区划分的决定》，将西藏地区原有的83个宗和64个相当于宗的独立豁卡合并划分为一个市、72个县，设立7个专员公署。

1月19日 拉萨市召开首届人民代表大会，正式成立拉萨市人民政府。自治区筹备委员会副主任委员兼秘书长阿沛·阿旺晋美代表自治区筹委会，宣布拉萨市人民政府成立，并任命了代理市长和副市长。

3月12日 西藏工委召开扩大会议，初步总结民主改革工作，着重讨论、总结民主改革工作，安排民主改革复查工作和农业生产工作。

3月30日 西藏工委指示在农村开展社会主义教育运动。指示说，为了引导农民逐步走上共同富裕的社会主义道路和不断提高农民的觉悟水平，推动各项工作的胜利前进，在民主改革已经完成的地区，有领导、有计划地向农民开展社会主义教育运动是十分必要的。

4月19日 拉萨纳金水电站建成交付使用。电站引拉萨河水发电，装机容量为7500千瓦，在当时是西藏高原上最大的一座水电站。电站是1958年10月初动工修建的。

5月20日 中国民航伊尔—18大型客机在北京—拉萨航线试航成功。

5月23日 西藏自治区青年联合会成立。西藏青年第二次代表大会于5月15日至5月23日在拉萨召开，大会决定将西藏爱国青年联谊会改名为西藏自治区青年联合会。

5月31日　自治区筹委会颁布《西藏自治区工商业税暂行办法(草案)》及《施行细则》。自治区筹委会决定自1960年1月1日起开征工商业税。这是西藏历史上第一部全面系统的工商税法。

6月15日　西藏自治区妇女联合会成立。西藏妇女第一次代表大会于6月8日至6月15日在拉萨召开，通过关于西藏自治区妇女联合会章程的决议，正式成立了西藏自治区妇女联合会。

7月1日　拉萨"七一"铁木生产合作社成立。该合作社是在"高原"铁木生产互助组的基础上成立的，是西藏第一个手工业生产合作社。

8月8日　西藏农村已建立起8000多个农业生产互助组。《人民日报》报道，到1960年8月，西藏农村已建立起8400多个农业生产互助组，10万多农户参加了互助组，占已完成民主改革地区总农户的85%。在山南、林芝、江孜和拉萨等地、市，已有90%到95%的农户参加了互助组。

8月17日　西藏工委边防委员会成立。为了加强边防工作的领导，打击外逃叛乱武装的回窜，西藏工委成立了边防委员会。

10月8日　西藏工委通知各地、县为翻身农奴颁发土地证。《通知》说，根据中央9月12日电示，西藏工委决定凡改革复查已经完成或即将完成的地区，今冬进行颁发土地证工作。各级党组织必须充分认识颁发土地证工作的重大意义，认真做好这一工作。怕麻烦，想省事，认为没有什么意义的思想，应认真克服。

10月15日—30日　西藏首届体育运动会在拉萨举行。阿沛·阿旺晋美等领导出席开幕式并分别讲话。本届运动会共有52个运动队、500多名运动员参加。

10月26日　自治区筹委会第35次常委会通过《关于对未叛农奴主的赎买金支付办法》。《办法》中规定，自治区筹委会统一印发赎买金支付凭证，赎买金应根据赎买金支付凭证支付。赎买金的支付工作，委托各地人民银行在规定的支付期限内按照有关规定办理。赎买金支付时间由每年 9 月 1 日起至 10 月 31 日止。

11 月 15 日 中央对西藏试办农业生产合作社问题作出批复。中央批复中说：关于试办农业生产合作社问题的电悉，中央认为西藏地区几年之内不应试办生产合作社。

11 月 30 日 西藏生产建设成就展览馆在拉萨罗布林卡揭幕。开幕式上指出，举办这个展览馆，主要是检阅西藏 9 年来，特别是平叛、改革以来，全区人民在党的鼓足干劲、力争上游、多快好省地建设社会主义的总路线的光辉照耀下，在各个战线上所取得的辉煌成就；并交流与推广发展生产的先进经验，以提高广大人民群众的思想觉悟，鼓舞全区人民群众的生产建设热情。

12 月 2 日—13 日 西藏各条战线先进集体和先进生产者、先进工作者代表大会在拉萨召开，通过了向党中央、毛主席的致敬电、给全区人民的倡议书、给人民解放军驻藏部队的慰问电等。

12 月 16 日 西藏工委举行扩大会议进行整风。扩大会议共开 21 天，于 1961 年 1 月 5 日结束。会上学习了中央指示，着重就试办农业生产合作社问题进行了整风检查。

12 月 拉萨西郊变电站建成，并与北郊变电站通过 35 千伏线路联网运行。据《西藏日报》报道，民主改革后第一年农业生产获得大丰收，粮食总产 2.25 亿公斤，比 1959 年增长 15%。

一九六一年

1月24日 周恩来指示西藏要稳定农民土地所有制。周恩来与班禅、张经武谈话时指出：西藏地区辽阔，不要主观，一切从群众的需要出发。西藏的方针、政策概括起来就是，土地所有制是农民个体所有制，这个制度要继续好多年，中心是增加生产，这条要坚定不移地执行下去。前一时期，工委工作有点急，搞了合作社，有的甚至用了人民公社的名字。现在就是把农民占有土地的制度巩固下去。可以提这样的口号，"增加生产，迎接自治区的成立"，把发展生产和政治联系起来。

3月10日—17日 全区青年和妇女积极分子大会在拉萨召开。全区各行各业各个战线的350名左右青年和妇女积极分子参加大会。

3月26日 西藏工委制定《整顿巩固农业生产互助组和停止试办农牧业生产合作社的方案》。在整顿、巩固互助组方面，方案对互助组的形式、性质和办组方针问题，互助运动中的阶级路线问题，当前整顿互助组工作的几个具体问题作了规定。在将已试办的农业生产合作社转为互助组方面，方案规定要大力宣传党的政策，切实做好政治思想工作；慎重地处理好已入社的各项生产资料；妥善处理好1960年秋收分配中的遗留问题；做好社转组以后的善后工作。

4月2日 自治区筹委会举行第五次全体委员会议。会议在总结1960年的工作时指出：截至年底，在87万人口的农业区，已有85万人口的地区完成了民主改革，并开展了改革复查。在28万人口的牧区，已有三分之二以上人口的地区进行了“三反两利”运动。在全区绝大多数寺庙和广大僧尼中进行了反叛乱、反封建特权、反封建剥削的“三反”运动。全区已组织了13000多个生产互助组，入组农户约15万户，占已经进行改革地区总农户的90%左右。1960年西藏粮食产量比丰收的1959年增产15%。

4月15日—21日 西藏首届森林保护和森林采伐会议在拉萨召开。会议制订了《西藏地区护林防火试行办法（草案）》和《西藏地区国有林采伐规定（草案）》。

6月1日 西藏工委召开第二次牧区工作会议。会议指出，从1959年12月西藏工委召开第一次牧区工作会议以来，西藏牧区发生了根本性的变化，基本上摧毁了封建农奴制度在牧区的政治统治和经济基础，初步建立起人民民主制度。

6月15日 西藏工委拟定《关于农村若干具体政策的规定》(即“农村26条”)。西藏工委举行第五次会议，根据中央指示的西藏五年不办社的精神，拟定了农村中若干具体政策的规定26条。

9月6日 西藏工委召开全区统战工作会议。会议于8月14日召开，9月6日结束。会上制定了5个文件，即《关于当前统战工作的具体情况和今后的主要任务》《关于加强对上层人士的团结教育工作的意见》《关于加强同上层人士合作共事关系的意见》《关于进一步做好寺庙工作的意见》《关于对未叛领主及其代理人占有生产资料实行赎买政策的初步总结》。

10月13日 《西藏自治区爱国公粮征收办法实施细则》《西藏自治区农牧区粮油收购供应暂行办法》公布施行。原颁发的《西藏自治区1960年征收爱国公粮暂行办法业务细则》同时废止。

10月25日—11月3日 西藏工委在拉萨召开全区农牧业生产会议，讨论了领导个体农牧民发展生产和力争机关逐步自给两大问题，确定 5 年内使农牧民家家户户富裕起来，使部队、机关生产达到自给的目标任务。会议提出了具体奋斗目标和一些主要措施。

10 月 西藏第一个手工业供销合作社——日喀则手工业供销合作社成立。

12 月 23 日 西藏第一所师资学校拉萨师范学校建立并开学。拉萨师范学校在拉萨北郊建立，共招收学生 280 多人，分为 6 个班，其中除 2 个班的学生在拉萨中学师范班学习过一年以外，其余 4 个班学生都是从拉萨、山南、昌都、林芝、日喀则、那曲等地区选送来的。开设的课程除藏语文、汉语文、数学外，体育、音乐也列为必修课，学习后期增设业务课。

12 月 拉萨东郊变电站建成。变电站等级为 35 千伏，变电容量 1000 千伏安，并通过 35 千伏线路“T”与北线接连。

一九六二年

1月15日 全区机关生产会议在拉萨召开。会议指出，各级党委必须加强领导，全面规划，具体安排，把任务真正落实。同时对全体职工加强政治思想教育，提高他们的思想觉悟，使他们认清当前形势，充分了解在西藏发展机关生产的重大意义，依靠全体职工的积极性，保证1962年和今后机关生产任务的胜利完成。

4月26日 西藏工委提出1962年的工作任务。西藏工委在《1961年工作总结和1962年工作任务》中，提出1962年工作任务是：继续贯彻执行稳定发展的方针，以开展大生产运动为中心，大力搞好财经工作，彻底肃清残余叛乱武装和镇压反叛分子的破坏活动，完成民主改革和“三反两利”的收尾工作和退赔工作。认真进行建党、建团、建政，以达到巩固人民民主专政、繁荣经济、逐步改善人民生活的目的。

5月10日 中国西藏海关正式成立。自治区筹委会颁布《中华人民共和国西藏地区海关征收进出口税暂行办法》《西藏自治区关于实施对外贸易管理暂行条例的暂行办法》《处理走私案件暂行办法》以及《西藏自治区金银管理和禁止外币、银元流通暂行办法》等，并决定从即日起在西藏全区同时实施。

6月1日 西藏各地公办和民办小学已达1500多所。据《西藏日报》报道，西藏全区已有1500多所公办和民办小学，学生57000多名，4000多名儿童戴上了红领巾。

6月6日　藏族民间史诗《格萨尔》出版。著名的藏族民间史诗《格萨尔》，分别由上海文艺出版社和青海人民出版社用汉、藏两种文字分卷陆续出版。全诗约600万字，被誉为我国少数民族民间文学宝库中的一颗明珠。

7月　中央根据西藏情况批发四个重要文件。针对班禅给中央报告中提出的有关平叛扩大化、上层统一战线、宗教问题、培养干部等方面的意见，中央讨论制定了相应的政策文件，批发西藏工委、西藏自治区筹委会。这四个文件是：《加强自治区筹委会工作，改进合作共事关系》《培养和教育干部的具体办法》《关于继续贯彻执行宗教信仰自由政策的几项规定》《继续贯彻执行处理反、叛分子规定的意见》。中央强调，制定这几方面的文件，目的是要改正工作中的缺点，把事情办得更好，而不是否定平叛和民主改革。

8月11日　描写唐代藏汉民族团结的历史话剧《文成公主》在拉萨正式演出。

8月25日　西藏自治区选举委员会正式成立。经国务院批准，西藏自治区选举委员会于25日正式成立，并举行了第一次全体委员会议，会议决定建立西藏各级选举机构。

9月11日　中央批复西藏工委《关于牧区当前若干具体政策的规定》（修正稿，即“牧区30条”）。中央批复中说：“把它交给工委在京负责同志再加研究，提出修改意见，经过研究提出了对这个规定的意见纪要，中央认为他们的意见纪要基本上是好的。请西藏工委根据这个意见的纪要和中央的批示，把原来的规定修正稿再加修改，下达执行。”12月17日西藏工委发出《关于当前整顿、巩固、提高互助组，发展农业生产的指示》。

12月29日　《西藏自治区各级人民代表大会选举条例（草案）》颁布实施。

一九六三年

1月16日 自治区筹委会第六次全委（扩大）会议胜利闭幕。此次会议历时22天。11、12、14日三天，会议作了关于形势与任务的报告，即继续深入贯彻执行党中央“稳定发展”的方针，加强团结，提高斗志，加强基层，发展生产，积极准备成立西藏自治区。会议通过了致中国人民解放军西藏边防部队的慰问电。

2月4日 全区农牧业生产会议在拉萨开幕。会议中心议题是着重研究互助组、国营农牧场和扶助贫苦农牧民问题。自治区筹委会副主任委员阿沛·阿旺晋美出席会议并作了指示。各专区（市）、县农牧部门和国营农牧场的负责干部，来自基层的乡长、互助组长、农牧民积极分子和农业、林业、兽防、水利、气象等科学技术干部，共130多人参加了会议。

2月27日 中国共产主义青年团西藏工作委员会发出《关于在全区青少年中开展“学习雷锋”活动的通知》。

2月 拉萨水泥厂在正式投入生产。

3月11日—4月17日 西藏工委召开党务工作会议。会议制定了《关于认真贯彻执行党的民主集中制的决定》《关于交流各级党政主要领导干部的决定》和《关于贯彻执行党的八届十中全会“关于加强党的监察机关的决定”的决定》。

3月16日 国务院第227次会议通过《西藏自治区各级人民代表大会选举条例（草案）》，并提请全国人民代表大会常务委员会审议

批准。3 月 30 日，国家主席刘少奇签署中华人民共和国主席令，公布《西藏自治区各级人民代表大会选举条例》

7 月 10 日 川藏公路南线竹巴笼金沙江大桥竣工，桥长 282.48 米。

8 月 15 日 西藏出现大批“穷棒子”互助组。据新华社消息，西藏两万多个农业生产互助组中，完全由翻身贫苦农奴和奴隶组织起来的约占 20% 到 30%。这些互助组发扬艰苦奋斗精神，硬起腰杆，克服了种种困难，生产年年发展，生活不断改善。党和人民政府对“穷棒子”互助组十分重视，一面对他们继续进行教育和鼓励，一面在生产生活上给予大力扶持。从 1959 年以来，国家每年都低息发放贷款和无偿发放大批生产工具，仅 1963 年国家就拨出了 140 多万元，还有几十万件铁制农具和大批钢材，重点扶持生产上最困难的农奴和奴隶。

9 月 5 日 西藏工委提出抓好五项试点工作。西藏工委在《西藏下半年工作要点》中，要求各地进行试点，抓好以下工作：对群众进行三大教育（即阶级教育、社会主义前途教育、爱国主义教育）、揭露达赖叛国罪行、打击农奴主阶级分子的反攻复辟、建立贫农团、整顿互助组等。

12 月 28 日 自治区筹委会在拉萨举行第五十四次常委（扩大）会议，通过了《寺庙民主管理试行章程》《统一管理西藏全区城镇度量衡器具的办法》《行政区划调整变更批准权限的暂行规定》《西藏自治区乡人民代表大会和乡人民委员会任务、职权和工作制度的试行办法》等。

一九六四年

1月2日 全区少数民族干部已有12000多人。据新华社消息，西藏有少数民族干部12000多人，绝大部分是民主改革后成长起来的。全区还培养出本地民族技术干部1000多人，另外有3000多名青年正在内地学习各种专业知识。

1月 国家决定对西藏电信通信网络进行重点建设。由邮电部和解放军总参通信兵部联合建设的成都—拉萨长途电信架空明线线路，全长2000余公里，是当时全国邮电最大的工程。

2月24日 西藏农村牧区信用合作社已有200多个。全区银行工作会议上统计，全区已建立区、乡信用合作社281个，共有股金41万元，农牧民存款280多万元。

4月6日—5月12日 西藏工委在拉萨召开工作会议。会议根据1963年工委提出的“以阶级斗争为纲，以备战思想为指导，以加强基层和教育干部为重点，以发展生产为中心”的总要求，总结了1963年的工作，安排了1964年的工作。并指出工委提出的总要求是今后一个比较长时期内总的指导思想和工作要求。

5月17日 西藏一些著名寺庙得到维修。据新华社消息，从1962年开始，人民政府拨款11万元对布达拉宫进行维修，现已维修完毕，布达拉宫修缮一新。民主改革以来，西藏其他著名寺庙也进行了维修，其中有甘丹寺、扎什伦布寺、萨迦寺、白居寺、热振寺、夏鲁寺等。大昭寺也正在维修中。

6 月 13 日 雅砻河中段治理工程竣工。据新华社消息，由国家投资 8 万多元，有 3000 多名翻身农奴参加的这一工程，是西藏民主改革以来所建的一项最大的水利工程。这一工程的建成，使沿岸 26000 多克（相当亩）耕地和 1100 多户居民免遭洪水威胁。

7 月 13 日 中央同意成立扎东特委。为了开展反对叛乱武装回窜的斗争，中央批复西藏工委，同意成立中共扎东特派工作委员会，统一领导仲巴、吉隆、萨嘎三县的边防工作。

7 月 17 日 西藏工委在林芝召开工作会议，传达学习中央工作会议精神，研究西藏工作。鉴于“五年不办社”已将到期，会议指出，西藏革命已进入建设社会主义新阶段的伟大时期，会议要求到 1970 年基本完成社会主义改造（3 年准备，4 年完成），改变个体所有制为集体所有制，把西藏改变为社会主义的新西藏。并提出以农业为基础，以粮为纲，基本达到粮食自给（70%）；发展手工业，并相应地、有条件地发展小型工业；建设三线基地。会议共开了 33 天。

9 月 18 日 全区医院工作会议召开，西藏医疗卫生事业有大发展。根据会上的材料统计，目前全区医疗机构比 1959 年平叛时增加了 3.8 倍，医务人员增加了 2.2 倍，病床增加了 2.5 倍。全区有中、初级少数民族医务人员 330 多人，占全区医务人员的 17%。

11 月 12 日 藏族语言文字在民主改革后得到发展和广泛应用。据新华社消息，在全区公办、民办中小学中，90% 以上的教师用藏文教学，自治区文教部门编印的各种藏文课本已有 19 种，共 42 万册；《西藏日报》藏文版已从创刊时发行仅几百份增加到 5400 份；各专区及靠近各专区的县设立了有线广播站，向群众广播藏语节目；自治区还设立了一所专印藏文书报的印刷厂，5 年来全区共发行藏文书籍 50 万册。

12 月 2 日 据《西藏日报》报道，西藏已建起 50 多个中小型工厂这些中小型工厂，绝大部分是民主改革后，随着生产建设事业发展的需要而建立的。5 年来，仅拉萨市新建的中小型工厂就有 20 多个。

一九六五年

1月15日　西藏工委传达中央关于全国开展“四清”运动的指示，自治区各机关、企事业单位迅速开展“四清”运动。西藏工委在全区农牧业生产会议上，传达了中央关于《在农村社会主义教育运动中目前提出的一些具体问题》（简称23条）。根据这一文件精神，全区各机关、企事业单位迅速开展了“四清”（即清政治、清经济、清组织、清思想）运动。

1月26日　交通部批准拉孜—普兰公路改造计划。拉普公路全长818公里，标准为6级，总投资1700万元。

3月1日　西藏建立第一个航空站——中国民航拉萨站，随即，拉萨— 成都—北京民航班机航线正式通航并投入运营。

5月17日　西藏业余文艺代表团在拉萨首次公演。参加全国少数民族群众业余艺术观摩演出会归来的西藏业余文艺代表团，在拉萨商业局礼堂首次公演。

6月30日　中尼公路我国境内段通车。

7月1日　西藏公学正式改名为西藏民族学院。早在1964年9月22日，西藏工委常委即为此作出决定，报国务院和有关部门批准后，今日宣布正式改名。

7月18日　西藏开始试办人民公社。7月18日，西藏工委工作组在堆龙德庆县通嘎乡试办了一个人民公社；7月20日，达孜县委在邦堆乡试办了一个人民公社。

7月30日 西藏工委决定将贫农团改为贫苦农牧民协会。《决定》指出，根据中央双10条和23条关于建立贫农下中农协会的决定，经工委常委会讨论，为了同全国取得一致，决定将全区已建立的贫农团改为贫苦农牧民协会，今后在农牧区建立阶级组织均称贫苦农牧民协会。

8月5日 西藏全区基层选举工作基本结束。自治区选举委员会公布材料：西藏全区的基层选举工作已经基本结束，县一级的选举工作已经开始。到7月底，全区已有90%的乡完成选举工作，召开了乡人民代表大会或乡人民代表会议，建立了以翻身农奴和奴隶占绝对优势的乡人民政权。

8月23日 西藏县一级的选举工作结束。自治区选举委员会公布材料：全区有54个县召开了第一届人民代表大会的第一次会议，有16个县召开了人民代表会议，选出了正副县长，建立了县人民委员会，并选出了出席自治区第一届人民代表大会的代表。全区有11位昔日女奴隶、女农奴当选为正副县长。

8月23日 国务院全体会议同意正式成立西藏自治区。国务院全体会议举行第158次会议，讨论了西藏自治区筹委会关于正式成立自治区的报告，同意于1965年9月1日召开西藏自治区第一届人民代表大会第一次会议，正式成立西藏自治区。这个议案将提交全国人民代表大会常务委员会审议批准。

8月25日 全国人大常委会通过关于成立西藏自治区的决议。全国人大常委会举行第15次会议，讨论了成立西藏自治区的问题。会议通过决议，批准国务院提出的议案，成立西藏自治区。

8月30日 自治区筹委会举行最后一次常委会会议，讨论并通过向自治区人大首次会议提出的工作报告。至此，西藏自治区筹委会胜利完成了光荣的历史任务。

9月1日 中共西藏工委改为中共西藏自治区委员会。经中央批准，自9月1日起，中共西藏工作委员会改为中共西藏自治区委员会。各分工委也相应改为地委。西藏自治区宣布正式成立。西藏自治区第一届人民代表大会第一次会议在拉萨隆重开幕。中央代表团团长谢富治在大会上讲话，代表党中央、国务院向大会祝贺。会议作了《高举毛泽东思想的伟大红旗，为争取社会主义革命的伟大胜利，为建设社会主义的新西藏而奋斗》的报告。西藏自治区成立，标志着西藏的革命和建设进入了新的时期，进入了社会主义改造的新时期。

12月 拉萨市建成了一个整洁美丽的新市区。新华社和《西藏日报》连续报道，拉萨市建成了一个以人民路为中心的、拥有25个较大建筑物的新市区，显著地改善了古城面貌。已铺设了长10余公里的自来水管道，使用上了自来水。1965年市区内新修了8条沥青路，新开公共汽车线路5条。95%以上的居民用上了电灯。

一九六六年

1月18日 西藏电力公司成立并开始办公，公司党委同时成立。

2月7日 自治区党委召开全区三大教育工作会议，研究三大教育运动的性质、任务、组织领导等问题。会议制定了《关于三大教育运动中若干问题的意见（草案）》。会议指出，三大教育运动争取全区农业区到1968年底基本搞完。

2月25日 据《西藏日报》报道，西藏第一座冷藏库建成。这座冷藏库能够储藏数百吨肉食，于上年6月由西藏建筑公司第三施工队藏汉族职工动工兴建，中央有关部门派来设计、安装和土建工程技术人员具体指导并帮助修建工作。

3月1日 西藏师范学校正式成立并举行开学典礼。自治区党委、自治区人委、西藏军区有关部门的负责同志出席了开学典礼。西藏自治区师范学校是西藏第一所半农（牧）半读学校，它的主要任务是轮训现有师资，培养新师资，研究教育制度，编审教材和总结西藏地区的教育经验。

3月7日 自治区党委批准《关于第二次城市社教工作会议纪要》。

4月19日 自治区党委上报下发《关于当前三教运动中对待中等农牧民若干问题的意见》。

5月2日 《中华人民共和国政府和尼泊尔国王陛下政府关于中国西藏自治区和尼泊尔之间的通商、交通和其他有关问题的协定》在北京签字。

6 月 8 日 西藏支援河北邢台地震灾区 240 匹马。

8 月 1 日 曲水雅鲁藏布江大桥建成通车。这座大桥是雅鲁藏布江上第一座现代化大型公路桥，桥长 738 米，当年 2 月 2 日破土动工。当天，拉萨各族各界和当地群众以及大桥建设者共 6000 多人举行了通车典礼。自治区党政军领导参加通车典礼。

10 月 26 日 自治区党委提出在边境地区一般不进行“文革”运动。自治区党委发出《关于目前边境工作中几个问题的决定》，提出在边境地区一般不进行“文革”运动。

11 月 19 日 自治区党委通知县以下农村、牧区不搞“文革”运动。自治区党委发出贯彻执行中央关于县以下“文革”的规定的补充通知，确定西藏县以下农村、牧区一律不搞“文革”运动，也不号召破四旧、立四新。

11 月 25 日 贡嘎机场建成通航。贡嘎机场于 1966 年 3 月 20 日动工修建，投入 8000 余解放军官兵和 1200 余民工，不到一年即提前建成通航。

11 月 林芝毛纺厂建成投产。这个厂的设备是从上海迁来的，上海市派出 500 名职工、技术人员来西藏帮助生产。是西藏第一座现代化毛纺厂。

一九六七年

1月19日 西藏自治区无产阶级专政委员会在拉萨成立。拉萨市两万多人在劳动人民文化宫广场，举行西藏自治区无产阶级专政委员会成立大会。大会通过了《向毛主席致敬电》《西藏自治区无产阶级专政委员会成立通告》和《西藏自治区无产阶级专政委员会第一号通令》。

1月 日喀则大桥建成通车。

2月10日 中央军委决定西藏军区机关的“文化大革命”暂时停止。中央军委指出，西藏军区领导机关和军区生产部的“文化大革命”暂时停止下来，转入正常的战备工作。西藏所有军垦农场要集中精力搞正面教育，一律不搞“四大”。西藏军区传达了中央军委的决定。

2月22日 中央派飞机给阿里地区运送防治牛瘟血清。当时阿里地区发生大面积牛瘟，自治区一方面请求中央帮助紧急调运防治牛瘟血清，一方面立即派专家赴阿里指导防疫，很快就控制了牛瘟蔓延。

3月26日 西藏分别召开工农业大会，抓革命促生产。自治区工业系统于26日举行“夺取革命和生产双胜利的誓师大会”，邮电管理局也举行了类似大会。西藏军区领导分别在这两个大会上讲了话。3月30日，据《西藏日报》报道，拉萨城关区于29日召开贫苦农牧民代表会议，军区领导到会讲话。《西藏日报》还报道，军区已抽调4000余名指战员，深入地方生产第一线，宣传“抓革命，促生产”方针及中央给农村、工矿干部群众的两封信。

5月2日 西藏第一座冶金矿山——东风铬铁矿在那曲建成。

5月11日 中央决定成立西藏军事管制委员会。中共中央、国务院、中央军委、中央“文革”小组决定，组成中国人民解放军西藏自治区军事管制委员会。

5月26日 中尼公路境外段——加德满都至友谊桥段竣工。尼泊尔各界人士共约3000人参加庆祝仪式，尼泊尔国王马亨德拉为工程竣工剪彩，尼泊尔交通大臣和中国政府代表团团长分别讲话。

8月 由国家投资195.8万元建设、全长91公里的山南地区泽当镇至罗布莎矿区公路竣工。

10月20日 西藏自治区“革命大联合筹备小组”成立。在自治区军管会的参与下，两派群众组织各派三名代表共同组成“自治区革命大联合筹备小组”。

12月 川藏公路新建通麦大桥建成通车，桥长181.6米。

一九六八年

1月17日 中国科学院综合科学考察队对珠穆朗玛峰地区进行大规模考察。据新华社消息，从1966年到1967年，中国科学院组织的一支综合科学考察队，在珠穆朗玛峰地区进行了为期两年的大规模多学科考察。这支考察队包括全国23个科研、教学、生产等单位，近30个学科，100多名科技工作者。考察地区位于雅鲁藏布江以南，东起亚东，西至吉隆，方圆50000多平方公里，最高海拔达7000多米。考察取得了丰硕成果。

2月26日 西藏自治区在北京举办“毛泽东思想学习班”。这次学习班是一个有军队干部、群众组织头头和地方干部300多人参加的西藏“三结合”性质的学习班，为成立西藏自治区革命委员会作准备。

9月5日 西藏自治区革命委员会成立。拉萨召开50000多人的大会，正式成立自治区革命委员会。

9月9日—19日 自治区革委会举行全委会议。会议讨论和通过了《告全区人民书》《关于发扬艰苦奋斗、紧密联系群众的优良作风的决定》等四个文件。

12月9日—10日 自治区革委会提出削平“山头”。自治区革委会举行第15次常委会议，提出迅速削平群众组织的大小“山头”，立即停止互相攻击，彻底收缴武器弹药等。

一九六九年

1 月 自治区革委会再度提出削平“山头”。自治区革委会举行第十八次常委会议，通过了一个“紧急通告”。再次通令尽快地彻底地削平“山头”，保证生产的正常进行和交通运输畅通。未建立革命委员会的单位，要在军宣队协助下，迅速建立生产指挥班子。但是，各地群众组织之间仍不断发生武斗。

2 月 11 日 中共中央、中央“文革”小组发出被称为“红五条”的《关于西藏地区文化大革命应该注意的问题》的文件。

3 月 22 日 自治区革委会、西藏军区发出《关于建立各级革委会的范围的通知》，规定地、县、区、乡（人民公社）、街道办事处均建立革委会，生产队建立革命领导小组；原区党委、区人委、地委、专署的党政机关成立斗、批、改领导小组，不建立革委会。

9 月 11 日 国家组织医疗队进藏为农牧民群众治病。由中央卫生部指派的中国医学科学院医务、科研人员组成的北京“六・二六”医疗队，同西藏的医务人员一道，深入藏北牧区，为农牧民巡回治病。

9 月 24 日 西藏各地区革委会全部成立。据《西藏日报》报道，日喀则地区革命委员会于 9 月 24 日宣告成立。在此之前，拉萨市革委会已与自治区革委会同时成立，那曲地区革委会已于 3 月 28 日成立，山南、昌都、阿里等地区革委会已于 3 月底 4 月初分别成立。至此，西藏各地区革委会已全部成立。

9 月 27 日 西藏首批知识青年到农牧区上山下乡插队落户。拉萨中学首批 132 名知识青年分别到达孜县、城关区、堆龙德庆县等地安家落户。

11 月 26 日 自治区革委会发出《关于平息反革命暴乱有关政策问题的意见》。12 月 12 日，自治区革委会、西藏军区又下达《力争年底肃清现有暴乱武装的指示》。

12 月 18 日 阿里地区全部工作委托新疆领导。中央指示，考虑到交通不便，为适应战备和革命的要求，确定该地区的党、政、军全部工作，委托新疆领导，但阿里地区的行政区划仍属于西藏自治区。

一九七〇年

2月14日 林芝军民扑灭森林大火。林芝县尼西山上发生火灾，自治区“毛泽东思想学习班”一大队数千干部和解放军指战员上山灭火，有4位地方干部和1位解放军战士牺牲，十几位同志被烧伤，终于扑灭了这场森林火灾。

8月 西藏农牧区举行座谈会,讨论公社化方案。中央农村工作部、成都军区、西藏自治区革委会党的核心小组共同组成调查组，在西藏一些农村牧区蹲点调查，并召开地（市）、县、区和基层干部座谈会，学习讨论《中共中央关于西藏社会主义改造问题的指示草案》。

9月16日 西藏农村广播网干线迅速发展。据《西藏日报》报道，西藏农村广播网干线已达1000余公里，装有广播喇叭近万只。

9月18日 西藏出现了一批中小型企业。据新华社消息，西藏10多年来出现了煤炭、水力发电、机器制造、化工、建筑材料、森林工业以及造纸、纺织、皮革、火柴、肥皂等的几十种中小型企业，30%以上的县有了小型水电站，各地区还建立了一批农业机械修配厂站。

12月8日 中央发出《关于西藏社会主义改造问题的指示》。《指示》中说：“原则上同意西藏地区在完成民主改革的基础上，有领导、有计划、有步骤地实现人民公社化。”提出“在农牧业社会主义改造运动中，必须坚定地依靠贫下中农牧，巩固地联合中农牧，消灭农奴主、牧主和富农牧阶级的剥削制度”，“总的打击面，要切实控制在以县为单位的总户数的百分之七八以内”。要“把办社同认真搞好斗、批、改结合起来”。

12 月 30 日 自治区革委会决定恢复全区客运班车。自治区革委会生产指挥组批转自治区交通厅军管会《关于逐渐恢复和发展西藏汽车客运的意见》，决定从 1971 年元月起，逐步恢复客运班车。

一九七一年

2月4日 煤田地质队在西藏找到一批中小型煤田。

3月5日—28日 自治区革委会党的核心小组、西藏军区党委常委召开会议。自治区革委会党的核心小组，西藏军区党委常委，西藏军区司、政、后机关，各师、军分区主要负责人共40余人，在拉萨召开会议。会后又根据中央指示，在北京继续开会，并受到中央政治局的接见。会议按照中央的指示，拟定了《发扬成绩，纠正错误，团结起来，共同对敌的报告》。该报告经中央政治局讨论修改后，经毛泽东批准，于4月11日，以中央文件形式正式下发。《报告》说：自治区革委会成立以来的工作是有成绩的。但是，由于主要负责同志不按党的方针、政策办事，不注意毛泽东的民族政策，犯了“严重错误和方向、路线错误”。

4月9日 国务院、中央军委批准成立西藏自治区革命委员会西藏军区联合边防委员会，组成领导小组，下设边防办公室。昌都、山南、日喀则地区和军分区相应成立边防委员会。

4月21日 据《西藏日报》报道，全区七（市）全部建立气象站、台，整个西藏初步形成了气象网。

8月7日—12日 中共西藏自治区第一次代表大会在拉萨举行，组成中共西藏自治区委员会。出席会议的代表有505人。自治区革委会党的核心小组作了题为《团结起来，沿着毛主席的革命路线奋勇前进》的工作报告。会议选出了56名委员和16名候补委员，组成中共西藏自治区委员会。区党委第一次全体委员会选举并经中央批准，选举产生第一书记、书记。

11 月 15 日　自治区师范学校正式开学。学校是在 1965 年成立的原西藏行政干部学校基础上建立起来的，是西藏培养少数民族师资的一所学校。

12 月 29 日　西藏人民出版社成立。

一九七二年

2月5日 解放军驻藏某部制成“太阳能烧水炉”。“太阳能烧水炉”受光面积21平方米，每天烧水量可以满足80个人饮用。

3月4日 西藏民族学院复学。西藏民族学院前身是西藏公学，于1958年9月成立，1965年改为西藏民族学院。学院是以培养少数民族干部为主的综合性学校。

4月6日 北京大学等大专院校首次在西藏工农兵中招收学生。4月6日，自治区革委会在拉萨为300名学员举行欢送会。

5月30日 周恩来批准修建从格尔木至拉萨的输油管线。周恩来批示：由中国人民解放军总后勤部负责，组成一支以解放军为主，包括地方工程技术人员、工人和民兵参加的建设队伍，从格尔木至拉萨建设一条长达千余公里的成品油输油管线。这条输油管线当年7月开始勘探设计，第二年3月破土动工。

6月25日—7月5日 中央在北京召开西藏工作会议。1972年5月21日至6月23日，中共中央在北京召开批林整风汇报会。按照中央要求，每个省、市、自治区和西藏负责人参加会议。为了研究“批林整风”和“文革”中西藏工作的一些具体问题，全国批林整风汇报会结束后，根据周恩来的提议，党中央指示西藏的6位同志留下来，继续召开西藏工作会议。会议前期由周恩来主持，后期由华国锋、纪登奎召集。会议分析了西藏面临的形势，总结教训，就揭批林彪集团反党罪行，落实民族、宗教和平叛政策，培养少数民族干部，恢复和发展交通运输，铺设输油管道，恢复被破坏的工农业生产，改善人民生活，扶贫、教育、卫生等重大问题进行了讨论，最后形成了《关于贯彻中央批林整风汇报会议精神的报告》。这次会议是中央在全国形势仍很复杂的情况下召开的一次有关西藏问题的重要会议，对纠正“文化大革命”前期对西藏的冲击和破坏问题，稳定西藏局势，恢复和发展生产起到一定的作用。中央对这次会议高度重视，周恩来、叶剑英、李先念、华国锋等多名中央领导先后参加了会议。

8 月　全长 526.1 米的林芝八一大桥建成。全长 469.52 公里的林芝至邛多江公路建成。

10 月 1 日　阿里地区第一所中学——狮泉河中学开学。该校第一期招收 50 名少数民族学生。解放前，幅员 35 万平方公里的阿里高原，没有一所现代小学，除了少数喇嘛和头人外，数万农（牧）奴都不识字。1953 年，该地区办起了第一所小学。

12 月 29 日　川藏公路怒江钢筋混凝土大桥建成。由成都军区工程兵某部指战员与当地各族干部群众共同修建的怒江大桥横跨怒江两岸绝壁，从桥面到水面高 33 米，桥长达 87.77 米。1954 年公路通车时，怒江大桥为贝雷架桥（即公路钢架桥）。

一九七三年

1月10日—23日 自治区党委召开批林整风汇报会议。参加这次会议的有各地（市）委负责人、自治区革委会各大组、各局的负责人。会上，认真学习了毛主席关于批林整风的重要指示，总结交流了各地区、各单位一年来开展批林整风运动的经验，明确了1973年的战斗任务。

2月20日 自治区农牧战线在拉萨举行抓革命促生产誓师大会，号召全区广大干部、贫下中农（牧）和社员群众，深入开展批林整风运动，掀起“远学大寨，近赶列麦”群众运动的新高潮，鼓足干劲，力争上游，打好春季农牧业生产这一仗，为夺取1973年革命和生产的新胜利而奋斗。区党委、区革命委员会、各局、拉萨市有关单位、西藏军区负责人、干部、职工共1200多人参加了会议。

3月19日 周恩来总理就阿里雪灾作出指示，要求由新疆军区组织10吨砖茶，派武汉空军空投阿里，以解决群众生活用茶困难。

3月30日 西藏牧区普遍建立了兽疫防治机构。据新华社消息，西藏地、市一级全部建立了畜牧兽医总站。全区71个县，除一个县正在筹建外，其余各县都有了畜牧兽医站。县以下建立了145个兽医防治所，公社和乡都有了“赤脚兽医”。全区3000多名藏、汉族兽医工作者活跃在兽疫防治线上。自治区畜牧兽医科研所1972年一年就生产2000多万毫升菌、疫苗，占全区供应量的70%左右。

4月16日 西藏邮政事业迅速发展，基本建成汽车邮路网。据新华社消息，西藏高原上的邮政事业迅速发展，以拉萨为中心的全区汽车邮路网已经基本建成。长达1万多公里的汽车邮路和几万公里的马班、步班邮路，一年四季为百万翻身农奴传送着各种报刊和信件。

4月17日　西藏印刷出版大量藏文书刊。据新华社消息，西藏1971年底建成的一座印刷厂，有藏、汉族职工280多人，担负着藏汉两种文字的印刷出版工作。一年多来已印出藏文书刊61种、103万册。

7月12日　据《西藏日报》报道，1973年高等院校和中专学校在全区招生工作开始。有14个兄弟省、市、自治区的40所高等院校、90多个中专学校在西藏招生。自治区党委成立了全区高等院校和中专学校招生工作领导小组。

8月10日—24日　全区第三次牧区工作会议在那曲召开。出席这次会议的有各地（市）委书记、部分县委书记、主管农牧业生产的负责同志、自治区各大组、局单位的负责同志以及基层干部等共188人。

9月6日　中央赴藏医疗队先后抵达拉萨、那曲、昌都、日喀则等地为各族群众治病。医疗队由上海、江苏、湖北、湖南、河南、山东、辽宁、四川等8个省（市）共445名医务人员组成。这支医疗队由内科、外科、妇产科、小儿科、中医、放射、检验、药剂和卫生防疫、药品制造、医疗器械修理以及医学教育等专业的医务技术人员组成，是一支医疗技术力量比较全面的配套的医疗队。

9月22日　西藏建成双曲拱大型公路桥——冈嘎大桥。西藏自己设计施工的无支架吊装连拱大跨度的双曲拱大型公路桥——冈嘎大桥，横跨在雅鲁藏布江上，桥长416米。

9月　河南省第一批援藏医疗队55人到山南地区工作。同年，北京市也派来了第一批医疗队，共16人。

12月8日—16日　全区交通战线“工业学大庆”先进集体、先进生产（工作）者代表大会在拉萨召开。出席大会的有来自全区交通战线各单位的先进集体、先进个人等 200 多名代表，其中少数民族职工占 30%，妇女占 12%。

12 月 15 日—23 日 全区工业战线先进集体、先进生产（工作）者代表大会在拉萨召开。大会以党的基本路线为纲，以党的十大文件为指针，总结交流了全区工业战线认真贯彻党的社会主义建设总路线，开展工业学大庆群众运动的经验，表彰了先进，进一步明确了方向和任务。出席会议的有来自全区工业战线各单位的先进集体和先进个人等代表共 405 人，其中藏族和其他少数民族代表占 63%，妇女代表占 22%。

12 月 全长 159 米的川藏公路新建金沙江岗托大桥建成通车。

一九七四年

1月6日—12日 自治区党委在拉萨召开工作会议，号召要更紧密地团结在以毛主席为首的党中央周围，抓大事、抓路线、抓政治思想工作，继续贯彻十大精神。会议要求各级党组织坚持以党的基本路线为纲，继续把批林整风放在首位，努力发展大好形势，夺取新的更大胜利。

1月13日—18日 全区卫生系统在拉萨召开先进集体先进工作（生产）者代表大会，总结和交流经验，表彰先进，明确今后的方向和任务。大会向全区卫生战线工作人员发出倡议，要求在新的一年里，继续贯彻党的十大精神，深入批林批孔，坚持把工作重点放到农村牧区，认真搞好卫生革命，推动全区医药卫生事业蓬勃发展。

5月 自治区革委会批准自治区财金局正式成立“西藏财金学校”（中专）。1975年7月，“西藏财金学校”更名为“西藏财经学校”，设4个专科班。

8月2日 六省市和国务院各部委选派教师进藏，帮助西藏人民发展教育。上海、辽宁、江苏、河南、湖北、四川6省、市和国务院各部、委选派了89名教师到西藏参加建设。首批选派的教师已启程进藏，他们将被分配到八所中学，加强教学工作，还将协助自治区在拉萨市筹办一所师范学院。

8月5日—17日 八省市赴藏医疗队工作座谈会在拉萨召开。会议总结和交流了经验，研究了改进和加强西藏医疗卫生工作及医疗队工作的措施。会议指出，一年来，各省、市派医疗队进藏，帮助西藏发展医疗卫事业，落实国务院有关文件提出的任务。在当地党委领导下，在各族人民热情支持下，和当地医务人员一起，团结战斗，做出了很大成绩，涌现出很多好人好事。8 月 17 日，该医疗队在藏工作结束。

8 月 22 日 自治区党委召开抓革命促生产经验交流大会。

8 月 28 日 自治区革委会制定《全区农牧业五五规划初步设想》。自治区革委会向全国农业机械化会议筹备办公室报告的这一初步设想中提出西藏农业的重点是：建设好雅鲁藏布江中上游、拉萨河、年楚河流域 23 个县（场），逐步使之成为全区的主要产粮区。提出到 1980 年全区粮食播种面积要达到 340 万亩，总产粮食 6.5 亿公斤，油菜籽 1250 万公斤，达到粮食自给。牧区重点建设好那曲、安多、当雄三县。

9 月 中华人民共和国拉萨海关成立。

10 月 5 日 西藏 90% 以上的乡建起了人民公社。据新华社消息，西藏 90% 以上的乡建立起人民公社，基本上实现了人民公社化。

11 月 14 日—28 日 全区召开农业牧业学大寨经验交流会。出席这次会议的有自治区党政机关负责人、各地（市）、县和部分社队干部共 825 人。任荣在会上宣布，西藏的农业生产，在 1973 年丰收的基础上，今年又获得大面积、大幅度的增产。今年的粮食总产量比 1973 年增长 15% 以上，比 1958 年增长近一半。在全国极“左”路线影响下，会议最后提出 1975 年粮食总产量要达到 5 亿公斤，牲畜要达到 2000 万头（只），1980 年，粮食总产量要达到 7 至 9 亿公斤，牲畜要达到 2500 万头（只）。

12 月 9 日—24 日 全区教育工作会议在拉萨召开。会议指出，到 1973 年底，已有中学（包括小学初中班）32 所，学生 4000 多人，比

1959 年增加 24 倍多，比“文化大革命”前的 1965 年增加了 4 倍多；公办和民办小学 3037 所，学生 14.18 万多人，比 1959 年增加了 53.5 倍，比“文化大革命”前的 1965 年增加了 1 倍。还有一所西藏民族学院和六所中等专业学校。1971 年以来，全区还选送了 1280 多名有实践经验的工农兵积极分子到内地各高等院校和其他学校学习。自治区党委、自治区革命委员会负责人出席会议。

12 月 国家卫生部派出医疗队支援西藏。这批医疗队共 54 人，其中北京 28 人，医科院 12 人，中医研究院 8 人，新疆 6 人。

一九七五年

1月24日 拉萨万余军民投入流沙河改道工程。1万多名工人、贫下中农、解放军指战员、革命干部、革命知识分子和街道居民，积极投入流沙河的改道工程，打响了拉萨市北郊流沙河改道工程的大会战。

1月 西藏干部、群众拥护邓小平主持中央日常工作。1月8日至10日,中共中央在京举行十届二次全会,讨论了四届人大的准备工作,并选举邓小平为中央政治局常委、副主席。1月13日至17日，举行全国人大四届一次会议，周恩来总理在政府工作报告中重申，要在本世纪内实现农业、工业、国防和科学技术的现代化。大会选举产生了以朱德为委员长的全国人大常务委员会，任命周恩来为总理，邓小平为副总理，挫败了“四人帮”的组阁阴谋。会后，周恩来病重住院，邓小平在毛泽东支持下，实际上主持中央日常工作。西藏各族干部、群众认真学习四届人大会议精神，拥护邓小平主持中央日常工作。

3月7日—17日 西藏工业学大庆经验交流会在拉萨召开。参加大会的代表通过小组讨论和大会发言,交流了开展工业学大庆的经验。自治区党委、自治区革委会的负责同志出席会议。参加会议的代表有361人。

4月2日 西藏又一批知识青年上山下乡。西藏拉萨中学、西藏民族学院附属中学和拉萨市中学的100多名应届高中、初中毕业学生，到西藏军区生产建设部队参加农业生产，拉萨数千名群众前去欢送。

4 月 1 日晚，自治区革委会举行知识青年上山下乡欢送晚会，自治区党委、自治区革委会和有关方面负责人参加晚会。

7 月 16 日 西藏师范学院在西藏师范学校的基础上正式成立。

9 月 5 日 以国务院副总理华国锋为团长的中央代表团到达拉萨，祝贺西藏自治区成立 10 周年。

9 月 7 日 民航兰州管理局用伊尔—18 型飞机开辟拉萨—格尔木— 兰州航线。航线距离 1430 公里，每周 2 班。

9 月 9 日 拉萨 5 万多人集会，庆祝西藏自治区成立 10 周年。华国锋在大会上作了讲话。大会通过了致毛主席、党中央的致敬电。

9 月 23 日 自治区党委批准，将羊八井地热开发项目列为自治区重点科研项目,决定成立西藏自治区地热工程领导小组,下设“九·二三工程筹建组”，负责羊八井地热开发。

9 月 24 日 西藏最大的一座水库——林周农场虎头山水库竣工。据《西藏日报》报道，林周农场虎头山水库由拦河大坝、输水隧洞、溢洪道、截水墙和配套工程主干渠 5 个部分组成，蓄水量为 1200 多万立方米。大坝底宽 83 米，高 18 米，全长 1000 米，为土石混合坝。以上工程共动用土石方 115 万立方米。

10 月 25 日 全区卫生工作会议在拉萨召开。出席会议的有各地（市）和部分县的负责人，自治区有关局、委和工、青、妇的负责人，西藏军区卫生部门的负责人，各级卫生部门、医院、防疫站的负责人，赤脚医生、卫生员、接生员、藏医代表，共 187 人。自治区党委、自治区革委会和西藏军区的负责人以及自治区革委会各大组、局、委、工、青、妇的负责人出席了开幕式。

12 月 1 日—11 日 西藏成立贫下中农（牧）协会。全区贫下中农牧民代表大会在拉萨举行，到会代表 597 人，选出 87 名委员组成西藏自治区贫下中农（牧）协会。

12月15日—25日 全区首次农牧业机械化会议在拉萨举行。会议着重讨论了自治区党委一届四次全委扩大会议提出的《1976—1980年基本实现农牧业机械化的规划》，提出今后五年全区农业机械化的主要奋斗目标。

12月16日 自治区农牧学校在拉萨正式开学。自治区党委、自治区革委会和拉萨市委的负责人以及生产建设部队党委和自治区各有关部门的负责人参加了开学典礼。

一九七六年

2月3日 自治区革命委员会下发《关于开展春季植树造林运动的通知》，号召全区党政军民立即行动起来，“不失时机地掌握生产环节”，开展一个大规模的群众性的春季植树造林运动。

3月16日 拉萨—格尔木航空邮路正式开通，每周1班。

3月17日 自治区党委、自治区革委会举行大会欢迎清华、北大等院校来藏的工农兵大学毕业生和北京首批来藏上山下乡的知识青年。这次来藏的共有105名工农兵学员。

4月15日 卫生部组织医疗队赴阿里为群众治病。为了帮助边疆少数民族地区发展医疗卫生事业，由卫生部机关、北京市、中国医学科学院、中医研究院和新疆维吾尔自治区的医务人员组成的北京医疗队阿里队，最近出发去西藏阿里地区。医疗队包括有内、外、小儿、五官、妇产、中医等科的医生，化验、护理人员以及医学基础课的教师等。医疗队并带有专科手术器械、医学教学仪器设备和图书资料。他们到达阿里后，分成8个分队到各县巡回医疗，培养少数民族赤脚医生，还将协助阿里地区办一所卫生学校。

5月4日 自治区党委、自治区革委会召开欢迎大会，欢迎来西藏插队落户的复员退伍军人。这次来藏插队落户的有来自北京、南京、沈阳、济南、武汉、兰州、福州等部队的208名复退军人和朝阳农学院的2名应届毕业生、3名上海知青。这批复退军人和知青先后奔赴那曲和昌都插队落户。

5 月 10 日 西藏基本实现对城镇手工业、私营商业的社会主义改造。据新华社消息，全区私营商业已全部纳入了国营商业轨道，90%以上的手工业建立了生产合作社，走上了社会主义康庄大道。

7 月 6 日 滇藏公路建成通车。这条公路南起云南下关，北至西藏芒康县，全长 716 公里。公路工程艰巨，经过云南、西藏两省区军民艰苦奋斗，胜利完工。

7 月 15 日 察雅县澜沧江大桥建成通车。该大桥全长 104.1 米，可并排行驶 2 辆汽车。大桥建成后，昌都地区 13 个县全部通了汽车。

8 月 15 日—22 日 全区首届少年田径运动会在拉萨举行。自治区党委、自治区革委会、西藏军区和拉萨市的负责人出席了开幕式。运动会上，有男女 5 项 7 人次打破了自治区少年田径纪录。

10 月 21 日 拉萨军民举行集会和游行，庆祝粉碎“四人帮”。此后，揭批“四人帮”的群众运动在全区陆续展开。

11 月 7 日 区外省市 300 多名工农兵学员和知识青年来西藏参加建设。这批工农兵学员和知识青年分别来自天津、贵州、江西、江苏、四川、湖南、上海、广东、湖北、河南、河北、山西、陕西、甘肃等 14 个省市，共有 319 名，其中有 50 名是自愿申请到农牧区插队落户当农牧民的。

11 月 19 日 格尔木到拉萨的输油管初试通油。自治区党委、自治区革委会、西藏军区向党中央、国务院、中央军委报告说，从格尔木到拉萨的长达 1080 公里的输油管线，第一期工程已经竣工，并初试通油。12 月 7 日，中央发来贺电说，输油管的初试通油成功，是中国人民继川藏、青藏公路通车之后，在世界屋脊上创造的又一奇迹，对于加快西藏社会主义建设，巩固祖国西南边防，有着非常重要的意义。

11 月 20 日 自治区党委召开全区农牧业学大寨经验交流会。出席会议代表793人，主要任务是学习毛泽东有关批判“四人帮”等一系列重要指示和中央16号文件，总结交流了农业学大寨、普及大寨县运动的经验，研究了农田、草场基本建设，农牧业生产和农牧业机械化问题，并部署了1977年任务。任荣讲话中说，西藏农牧业学大寨运动进入了一个新的阶段，1980年粮食总产量要达到7.2亿公斤，牲畜总头数达到2500万头（只）。

12月5日　区外省区市青年到西藏参加革命和建设。这批工农兵大学生和知识青年分别来自陕西、云南、贵州、湖南、安徽、天津、江苏、河南、广东、内蒙古、四川等11个省、市、自治区，包括汉、回、苗、彝、壮、侗、白、哈尼、普米等9个民族，共134名，其中有35人自愿申请到农牧区插队落户当农牧民。

12月13日　黑龙江、吉林、福建3省28名汉、蒙、满、土家4个民族的大学生来西藏参加社会主义革命和建设。

一九七七年

1月10日 自治区党委在拉萨召开掀起农业学大寨、普及大寨县运动新高潮动员大会，传达学习第二次全国农业学大寨会议精神，号召全区广大军民，坚决响应华主席、党中央的伟大战斗号召，全党齐动员，万众一条心，大办农牧业，迅速建设大寨县，全面完成华国锋主席代表党中央提出的各项光荣战斗任务。自治区党政军领导、宗教界爱国人士以及拉萨市委、市“革委会”有关负责人出席会议，自治区直属各机关的干部、工人，拉萨驻军广大指战员，拉萨地区厂矿、企事业、学校等单位的职工，拉萨市城关区的农民和街道居民共4万多人参加了大会。

2月26日 西藏7000多名各级领导干部深入农牧区生产第一线，同农牧民群众一道开展农牧业生产。

3月1日—15日 自治区党委在拉萨召开全区工业学大庆会议。会议通过了向全区工交、财贸战线广大职工和家属的倡议书，通过了全区出席全国工业学大庆会议的代表名单。自治区党委和自治区革委会负责人出席了大会。

3月21日 自治区党委发出通知，要求认真贯彻中央10号文件，阅读“四人帮”罪证材料之二，要把揭批“四人帮”的群众运动引向深入，各级党委要迅速组织干部群众学习，做到家喻户晓，抓紧清查工作。

3月22日 据《西藏日报》报道，最近，自治区有关部门在那曲召开全区畜产品收购经验交流会，要求各地商业部门进一步搞好畜产品收购工作，正确贯彻按质论价、优质优价的收购政策，反对自行提级提价、压级压价、克扣群众等资本主义经营作风。要像当雄县供销社那样，深入社队，现场收购，实行粮物兑现，以便进一步调动社队群众生产和交售畜产品的积极性。

5月15日—28日 西南地区第四次农机产品调剂交流会在拉萨召开。会上交流了各地自力更生发展农业机械，改善经营管理，搞好农机供应工作的经验，并广泛进行了农机产品调剂交流。

5月19日 山东省第三批赴藏医疗队160人奔赴西藏。这批队员在山南、日喀则地区各县驻县5年期间，为发展当地医疗事业及培养卫生技术干部等工作作出重要贡献，受到各族群众的热烈欢迎和一致赞扬。

6月23日 自治区革委会颁发《西藏自治区“五五”期间开展工业学大庆运动、普及大庆式企业规划》。

6月26日 自治区党委、自治区革委会批转农牧局《关于贯彻落实〈中共中央国务院关于切实做好减轻农民负担工作的通知〉的意见》。

7月13日 中共西藏军区第三次代表大会闭幕。代表大会于7月7日召开，选举产生中共西藏军区第三届委员会。

7月14日 自治区农牧业机械化领导小组成立。自治区党委发出通知，为1980年在西藏基本实现农牧业机械化，加强对农牧业机械化工作的领导，决定成立自治区农牧业机械化领导小组。这时，全区已有农牧业机械、大中型农用拖拉机800混合台，手扶拖拉机1000多台，脱粒机、扬场机5000多台。

7月 羊八井地热电站建成发电。该地热电站装机总容量2.5万千瓦，是全国最大的地热实验基地。

10月24日 中共西藏自治区第二次代表大会在拉萨召开。出席大会的代表于10月21日至23日集中学习了党的十一大文献，并结合学习中央（1977）37号文件，揭批“四人帮”的罪行。10月24日大会正式开幕，任荣代表第一届区党委向大会作了工作报告。经酝酿，大会选出了区党委委员70名、候补委员24名，共94名。其中妇女12名，少数民族34名，不脱产委员19名。27日大会闭幕。

11月4日 全区农机汽车配件生产会议在拉萨召开。

11月26日 自治区党委决定开展整党整风运动。根据党的十一大政治报告和党中央的指示，自治区党委决定，县以上党政机关、群众团体、事业单位从今年12月至明年2月底分批开展整党整风运动。

一九七八年

1月23日 国务院农业机械化领导小组召集有关部委和西藏、四川、江苏三省区负责同志座谈商定了西藏农业机械化的有关问题。

2月1日 西藏医学院正式成立。

3月20日—29日 全区文艺创作座谈会在拉萨召开。参加会议的有各地（市）宣传部、文教局和自治区有关单位负责文艺工作的人以及区内部分专业、业余创作人员，新闻出版界的部分文艺编辑。会议结束时，自治区党委负责人勉励与会人员共同努力，抓紧落实规划，创作出更多的好作品、好节目。

5月1日 西藏正式使用四频道向拉萨市区试播黑白电视节目取得成功，填补了全国最后一个省区电视的空白。

5月5日 由农林部委托河北、辽宁、吉林、黑龙江四省的一些农机院校为西藏培训的第一批193名农机技术人员毕业返回西藏。

5月10日—19日 全区第一次科学大会在拉萨召开。大会提出，要高速发展西藏科技事业，为实现新时期总任务努力奋斗。会上还表彰了一批先进集体和个人。自治区党委、自治区革委会负责同志出席大会。

6月10日—18日 自治区党委在贡嘎县召开农村人民公社经营管理工作会议，制定《关于落实党在农村经济政策若干问题的意见》，讨论如何迅速落实农村经济政策的问题。

7月14日 自治区党委制定落实党在农村经济政策若干规定。为全面清理被林彪、“四人帮”破坏了的农村经济政策，针对西藏农村中农民负担加重、按劳分配不能落实等问题，自治区党委制定了《关于落实党在农村经济政策若干问题的意见》。

7月17日—28日 全区财贸学大庆学大寨会议在拉萨召开，通过向全区财贸战线干部、职工的倡议书。自治区党、政、军负责人出席会议。

8月16日—23日 草场基本建设会议在拉萨召开。会议传达了全国农田基本建设会议精神，自治区党委、自治区革委会领导出席会议，各地（市）、生产建设部队、县的主要负责人和自治区各部门的负责同志共400多人参加了会议。

8月21日—10月31日 西藏歌舞团离京赴北欧五国访问演出。中国西藏歌舞团共45人，从8月21日起先后访问了瑞典、芬兰、挪威、丹麦和冰岛，受到了这些国家人民的热情友好接待。

9月4日 西藏农牧学院在林芝八一镇成立。学院设农学、畜牧兽医、林学、农机、水电等5个系9个专业。学院成立时有学生524余人。

9月7日 全区第四次牧区工作会议在那曲召开。自治区党委、自治区革委会负责人出席会议，各地（市）、县（区）的负责人和一些牧业学大寨的先进单位代表共260多人参加会议。

10月7日 自治区党委制定牧区10条经济政策。文件明确规定：牧区人民公社和生产队必须根据生产需要和个人的不同情况，民主评定每人每年应完成的基本劳动日。在评定基本劳动日时，特别要照顾妇女的生理特点。对于超额完成基本劳动日的，要给予表扬或奖励。生产队要建立畜群作业组，并对畜群作业组实行定产、定工、超产奖励的“两定一奖”制度。在分配问题上，强调正确贯彻“三兼顾”原则，并要实行轻税政策，使90%以上的社员增加收入。在收购牛羊皮时，要考虑群众穿皮衣、住帐篷的需要，不准层层加码，购得过多，鼓励牧民社员从事编织、采集、狩猎等正当的家庭副业，允许饲养一定数量的自留畜。

12月25日 自治区党委下发《关于认真学习贯彻党的十一届三中全会公报的通知》，要求把全党工作的中心转移到四化建设上来。《通知》强调，全区党员、解放军指战员和各族工人、农民、知识分子、爱国人士，积极响应党的十一届三中全会的号召，进一步巩固和发展安定团结的政治局面，坚持实事求是和群众路线，坚持一切从实际出发、理论联系实际的原则，健全和实行党的民主集中制，加强社会主义民主和法制，调动各方面的主动性、积极性、创造性，使社会主义经济的各个部门各个环节普遍地蓬蓬勃勃地发展起来，以优异的成绩，向建国30周年献礼。

一九七九年

1月4日—17日 自治区党委二届三次全委（扩大）会议在拉萨召开。会议学习贯彻十一届三中全会精神，总结经验，分析形势，决定把西藏工作重点迅速转移到社会主义现代化建设上来。与会同志就全区工作重点转移问题，进行了认真的讨论，对全区国民经济建设的任务和措施，提出了许多建设性意见。解决了全区一些重大的遗留问题。选举了区党委纪律检查委员会。

1月7日 青藏铁路第一期工程从西宁到格尔木的铁路路基工程基本完工。

1月17日 自治区党委二届三次全会选举产生了自治区党委纪律检查委员会。

2月1日 自治区人民武装委员会成立，由17人组成。

2月 西藏自治区农牧业机械管理局改为西藏自治区农牧业机械厅。当年9月，农牧业机械厅撤销，农牧业机械管理工作并入农牧厅。

3月6日 中央同意阿里地区仍归西藏领导。1969年，中央根据西藏建议，批准西藏阿里地区由新疆代管。1978年12月22日，新疆自治区党委第一书记、西藏自治区党委第一书记报告中央，建议阿里地区仍归西藏领导。1979年3月6日，中央、国务院批复同意，并指出：今后阿里地区的物资供应和运输等问题，仍由新疆负责解决。

4 月　党中央提出“要组织内地省市实行对口支援边境地区和少数民族地区”，并确定全面支援西藏。四川、浙江、上海、天津四省区为重点支援西藏的单位。

5 月 2 日　全国一千多名大学生志愿进藏工作。据新华社消息，最近，全国有一千多名大学生响应党的号召，志愿进藏工作。这批毕业生来自北京、四川、陕西、山西、甘肃、河北等省、市的几十所大专院校，大多数学的是自然科学，涉及农学、畜牧兽医、植物保护、水利、水电、农机、林业、园艺、气象、矿业等专业。

5 月 31 日　自治区农牧业委员会成立。

7 月 26 日　年楚河大桥建成。江孜年楚河大桥为永久型钢筋水泥大桥。

7 月 28 日　青藏铁路铺轨至格尔木。西藏物资运输将比从柳园站起运缩短 600 余公里。

8 月 22 日　19 省市对口轮换的进藏干部 3000 余人已调进西藏。自治区党委组织部给自治区党委并中央组织部《关于 1979 年干部进藏工作的总结报告》中说：根据自治区党委 1978 年 10 月 7 日请轮换西藏干部的要求，中央从 19 个省市和中央国家机关 49 个部委抽调的 3092 名干部，从今年 4 月开始进藏，到 7 月 25 日为止，已基本结束。这批进藏干部中有党政干部 1556 名（地级 50 人，县级 586 人），专业技术干部 1536 名。

12 月 17 日—18 日　自治区党委召开二届四次全委扩大会议，决定对全区国民经济进行调整。

12 月 27 日　自治区党委清理不利于民族团结的条例、制度、规定。自治区党委办公厅和政府办公厅联合下发通知，要求自治区各级党政军部门和各企事业单位，由领导负责，在最近期间，对上级颁布的法令、条例和本单位制定的规章制度，认真进行一次检查。

凡不利于民族团结的，属本单位制定的，应即修改或停止执行；属上级制定的，要提出撤销或修改意见，分别上报。

一九八〇年

3月14日—15日 中央书记处在北京召开西藏工作座谈会。中央对西藏工作作了重要指示，会议制定了《西藏工作座谈会纪要》。中央在转发《纪要》的通知中说，在新的历史条件下，西藏自治区的中心任务和奋斗目标是：以藏族干部和藏族人民为主，加强各族干部和各族人民团结，调动一切积极因素，从西藏实际情况出发，千方百计地医治林彪、“四人帮”造成的创伤，发展国民经济，提高各族人民的物质生活水平和文化科学水平，建设边疆，巩固边防，有计划有步骤地使西藏兴旺发达，繁荣富裕起来。

5月25日—27日 胡耀邦、万里分别和西藏干部座谈。25日至27日，万里分别与日喀则、阿里、昌都、山南、拉萨地区参加党委扩大会议的同志座谈。27日，胡耀邦召集藏族干部座谈，商讨如何在新的历史条件下，发展西藏教育事业的问题。

5月29日 胡耀邦在西藏自治区干部大会上作报告。胡耀邦说：“29年来西藏的成绩是主要的，已经起了翻天覆地的变化。当前，我们总的奋斗目标，是为建设一个团结、富裕、文明的新西藏而努力奋斗！”

6月9日 自治区党委发出关于纠正错划富农牧成分的通知，提出纠正的意见是：一、凡在农牧业社会主义改造中，被划为富农、富牧阶级成分的，或由富裕农奴被划为领主、牧主、代理人成分的一律予以纠正，恢复原来的富裕农奴和富裕牧民成分；被定为富农牧分子或反动富农牧分子的，一律平反，恢复原来的个人成分。二、原被划为富农阶级，其家庭财产或个人财产被征收、没收的，原则上不予退赔。但是凡被征收、没收财产的户应给予适当的经济补偿。三、凡是被纠正错划富农牧成分的户数、人数、给予的经济补助款项，各地要负责核实，逐级上报。

6月11日 西藏成立抢救、整理《格萨尔王传》领导小组。《格萨尔王传》是西藏古代民间说唱体著名藏族英雄史诗，这部史诗有数十部，上千万字，是世界上最长史诗。

6月13日 自治区党委发出《关于农牧区若干经济政策的规定（试行草案）》。

6月21日 自治区人民政府发出布告，对减轻人民负担、实行休养生息的有关政策作出明确规定。

6月26日 自治区党委决定成立落实政策领导小组。

8月3日 自治区党委发出《关于手工业的几项政策规定（试行草案）》。

8月6日 自治区党委召开全区落实政策会议。会议纪要中说，各级领导要进一步端正思想路线，主动纠正冤假错案，要有计划、有步骤、有重点地进行，把落实政策的工作做深做细。

9月1日 自治区艺术学校在拉萨成立。为发展西藏民族文艺、培养艺术人才，西藏第一所艺术学校成立。刚成立的学校将分藏戏、歌舞和声乐三个班进行学习，学制为5年或3年。学员在学习期间的食宿和学习费用均由国家负担。

9月4日 自治区党委转批《全区人民公社经营管理座谈会纪要》，同意推行农牧业生产责任制。

9月5日 自治区人民政府发出《关于发展边境小额贸易有关问题的通知》。

10月1日 西藏农牧业、手工业实行贷款免息政策。中国人民银行西藏分行于9月23日作出决定，从10月1日起，3年内对农牧业、手工业贷款实行免息政策。

11月14日 自治区党委召开常委扩大会议，决定进一步搞好农牧业生产责任制。根据调查研究的情况，认为西藏要搞好生产责任制，一定要从西藏的特点出发。

11月22日 自治区党委发出《关于进一步全面贯彻落实党的宗教政策的指示》。

12月6日 西藏对长期亏损的工业企业实行关、停、并、转。自治区党委、政府决定，关、停、并、转一批长期亏损的工业企业，把西藏工业建设的重点调整到适合少数民族群众需要的轻工业、手工业和水电建设上来。

一九八一年

1月3日—8日　自治区党委在拉萨召开常委扩大会议，传达中央工作会议精神，研究搞好西藏经济调整工作意见，把西藏1981年的基本建设投资从1980年的1.82亿元压缩到8000万元以内，继续搞好企业的关、停、并、转和汉族干部、职工内调工作。

1月15日　自治区党代会就怎样实行国民经济调整，提出四点要求和五点措施，明确要尽快改变西藏贫穷落后的面貌，在经济建设上做到实事求是，从实际情况出发来确定经济建设方针，使我区的国民经济协调地、健康地稳步发展。

2月1日　自治区政府决定，从1981年起将民族手工业纳入全区国民经济计划，并拨给专款和原材料，加以扶持。

4月18日　西藏颁布《施行中华人民共和国婚姻法的变通条例》。自治区三届人大常委会五次会议，结合西藏各少数民族婚姻家庭的实际情况，讨论通过了《西藏自治区施行〈中华人民共和国婚姻法〉变通条例》。

5月22日　自治区热烈庆祝和平解放西藏协议签订30周年。拉萨各族各界代表1600多人隆重集会，热烈庆祝和平解放西藏协议签订30周年。全国人大常委会副委员长、自治区人民政府主席阿沛·阿旺晋美在大会上讲了话。

6月3日　自治区党委常委会作出《贯彻执行党的政治生活若干准则、加强自身建设》的决定。

8月7日　自治区党委召开各地（市）委书记座谈会，传达中央召开的省、市、自治区党委书记座谈会精神，着重研究选拔和培养中青年干部问题，进藏干部和工人第二批内调问题以及经济工作问题。

8月17日—27日　西藏、甘肃、青海、四川、云南、新疆六省区在西宁举行第一次藏族文学创作座谈会。

8月25日　自治区党委、人民政府作出《关于贯彻执行中共中央、国务院〈关于保护森林发展林业若干问题的决定〉的决定》。

9月3日—12日　自治区党委宣传部在拉萨召开思想战线座谈会，要求正确开展批评与自我批评，抵制和克服资产阶级自由化倾向。

9月4日　自治区党委提出贯彻执行全国思想战线问题座谈会精神的意见，要求全区各级党组织结合贯彻党的十一届六中全会精神，认真传达学习邓小平、胡耀邦的重要谈话和讲话精神，积极开展批评与自我批评，坚决克服各种错误倾向，进一步发展安定团结的大好形势，改变涣散软弱状态，加强思想战线的领导。

10月5日　自治区政府召开全区经济工作座谈会，分析当前西藏经济形势，提出一些重要的政策和措施。

10月7日　自治区文学艺术工作者首次代表大会在拉萨开幕。这是西藏和平解放以来西藏文艺工作者的第一次盛会，标志着全区的文艺运动正进入一个新的阶段。

10月17日　经中央批准，自治区党委决定成立政法委员会。

12月24日　自治区人民政府批转《关于西藏中、小学教育调整的报告》。报告提出调整的原则是：从西藏实际出发，按教育规律办学，继承和发展民族文化，加强藏语文学习，重视用民族语言教学，以公办为主、民办为辅，把需要与可能科学地结合起来，集中人、财、物，抓好重点地区和办好重点学校。

一九八二年

1月11日—19日 自治区党委在拉萨召开二届七次全委扩大会议，学习中央1、2号文件，分析西藏形势，安排1982年工作。

2月3日 自治区人民政府颁布《关于在全区开展全民义务植树运动的实施办法》。

2月22日 自治区党委要求加强农牧区思想政治工作。自治区党委在批转自治区党委宣传部关于加强农牧区思想政治工作意见的通知中说，各级党委务必重视和加强农牧区的思想政治工作，采取针对性措施，调动各方面力量，大力宣传坚持四项基本原则，认真执行爱国主义、社会主义和无神论教育，理直气壮地纠正歪风邪气，大胆主动地表彰好人好事和共产主义新风尚。

3月1日 自治区绿化委员会在拉萨成立并举行第一次会议。自治区绿化委员会办公室设在自治区农牧厅。会议要求把绿化工作作为“全民文明礼貌月”活动的一项重要内容，当作一件大事，既轰轰烈烈，又扎扎实实、保质保量地抓紧抓好，绿化祖国，造福后代。

3月22日 全区统战工作会议提出继续肃清“左”的思想，交流情况和经验，开展批评与自我批评，就如何打开全区统战工作的新局面进行充分讨论。

4月25日 自治区党委提出至迟明年实现西藏“三年一小变”的目标。4月16日，自治区党委召开了参加全区人事工作会议的各地市负责同志座谈会。4月25日，自治区党委转发了《座谈会纪要》，纪要中说，会议认为，自治区党委的大政方针已经定了，关键是抓落实。

4月23日 西藏首次利用风能发电，在藏北安装小型风力发电机300台。

5月12日 全区抽调大批民族干部脱产学习文化与专业知识。据自治区组织部门统计，从1980年下半年到1981年，参加学习的民族干部达7000多人，1982年又有5000多人到各类学校或专业班学习。在已参加学习的7000多名干部中，地委、专署级以上干部有55人，县级干部383人，区级干部4200多人。

5月29日 自治区第三届人民代表大会常务委员会第十三次会议通过《西藏自治区城乡集市贸易市场管理暂行办法》和《西藏自治区查处投机倒把活动暂行办法》。

6月20日 自治区党委召开全区农村牧区工作会议。会议于6月20日召开，7月2日结束。会议主题是，从西藏的实际情况出发，贯彻《全国农村工作会议纪要》，加快西藏农牧业生产的发展，把西藏农牧区工作提高到一个新的水平。会议通过了《区党委关于进一步贯彻执行〈全国农村工作会议纪要〉的意见》。

6月24日 自治区每年拨出巨款为少数民族中、小学生提供助学金。自治区人民政府决定，从1982年起，每年拨700万元教育经费，为少数民族中、小学生提供助学金。

9月3日 西藏划定6个自然保护区。自治区划定下察隅、墨脱县、波密县岗乡、吉隆县江村、林芝县巴结乡、樟木口岸等6地为自然保护区，总面积达10多万平方公里。

9月10日 《西藏自治区森林保护条例》正式施行。《条例》共6章、26条。第一章，总则；第二章，国有森林的保护管理；第三章，集体和城镇林木的保护管理；第四章，农牧区灌木林的保护管理；第五章，奖励与惩罚；第六章，附则。

9 月 19 日 自治区人民政府批转《关于建设商品粮和畜产品基地的意见》。自治区农牧厅拟定的建立商品粮和畜产品基地的意见，提出把江孜、白朗、日喀则、贡嘎、乃东、穷结、达孜、曲水、堆龙德庆、波密 10 个县建成商品粮基地，把当雄、安多两县建成畜产品基地。

10 月 19 日 西藏等 5 省区在拉萨召开民族出版工作会议，确立藏文图书出版应以通俗读物为主的方针。

11 月 1 日 自治区党委、人民政府发出《关于贯彻“中共中央、国务院关于制止乱砍滥伐森林的紧急指示”的紧急指示》。《指示》指出：立即行动起来，在学习、贯彻十二大文件的同时，认真组织职工、群众学习“紧急指示”的精神。并结合全区打击经济领域中的犯罪活动，对当前毁林严重的地方，抓住典型案件，进行严肃处理，以教育广大干部和群众，刹住乱砍滥伐的歪风。通过调查研究，提出全区保护森林的有效措施。

一九八三年

1月10日　自治区党委工作会议闭幕。会议传达了全国五届人大五次会议、全国计划工作会议、全国商业工作会议、全国农村工作会议、全国农业书记会议等精神，重点讨论了如何完成党的十二大提出的各项战斗任务，如何实现到本世纪末全区工农（牧）业年总产值翻两番的战略目标。会议听取了《自治区党委1983年工作要点报告》和《动员起来，为开创西藏工作新局面而奋斗》的报告。

1月25日　自治区党委在拉萨成立机构改革工作小组。机构改革工作小组由15人组成，撤销自治区精简领导小组。

2月21日　自治区党委成立经济体制改革领导小组。

3月25日　经中共中央批准，自治区党委组成新领导班子。新的自治区党委领导班子由13人组成。

5月2日　农牧区普遍实行了“包干到户”的生产责任制。据有关部门统计，西藏牧区有95%的生产队实行了大包干和包产到户的牧业生产责任制。农业方面，在1982年底，全区已有99%的生产队建立了多种形式的生产责任制，其中实行包产到户的队占总队数的82%。农牧业这些不同形式的生产责任制，初步调动了农牧民的生产积极性。

5月23日—28日　自治区召开民间文学研究和《格萨尔》抢救工作会议，作具体安排和部署，进一步做好《格萨尔》的抢救工作。会议强调了民间文学在我国文学史上的地位以及《格萨尔》抢救工作的重要意义。会议希望从事民间文学工作的同志积极地与各有关单位协作，为尽快出齐《格萨尔》而努力。

7月1日 自治区人民政府决定实行《西藏自治区工商业税试行办法》。这个新的试行办法在税率、纳税起征点、征税范围等方面，都进一步体现了党和人民政府的轻税政策。按照现在所制定的试行办法，西藏集体企业和个体工商户所得税负担分别比西藏原税法所规定的减少了27.9%和49.1%。西藏工商税的部分税率也有适当降低。

9月30日 自治区6个地市和自治区58个部、委、厅、局机构改革和领导班子的调整全部结束

10月24日 自治区党政领导同对口支援西藏代表团举行座谈会。自治区党政负责同志和代表团同志出席会议。双方认真讨论了支援西藏建设项目和经济技术协作问题，经过认真商谈，确定建立10个对口支援单位。27日，对口支援西藏代表团同西藏有关部门经过充分协商，落实了50多个对口支援和协作项目。

11月4日 国家拨专款扶持边境地区少数民族发展商品生产。国务院拨专款57万元，扶持边境地区的门巴族、珞巴族、僜人、夏尔巴人发展民族特需商品生产。

11月5日 自治区党委、人民政府作出《关于开展种草、种树的决定》。《决定》提出种草种树的任务和目标是，从1984年开始，在农区、半农半牧区，平均每年每户种草半亩，植树五十株；在牧区，平均每年每户建设基本草场两亩。争取在三十、五十年内，把宜林宜草的荒滩、荒坡、荒山基本上都绿化起来，以改善生态环境，促进生态平衡，解决群众生产生活用材的困难，保证农牧业生产的发展，使西藏高原的面貌有一个根本的改观。

11月23日 中共西藏自治区第三次代表大会在拉萨召开。会议分两个阶段：11月23至25日为预备会；11月27日至12月1日为

正式会议。全区共选出代表446名，与上届相比，干部代表、知识分子代表、少数民族代表、55岁以下的代表比例均有明显增加。出席大会的代表有404名，列席61名，特邀爱国民主人士8名。大会听取了《团结奋进，为加快西藏现代化建设奠定基础》的工作报告。大会选举出自治区党委委员49人、候补委员9人，纪委委员23人。

12月2日　中共西藏自治区整党工作指导小组在拉萨成立。自治区党委三届一次全会召开，决定成立中共西藏自治区整党工作指导小组。

一九八四年

1 月 13 日　自治区党委、人民政府发出实行政社分开建立乡政府的意见。

2 月 15 日　全区农村工作会议在拉萨召开。会议主要是传达贯彻全国农村工作会议和《中共中央关于 1984 年农村工作的通知》（即中央 1 号文件）的精神，从西藏实际出发，研究具体落实措施。阴法唐在会上讲了话。会议指出，进一步解放思想，放宽政策，稳定和完善生产责任制，千方百计夺取今年农牧业丰收，是新的一年农牧区工作的中心任务。

2 月 27 日　中共中央书记处在京召开西藏工作座谈会。会议于 2 月 27 日召开，3 月 28 日结束。参加会议的有中央各有关部门负责同志，以及西藏自治区党、政、军领导机关和自治区各地（市）委负责同志，共 70 余人。胡耀邦主持会议，并 7 次讲话。他在讲话中分析了西藏近几年的工作情况，提出了对西藏的特殊性进行再认识的问题。在经济建设上，他指出能源、交通问题的重要性，明确不修铁路靠空运。肯定农牧林结合、以牧为主、多种经营、发展商品生产的方针。特别强调了统战工作和宗教工作的重要意义。最后提出搞好一些工程迎接自治区成立 20 周年。

3 月 12 日　自治区党委、人民政府发出《认真贯彻中共中央、国务院〈关于深入实际开展绿化祖国运动的指示〉的通知》。《通知》指出，要深刻领会中央指示，进一步提高认识；要因地制宜，讲究科学，注重实效，加速绿化；要解放思想，放宽政策；要加快苗圃建设，保证绿化需要；要切实加强对绿化工作的领导。

3月 党中央决定由9省、市帮助西藏建设43项中、小型工程项目。为了充分体现党中央、国务院和全国各省市对西藏各族人民的关心，以新的建设面貌迎接西藏自治区成立20周年，中共中央书记处在西藏工作座谈会上，决定由北京、上海、天津、江苏、浙江、福建、山东、四川、广东9省、市，帮助西藏建设43项当前迫切需要的中、小型工程项目，包括电站、旅馆、学校、医院、文化中心和中小型工业企业。

4月16日—27日 自治区党委召开三届二次全会，贯彻西藏工作座谈会精神。自治区党委继4月6日至12日召开常委会扩大会议后，于16日召开三届二次全会。到会委员40人，候补委员6人，顾委委员5人。会议传达了中央召开的西藏工作座谈会精神，讨论如何加快西藏经济文化的发展，建设团结、富裕、文明的新西藏。要求按照整党精神，进一步清理指导思想上“左”的影响，坚决贯彻中央的指示，带领全区干部、群众，开创西藏工作的新局面。

4月 自治区党委发出《关于农村牧区若干政策规定（试行）》。《规定》共20条，指出在西藏坚决贯彻执行“以牧为主，牧农林结合，因地制宜，多种经营，发展商品生产”的方针。

5月30日 自治区党委发出全区整党工作的意见。自治区党委提出，把学习贯彻《西藏工作座谈会纪要》和中央领导同志在西藏工作座谈会上的讲话作为整党的重要内容。

7月19日 自治区党委、人民政府发出通知，部署建立乡政府（社改乡）工作，要求1985年春天全部完成。

8月15日 自治区人民政府相继发布一批行业规定。15日发布《自治区工商业和城乡市场管理的暂行规定》；16日发布《关于民族手工业若干政策的暂行规定》；19 日批转《关于发展农牧民个体和集体运输业的暂行规定》。

8 月 24 日 自治区党委发出认真贯彻“以牧为主”的生产方针的指示。《指示》提出：进一步肃清“左”的影响，一切从西藏的实际出发，是贯彻执行“以牧为主”生产方针的思想基础。要克服重农轻牧思想，认真解决好以牧为主的指导思想，把农村牧区的工作重点彻底转移到以牧为主的生产方针上来。

9 月 6 日—20 日 卫生部赴藏考察团在西藏考察。考察团由卫生部一行 13 人组成,在结束考察时提出发展西藏卫生事业的总体设想。

10 月 自治区党委进一步调整农业生产责任制。自治区党委研究决定，将农业生产责任制原来的“借地到户，自主经营”的提法，改为“土地归户使用，自主经营，长期不变”。

11 月 19 日—29 日 自治区党委三届三次全委扩大会议在拉萨召开。会议传达了党的十二届三中全会精神和中央批转的胡启立、田纪云赴藏调查报告，总结今年工作，安排明年任务。

12 月 2 日 西藏旅游总公司成立。

12 月 17 日—20 日 援藏 43 项工程建设工作会议在京召开。这次会议是由国务院经济工作咨询小组召开的。9 省、市援藏工程负责人、西藏自治区的有关负责人和国家有关部委，以及中国人民解放军总后勤部、空军等单位的负责人共 250 多人出席会议。

一九八五年

1月15日　自治区党委常委决定，在原自治区党委机构改革工作领导小组和经济体制改革工作小组合并的基础上，成立自治区体制改革工作领导小组，在自治区党委、人民政府的直接领导下具体负责全区机构改革、经济体制改革和工资改革的工作任务。

2月4日　全区勤劳致富先进个人、先进集体经验交流大会在拉萨召开。参加大会的有西藏农牧区的专业户、重点户、各种经济联合体和劳动致富万元户、万斤粮户以及农牧业科技工作者的先进代表人物。

2月13日　自治区党委作出《关于农村牧区若干政策的规定》。《规定》要求，认真贯彻“以牧为主，牧农林结合，因地制宜，多种经营，发展商品生产”的方针，进一步放宽政策、搞活经济，以家庭经营为主，以市场调节为主，把封闭式经济转变为开放式经济，把供给型经济转变为经营型经济。

4月9日　全区公办重点中小学实行“三包”。自治区人民政府《三包办法》，是根据中央指示精神，结合西藏实际情况制定的。对公办重点中学实行“三包”，即包吃、包穿、包住，以保证教育质量。

4月20日　自治区党委整党工作指导小组发出《关于在全区共产党员中进行全心全意为人民服务教育的决定》。

5月10日　19个省、市为西藏办中学和初中班培养少数民族人才。国务院西藏经济工作咨询小组办公室5月10日第14期《简报》称：1.

由国家计委、教育部、国家物资局、中国人民建设银行联合发文决定：在天津、上海、河北、辽宁、江苏、山东、河南、湖北、重庆、陕西、山西、安徽、浙江、江西、湖南、云南16省市的学校中增办西藏初中班，从1985年9月起，每年共招收少数民族小学毕业生1300名。2.由北京、成都、兰州3市各为西藏办1所中学，从1986年起，每年各招收少数民族学生100名。关于办学基本建设资金问题，国家共拨款投资3000万元。

6月29日　拉萨至贡嘎机场公路铺设沥青路面竣工通车。拉萨至贡嘎机场的公路共85公里，从1983年11月开始施工，参加民工人数达1.1万多人。1984年9月，驻藏部队3000多人参加了施工。

7月20日　西藏大学在拉萨正式成立。西藏大学是在西藏师范学院基础上成立的。全国人大常委会副委员长阿沛·阿旺晋美到会祝贺，班禅额尔德尼·确吉坚赞发来贺电。

7月30日　青藏公路沥青路面全线铺通。在气候恶劣的条件下，建设者们经过顽强奋斗，团结协作，到1985年7月30日，胜利完成了全长1937公里的公路改建工程，全线铺通了沥青路面。8月26日，工程由国家正式验收。

8月5日　西藏自治区社会科学院正式成立。全国人大常委会副委员长阿沛·阿旺晋美参加大会并讲了话。西藏社科院是一个综合性的专业研究机构，并从多方面开展藏学研究。

8月14日　拉萨剧院和自治区群艺馆举行落成典礼。全国人大常委会副委员长、西藏自治区人大常委会主任阿沛·阿旺晋美和西藏自治区党委书记伍精华为拉萨剧院和自治区群艺馆落成剪彩。

8月20日　西藏电视台成立。西藏电视台是1976年筹建，1978年5月第一次试播黑白电视节目，1979年10月开始试播彩色电视节目。

8月　在自治区成立20周年前夕，9省市帮助西藏建设的43项工程，陆续按期和提前建成交付使用。

9月1日　拉萨各族各界3万多人隆重集会庆祝自治区成立20周年。胡启立在庆祝大会上宣读了中共中央、国务院贺电。

11月15日　自治区党委召开常委扩大会议，研究形势、部署工作。伍精华在会上讲了话，他在讲话中主要讲了“左”的问题，提出了“进一步彻底否定‘文化大革命’，进一步清除‘左’的思想影响，进一步端正思想路线”，把“三个进一步”作为会议中心议题。会上宣布了中央关于西藏调整六大班子的通知。

12月7日　自治区机构改革、班子调整办公室成立。自治区党委常委决定：1. 成立自治区机构改革、班子调整办公室，在常委集体领导下进行工作。2. 办公室设机构改革、班子调整、政策配套3个小组。

一九八六年

1月14日—21日 西藏首次在香港举行对外经贸展览洽谈会。

3月5日 拉萨卫星地面接收站开通至区外省份的长途报话电路。拉萨卫星地面接收站是中央规划的五个卫星地面接收站之一，是由邮电部投资、自治区邮电系统自筹自建的一项工程。

3月21日 自治区党委决定抽调大批干部下乡、下厂。自治区党委决定从自治区、地（市）、县机关抽调3400名干部，深入农村牧区、基层厂矿企业，同广大基层干部、群众一道，认真落实各项政策，帮助群众发展生产，加快致富步伐。

4月1日 自治区党委发出《关于在全区开展“一切从实际出发”的讨论意见》。《意见》中说，自治区党委在1985年召开的常委扩大会议上提出“三个进一步”。此次开展“一切从西藏实际出发”的讨论，是贯彻落实自治区党委常委扩大会议精神的继续和深入，是端正思想路线的一次再教育，是端正党风，加强党的思想建设的一项重要内容。

5月20日 中国藏学研究中心在京成立。习仲勋、胡启立、阿沛·阿旺晋美、班禅额尔德尼·确吉坚赞、周谷城、杨静仁等中央领导，有关方面负责人，首都学术界和民族、宗教界人士300多人出席成立大会。习仲勋等分别在会上讲话。

5月25日—6月3日 西藏首届边境贸易进出口交易会在日喀则召开。交易会共签订进出口合同101份，成交总额合人民币1200多万元。

6 月 5 日 西藏制定第七个五年计划。计划指出“七五”期间的主要任务是：一、深入细致地进行经济体制改革，进一步理顺各方面的关系，增强自身活力，提高经济效益，在实现“两个转变”方面迈出较大的步伐，力争在“七五”期间基本上使全区经济走上开放式、经营型的运行轨道。二、围绕治穷致富这个中心任务，大力发展商品经济，使人民群众的生活有较大的改善。三、广开财源，增加收入，努力实现财政状况的好转，消灭财政收入亏损。四、尽最大努力加强重点建设、技术改革和智力开发，在物质技术和人才方面为 90 年代全区经济和社会的继续发展准备必要的后续能力。

7 月 10 日 自治区党委领导在全区宣传工作座谈会上提出，从西藏实际出发，建设社会主义精神文明。自治区党委认为，西藏的实际是：封建农奴制度的旧痕迹还存在，长期的自我封闭带来的消极影响，群众缺乏科学文化知识，笃信宗教。在这样的环境中，社会主义精神文明建设的指导思想应该是：以共产主义思想为指导，热爱中国共产党，热爱社会主义祖国，提高各族群众的文化水平，极大地丰富人民群众的文化生活，提倡和发扬民族的传统美德和优秀文化，增强民族自信心和自豪感，建设团结、富裕、文明的新西藏。

10 月 13 日 自治区党委召开干部大会，传达党的十二届六中全会精神，介绍六中全会的情况和精神，并对当前认真学习《决议》提出了四点意见。

12 月 17 日 自治区直属机关机构改革方案正式发布。方案要点是：党政群地级、副地级工作部门原有 56 个，改革后为 35 个，比改革前减少 21 个，减少 37.5%；总行政编制 2300 人，比改革前实有人数减少 1422 人，减少 38.2%。公安、检察、法院、司法部门的行政编制为 400 人，比改革前实有人数减少 159 人，减少 28.44%；区直地级事业单位 8 个，改革后设 9 个，比改革前增加 1 个，增加 12.5%，新编 1850 人，比改革前实有人数减少 664 人，减少 26.41%。

一九八七年

1月10日　自治区党委负责同志在自治区党委宣传部召开的新闻系统负责人座谈会上，要求新闻宣传必须要坚持四项基本原则，宣传党的领导，宣传社会主义制度的优越性，宣传安定团结的大好形势。

2月26日　西藏全面开展颁发居民身份证的工作。自治区人民政府于26日批转了自治区计经委、公安厅等单位《关于西藏全面开展颁发居民身份证有关问题的请示报告》，并发出通知。

3月2日　据新华社消息，1986年西藏自治区乡镇企业产值首次突破1亿元大关，比1985年增加8757万元。

3月30日　万里强调中央对西藏工作的方针政策是正确的，要继续坚定不移地贯彻执行。万里、习仲勋、李鹏、胡启立等中央领导在北京接见了出席六届全国人大五次会议的西藏代表团和参加六届全国政协五次会议的西藏委员及正在北京的自治区党委负责同志。万里在接见时说，实践证明，中央对西藏的一系列指导方针和特殊政策、灵活措施，是符合西藏实际情况的，是获得广大人民群众拥护的。最近几年，西藏自治区党委认真贯彻执行这些方针政策，使西藏生产发展，社会安定，人民心情舒畅，民族关系改善，民族团结增强。西藏以后要继续在各民族干部、职工和群众中进行坚持党的领导和维护祖国统一、增强民族团结的爱国主义正面教育。

4月5日　自治区党委、人民政府发布《关于深化农牧业经济体制改革的意见》。《意见》指出，今年和今后一个时期内，努力抓好以下四个方面的工作：一、进一步完善各种责任制；二、疏通流通渠道，发展商品经济；三、改变投资方式，加强重点投资；四、逐步调整产业结构，发展多种经营和乡镇企业。

4月27日　全区企业改革工作会议在拉萨召开。这次企业改革工作会议是西藏第一次召开的探讨企业改革方面的会议。会议研究了全区企业改革的迫切性和1987年企业改革工作的重点等。

4月28日　“西藏文化展”在北京开幕。文化展共展出300多幅彩色照片、1000多件实物和4个大型的景观雕塑，从各个方面反映了西藏人民的悠久历史、科学技术、文化艺术、建筑和民族手工艺的发展情况、独特的民族风情以及优美的自然景色。国家副主席乌兰夫为展览剪彩，习仲勋、阿沛·阿旺晋美、班禅额尔德尼·确吉坚赞和国家民委、文化部及西藏自治区党委和政府的负责人参加了剪彩仪式。

8月3日—11日　自治区基层政权建设工作会议在拉萨召开。这次会议以中央有关政治体制改革的思想为指导，以改革的精神，更新观念，分析现状，统一思想，研究和制定适合西藏实际的基层政权和基层党组织建设的方针、政策。会议通过了自治区党委和人民政府《关于加强基层政权建设的决定》。

8月29日　自治区人民政府发布3个文件。自治区人民政府发布了《西藏自治区居民委员会工作简则（试行）》《西藏自治区村民委员会工作简则（试行）》和《西藏自治区乡、民族乡、镇人民政府暂行工作条例》。

9月15日　自治区党委、人民政府发出《关于印发热地在全区统战、民族、宗教工作会议上两个讲话的通知》。《通知》指出，各级党委和人民政府、区直各部门要组织干部、党员认真学习。要树立西藏一切工作都是民族工作的观点。要把统战、民族、宗教工作贯穿于各项工作之中。

12月22日 全区经济体制改革工作座谈会在拉萨举行。会上作了题为《我区1987年企业改革工作总结和1988年深化企业改革的意见》的报告。

一九八八年

3 月 14 日 自治区党委办公厅印发《对领导干部、共产党员、国家职工在反分裂斗争中的几点政治要求》的通知。通知中说，为了爱护和教育党员、干部和职工，严明党纪、政纪和法纪，特对党员、干部和职工在政治上提出四点要求。此要求已经自治区党委常委研究同意。

4 月 18 日 西南五省区六方经济协调会第五次会议在南宁举行。参加此次会议的有四川、云南、贵州、西藏、重庆、广西五省共 315 名代表。党中央、国务院的有关部门和广东省、湖南省、海南省、广州市的同志也光临会议，交流了改革开放的经验。

5 月 21 日 西藏区内首条卫星通讯电路——昌都至拉萨段开通。

6 月 15 日—29 日 乔石在西藏考察工作。中共中央政治局常委、中纪委书记乔石在藏期间，先在拉萨后又到日喀则、山南、林芝等地的农村、工厂、学校、寺庙和驻藏人民解放军进行考察。28 日，听取了自治区党委、人民政府的工作汇报，并讲了话。29 日，又在自治区直属机关和拉萨地区地师级以上干部会议上讲了话。他在两次讲话中指出，西藏和平解放 30 多年来，取得了翻天覆地的伟大胜利，西藏广大农牧民对党有很深的感情，拥护党对西藏工作的各项现行政策，珍惜来之不易的好生活和安定团结的局面，旗帜鲜明地反对分裂，反对骚乱，维护祖国统一。

8 月 5 日 为领导和管理西藏对外情报和反间谍工作，保证国家安全，自治区人民政府决定成立西藏自治区国家安全厅。

10 月 4 日 我国第一座大型高低压氧两用舱在西藏军区总医院建成并投入使用。该“舱”是解放军总后勤部投资兴建的我国最大的、现代化程度最高的高低压氧两用舱，经中华高压氧学会副主任委员关永家主任医师等专家检查验收和临床应用，完全符合技术要求，正式交付使用。这座世界上罕见的大型高低压氧舱的建成，不但填补了西藏高原大型高低压氧舱的空白，同时也给西藏军民带来了福音。

10 月 21 日 自治区人民政府批准，珠穆朗玛峰地区划为自治区级自然保护区。1999 年，珠穆朗玛峰保护区晋升为国家级自然保护区。

10 月 30 日 中共中央书记处书记、中央统战部部长阎明复为组长，贵州省委书记胡锦涛以及内蒙古自治区、中央组织部负责同志为成员的中央工作组来藏考察工作，为中央召开第三次西藏工作座谈会作准备。

11 月 14 日 自治区党委发出《关于在全区开展生产力标准学习讨论的决定》。《决定》指出，一、党的十三大报告提出，“社会主义社会的根本任务是发展生产力”。“是否有利于发展生产力，应当成为我们考虑一切问题的出发点和检验一切工作的根本标准”。二、在这次学习讨论过程中，要以党的十三大精神为指导，正确理解在全区开展这场学习讨论的重大意义以及通过讨论所要达到的目的。三、生产力标准的学习讨论，一定要坚持理论联系实际的原则，要紧密结合西藏的实际，结合本地区、本部门、本单位的实际，力求从理论和实际相结合的高度弄清问题，把学习讨论引向深入。四、搞好这次学习讨论的关键，是各级领导要高度重视，把它提到重要的议事日程上来，领导干部要带头参加学习讨论，带头撰写体会文章。

12 月 29 日 中央发出《当前西藏工作的几个问题》的指示。中央的这一指示共七条，主要内容是：1. 继续抓好反分裂斗争。2. 维护和增强民族团结是各族干部和人民的神圣职责，要不断加强藏汉等各民族团结、军政团结、军民团结、干群团结。3. 继续做好经济工作。4. 今后西藏各项事业的发展和进步，要以这些经过考验和锻炼的干部为骨干。5. 继续抓紧解决落实政策的遗留问题。6. 统一战线工作是西藏工作的一个很重要的方面，在西藏有特殊重要意义。要团结一切可以团结的力量。7. 要切实加强党的建设和基层政权建设工作。

一九八九年

1月16日 自治区党委书记胡锦涛参加全区农牧业生产会议并发表讲话。他在讲话中说，要把西藏农牧业搞上去，首要的问题是要进一步提高对深化农牧业生产重要性的认识。没有农牧业生产的稳定发展，就没有西藏经济的稳定发展。发展农牧业生产必须树立一靠政策、二靠科学、三靠投入的指导思想。他要求各级党委、政府都要把加强对农牧业生产的领导列入自己的重要议事日程。特别是地、县两级第一把手一定要亲自抓，党委要着重抓农牧业的政策和改革。政府要把农牧业生产全面管起来。

1月28日 十世班禅大师圆寂。全国人大常委会副委员长、中国佛教协会名誉会长、第十世班禅额尔德尼·确吉坚赞，因操劳过度，致使心脏病突发，经中央派出医学专家连夜飞抵日喀则进行多方紧急抢救无效，不幸于28日20时16分在日喀则市他的新宫德钦格桑颇章逝世，终年51岁。

3月5日—7日 少数分裂主义分子在拉萨制造骚乱持续3天，暴徒们打、砸、抢、烧机关、学校24个，给国家和人民造成的经济损失达1000万元以上。有99个个体商户、20多辆汽车、50多辆三轮车、自行车被暴徒砸毁、烧毁。在这次骚乱中，骚乱分子公然使用枪支，打死打伤公安干警多人。

3月7日 李鹏总理发布拉萨戒严令。国务院总理李鹏签署《中华人民共和国国务院关于在西藏自治区拉萨市实行戒严的命令》:“鉴于少数分裂主义分子不断在西藏自治区拉萨市制造骚乱，严重危害社会安定，为了维护社会秩序，保障公民人身、财产的安全，保护公共财产不受侵犯，根据宪法第八十九条第十六条项的规定，国务院决定，自一九八九年三月八日零时起在拉萨市实行戒严，由西藏自治区人民政府组织实施，并根据实际需要采取具体戒严措施。”

3 月 20 日 拉萨社会秩序逐步恢复正常。李鹏总理在全国人大七届二次会议上的政府工作报告中说，少数分裂主义分子在拉萨制造骚乱，引起了全国各族人民的关注。为了维护祖国统一和民族团结，维护社会秩序和保障人民的人身、财产安全，国务院决定在拉萨实行戒严，得到了广大西藏群众和全国人民的拥护，打击了少数分裂主义分子的反动气焰。现在，拉萨社会秩序正在逐步恢复正常，人民生活趋于安定。李鹏还强调指出，西藏现行政策不会改变。任何分裂活动绝不允许。

4 月 20 日 西藏千余名各族各界人士在拉萨庆祝西藏实行民主改革 30 周年。会上，自治区党委书记胡锦涛作了题为《继往开来，团结奋斗，振兴西藏》的报告。他在总结 30 年来正反两方面的经验后说，今后西藏的工作必须正确处理好改革、建设与稳定局势的关系，这是做好西藏工作的一个十分重要的问题。西藏在任何时候都要坚定不移地以经济建设为中心，大力发展社会生产力。为了经济建设的顺利进行，当前要抓好稳定局势工作。坚持一手抓经济建设，改革开放，一手抓稳定局势和反分裂斗争，这是今后一个时期西藏工作总的指导思想。

9 月 20 日 胡锦涛在拉萨出席西藏自治区政协为庆祝中华人民共和国成立 40 周年、中国人民政协成立 40 周年举办的座谈会。胡锦涛在座谈会上讲话指出，在平息动乱和反革命暴乱以后，大家最关心的一件事，就是党的路线、方针、政策会不会改变？对于这一点，党中央和小平同志都有明确的指示。小平同志说：我们原来制定的基本路线、方针、政策，照样干下去。坚定不移地干下去。中央领导同志也明确指出：中央对西藏的方针、政策是正确的，要继续坚定不移地贯彻落实。因此，党的十一届三中全会以来的路线、方针、政策绝不会改变；党的“一个中心，两个基本点”的基本路线绝不会改变，中央对西藏实行的特殊政策和灵活措施绝不会改变，党的民族、宗教、统战政策也绝不会改变。

一九九〇年

1月20日 自治区党委、人民政府联合发出关于《西藏自治区经济社会发展战略设想》。设想提出，今后经济社会发展总目标是到本世纪末进一步缩小贫困面，部分地区达到“小康”水平；搞好农牧业、能源、交通、邮电通信的基础设施建设；抓好教育，大力培养人才，促进科技文化进步，提高全民素质；增加地方财力，提高地方财政的自给水平；全区人口自然增长率控制在16‰以内，力争到本世纪末不超过256万人。具体措施有十一条：一、坚持四项基本原则，坚持改革开放，解放思想，更新观念。二、大力发展教育、科技事业，努力提高全民族文化素质。三、坚持“三靠”（靠政策、靠科学、靠增加投入）促进农牧业的稳定发展。四、加强能源、交通、邮电通信建设，为经济社会发展打下坚实基础。五、调整所有制结构，促进生产力发展。六、深化改革，调整产业结构，优化能源配置。七、发展横向经济联合，促进对外开放。八、开源节流，努力增强地方财力，用好用活资金。九、培育市场，搞好流通。十、加强管理，促进有计划的社会主义商品经济健康发展。十一、适当控制人口的增长速度，保证发展战略的实现。自治区党委书记胡锦涛同志主持召开会议，听取西藏爱国民主人士的意见和建议。

2月5日 据《西藏日报》报道，西藏军区总医院彻底攻克“高原肺水肿”病。西藏军区总医院自成立后便对此病开始了大量的临床研究治疗，探索出了一整套以吸氧为主的综合调整治疗方法措施，提出了高原肺水肿早期诊断的指证以及发病机理的新见解。1986 年前，他们收治的 923 例病死率为 0.33%，近 4 年收治的 200 例，无一例死亡。30 余年积累的 1123 例病例，超过世界其他各国不到 1000 例的总数。

3 月 26 日 自治区人民政府研究部署抗灾救灾工作。那曲地区自 1989 年 11 月下旬至 1990 年 3 月中旬遭遇了历史上罕见的雪灾，造成巴青、嘉黎、比如、聂荣等 7 个县 55 个乡牲畜大批死亡，一些牧民居住点与外界一度失去联系，4 万多平方公里以上的 16.5 万群众生活极度困难，人民生命财产受到严重威胁。自治区人民政府接到那曲地区的灾情报告后，多次召开紧急会议，研究部署抗灾救灾的具体措施和方案。派出工作组前往那曲协助抗灾救灾，以最快的速度筹集救灾物资。

7 月 20 日 江泽民到西藏考察工作。中共中央总书记、中央军委主席江泽民于 7 月 20 日乘专机抵达拉萨，随同江泽民来考察的有中共中央政治局候补委员、中央书记处书记丁关根，中央军委委员、解放军总参谋长迟浩田等。自治区党政军领导等到机场热烈欢迎。胡锦涛代表自治区党委向中央领导汇报：一是反分裂斗争取得了重大胜利，目前全区的局势正朝着进一步稳定的方向发展；二是国民经济有了一定的发展，粮食生产创造历史最高水平；三是必须把农牧业放到首位，将“一江两河”的综合开发作为西藏农牧业以至整个国民经济发展的突破口；四是在能源建设上，要抓好大型骨干电站建设；五是加快广播电视等宣传事业的发展，对宣传贯彻党的方针、路线，开展反分裂斗争。

12 月 26 日 自治区党委、人民政府发布《关于加强牧区经济工作的若干意见》。《意见》指出，牧区经济工作要切实加强草场管理和草场建设；建立健全科技服务体系，积极推广科学技术；拓宽资金来源，增加牧业投入；进一步做好防灾抗灾工作；完善流通体制，搞好商品流通，逐步建立和完善双层经营机制，积极开展多种经营；加强对牧区工作的领导，继续搞好扶贫工作。

一九九一年

1月19日　“七五”期间西藏经济实力大增。据《西藏日报》报道，“七五”期间，西藏经济在农业、能源、交通、通信等基础产业方面取得重大进展。据统计，1990年全区国民生产总值达22.17亿元，国民收入达16.35亿元，分别比1985年增长25.1%和29.97%。5年间，国民生产总值平均每年增长4.6%，国民收入平均每年增长6.3%。1990年全区工农业总产值达10.24亿元，比1985年增长21.5%，平均每年增长4%。1990年农牧民人均收入达415元，比1985年增长13.97%。

2月25日　中国代表向联合国人权委员会介绍西藏真实情况。中国代表范国祥在日内瓦举行的联合国人权委员会第47届会议上，向与会代表介绍了中国西藏40年来政治、经济等各方面发生的历史性变化，用大量事实驳斥了所谓“西藏问题”的谎言。

5月22日　拉萨各族各界隆重集会庆祝西藏和平解放40周年。庆祝大会在西藏体育馆举行，西藏各族各界4000多人参加，大会首先宣读了中共中央、全国人大常委会、国务院、中央军委的贺电。中央代表团团长李铁映，全国人大常委会副委员长、自治区人大常委会主任阿沛·阿旺晋美等以及各族各界群众代表其美卓嘎分别讲话。

5月22日　据新华社消息，西藏“一江两河”中部流域综合开发列入国家重点建设项目。按照规划，“一江两河”中部流域的综合开发，用10年左右的时间，投资10亿元，通过兴修水利、改造中低产田、改造草场和植树造林等，使农业生产有一个稳固、坚实的基础和良好的生态屏障，实现到 2000 年粮食增产 1.5 亿公斤、肉类增产 2400 万公斤等目标，将这一地区逐步建设成为西藏的商品粮基地、畜产蔬菜副食品基地、轻纺手工业和科技示范推广基地。

8 月 20 日 国家投资 10 余亿元整治“两路”。由于青藏公路平均在海拔 4000 米以上，有 800 多公里在永冻层之上，这些地段的路面柏油脱落严重，影响了运输效率。为此，国家拨款 3.77 亿元对青藏公路永冻层地段坏损路面和一些桥梁涵洞进行维修，预计 3 年内全部完成。同时，川藏公路自 1954 年逐段开通以来，限于当时的历史条件和经济技术条件，公路建设标准低，有大量病害未能治理。近几年沿线地质构造运动激烈，泥石流、滑坡、沉陷、雪崩等自然灾害频频发生。国家计委最近决定投资 10 亿元在 10 年内对川藏公路进行病害整治和改建。

10 月 10 日 自治区党委、人民政府发出《关于边境地区若干问题的政策规定》。《规定》指出边境工作的指导思想是：要以经济建设为中心，坚持四项基本原则、坚持改革开放；坚持党的实事求是的思想路线，继续贯彻慎重稳进的方针，保持边境局势稳定，维护祖国统一，增强民族团结；加强边防建设，巩固国防；发展同周边国家的睦邻友好关系，把边境建设成为政治稳定、经济发展、社会进步、边防巩固的地区。

一九九二年

1月14日 中共中央总书记江泽民在中央民族工作会议上就西藏情况发表重要讲话。江泽民指出，西藏自古以来就是中国的领土，这是无可辩驳的历史事实。西藏和平解放以来，以藏族为主的各族人民在政治、经济、文化等方面享受到了平等的权利，广大农牧民当家做了主人。国家不仅在经济上直接对西藏给予了大力帮助，还制定了许多优惠政策，帮助西藏各族人民发展经济文化教育事业，并取得了巨大成就。

1月15日 自治区党委发出《关于进一步加强农牧业和农牧区工作的决定》。《决定》主要内容是：一是80年代农牧区工作回顾和90年代的主要任务；二是稳定和完善党在农牧区的基本政策，进一步深化改革；三是继续调整农牧区产业结构，增强综合生产能力；四是加强农牧业基础设施建设，搞好重点开发；五是广泛深入地开展农牧区社会主义思想教育，加强精神文明建设；六是切实加强农牧区基层组织建设；七是切实加强党对农牧区工作的领导。

5月5日 西藏藏药年产量迅速上升。据《西藏日报》报道，已有1300多年历史的藏药生产基地——西藏自治区藏药制药厂，过去由于受社会制度、生产、机械设备的影响，年产量不超过250公斤，改革开放后，在建厂20周年的1982年突破年产10万公斤大关，品种多达300多个。如今，藏药除大量供应西藏区内外，还远销四川、云南、青海、甘肃、内蒙古等五个省（区）。

6月10日—11日 中国共产党西藏自治区代表会议在拉萨召开。会上作了题为《认真贯彻党的基本路线搞好新时期党的建设》的报告。报告中对当前全区党的建设中若干重要问题作了详细阐述：一是必须进一步加强党的建设。要求党的组织和全体共产党员适应发展西藏经济和开展反分裂斗争的双重任务。二是在贯彻党的基本路线，进行社会主义现代化建设的伟大实践中加强党的建设。三是要把党的基层组织建设好。

7月14日 自治区党委、人民政府发出《关于深化改革扩大开放的决定》。《决定》主要内容是：一是切实转变思想观念，加快国民经济的发展；二是实行全方位开放，积极引进内资和外资，努力扩大对外经济技术合作与横向经济联合；三是走出区门，积极在内地、邻国兴办独资、合资、合作企业；四是进一步发展和扩大对外贸易；五是搞活同邻国边境贸易；六是开发旅游资源，开辟旅游市场，大力发展旅游业；七是以转换企业经营机制为重点，全面推进西藏经济体制改革；八是深化农牧区经济体制改革，加快科技兴农、兴牧的步伐；九是大力发展乡镇企业，促进农牧区经济的全面发展；十是重视培养、使用、引进适应改革开放所需要的人才；十是充分发挥资源优势，积极发展资源工业，加快西藏经济建设的步伐。

9月21日 国务院新闻办公室发表《西藏的主权归属与人权状况》白皮书。白皮书由前言和正文两大部分组成。正文第一部分：一、西藏的主权归属；二、所谓“西藏独立”的由来；三、达赖集团的分裂活动和中央政府的政策。第二部分：四、旧西藏的封建农奴制；五、人民获得了人身自由；六、人民享有的政治权利；七、经济的发展和人民生活的改善；八、宗教信仰自由；九、教育和文化的发展；十、人民健康和人口发展状况；十一、生存环境的保护；十二、国家对西藏发展的特殊支持。

12 月 1 日　陈奎元任西藏自治区党委书记。中共中央决定，陈奎元任西藏自治区党委书记、常委、委员，胡锦涛不再担任西藏自治区党委书记、常委、委员职务。

一九九三年

3月16日 江泽民总书记参加八届全国人大一次会议西藏代表团讨论并作重要讲话。江泽民在讲话中指出，西藏的形势是好的，这是认真贯彻执行党的基本路线和党的民族政策的结果。没有一个稳定的社会政治环境，要想发展经济是不可能的。我们一定要抓住有利时机，加快改革开放步伐，集中精力把经济建设搞上去。凡是符合西藏具体实际，有利于发展西藏经济的办法，都要大胆去试，试了有效，就坚持实行。对前进中出现的问题，要及时发现，抓紧妥善解决。总之，要解放思想，实事求是，抓住机遇，加快发展。这个指导思想要坚定不移，要全面贯彻到各项工作中去。

3月17日 自治区党委、人民政府发出《关于改革和发展西藏教育的决定》。《决定》主要内容是：一是大力加强基础教育，有计划、分阶段实施义务教育；二是积极发展职业技术教育；三是改革教育管理体制；四是多渠道筹措教育经费；五是切实加强师范教育和师资队伍建设。

4月23日 自治区人民政府发布1993年经济体制改革工作要点。工作要点中说，1993年自治区经济体制改革工作的主要任务是：全面贯彻落实《全民所有制工业企业转换经营机制条例》和《西藏自治区全民所有制工业企业转换经营机制实施办法》，以转换国有企业经营机制、转变政府职能为重点，围绕把企业推向市场这一中心环节，进行配套改革；大力发展、培育市场体系，继续深化流通体制改革；

按照国家的统一部署，不失时机地进行价格改革，配套地推进计划、财税和金融体制改革；大力推进社会保障制度和住房制度改革；有计划地进行股份制、企业集团和“税利分流”试点； 抓好县级综合改革试点；努力提高改革的整体水平，切实做好新体制建设的基础性工作。

7月6日 自治区党委、人民政府发布《关于加强环境保护工作的决定》。《决定》主要内容是：一是实行持续发展战略，促进经济与环境协调发展；二是加强环境宣传教育工作，努力提高全区人民的环境意识； 三是加强环境保护法制建设，强化环境管理；四是加强工业污染防治管理工作；五是开展城市环境综合整理工作；六是加强自然环境保护和自然资源开发利用；七是大力推进科技进步，积极发展环保产业；八是实行环境保护目标责任制。

7月9日 西藏以普兰、吉隆、樟木、亚东等口岸为主的沿边开放走廊雏形确立。自治区加紧建设喜马拉雅山边境开放走廊。绵延数千公里的喜马拉雅国境线上，四大传统口岸樟木、亚东、吉隆、普兰对外开放作用突出。在西藏近4000公里的边境线上，除传统的四大通商口岸外，还有20多个季节性边贸点。西藏自治区利用这一优势，把全国对外开放的“末端”建设为向南亚开放的“前沿”，确立了以振兴边境贸易、促进全区经济发展的新思路。

8月20日 西藏基层政权建设成效显著。据《西藏日报》报道，自1987年以来，全区把原来的436个区公所、2078个乡、9个镇调整为71个区、899个乡、31个镇，制定和颁布了《西藏自治区乡、民族乡、镇人民政府暂行工作条例》，基层政权建设逐步走上制度化、规范化的轨道。据统计，全区共配备乡镇干部6870人，其中国家选派的正式干部2408人，聘用干部4462人。

10月6日 西藏个体、私营经济得到迅速发展。从1980年至

1992 年，全区个体工商户由 489 户增加到 42988 户，从业人员由 525 人增加到 58485 人，自有资金由 51.3 万元增加到 1.98 亿元，人均营业收入由 1251 元增加到 8483 元。个体经济规模比 80 年代初扩大了 3 倍左右，效益提高近 6 倍。

一九九四年

1月15日—19日 全区经济工作会议在拉萨召开。会议传达学习了全国经济工作会议精神，主要是关于当前经济形势，关于1994年经济工作的方针和任务，关于大力发展农村经济增加农民收入问题，关于深化企业改革问题，关于投资体制改革、优化投资结构问题，关于财税体制改革问题，关于银行体制改革和汇率并轨问题，关于价格改革问题，关于进一步对外开放的问题，关于加强改善宏观调控等10个方面的内容。

3月1日 自治区人民政府发出《关于深化固定资产投资体制和基本建设管理改革的通知》。《通知》中说，按照全社会固定资产投资的使用方向和不同投资主体的投资范围，以及各类建设项目不同的经济效益、社会效益和市场需求等情况，将投资大体划分为竞争性项目投资、基础性项目投资和公益性项目投资三大领域。今后政府主要是对基础性项目和公益性项目进行投资,并逐步从竞争性项目中退出。自治区预算内拨款投资由计划部门安排和管理，主要用于农业、交通、能源、邮电通信等基础设施建设和教育、科技、城市建设等公益性设施建设。

3月7日 自治区印发《关于我区中小学生享受“三包”和助学金的暂行规定》。《规定》中指出，凡全区各中学、小学寄宿制的农牧民子女均属享受的对象。其中，父母双方为农牧民的按规定标准或者学校评定的等级标准金额全部享受“三包”费用。父母一方为农牧民的，享受标准金额的 50%。各中小学的寄宿制学生，须是家庭住址距学校三公里以外的学生。

7 月 20 日—23 日 中共中央、国务院在北京召开第三次西藏工作座谈会。这次会议是党中央、国务院在新的历史条件下召开的研究西藏工作的重要会议。会议的任务是：以邓小平同志建设有中国特色社会主义理论和党的基本路线为指导，围绕西藏的发展和稳定两件大事，研究新情况，解决新问题，进一步明确加强西藏工作的指导思想，落实加快发展和维护稳定的各项措施，努力开创西藏工作的新局面。中共中央总书记江泽民在讲话中指出，在中央的正确领导下，西藏广大干部群众和驻藏官兵团结奋斗，使西藏发生了由封建农奴制度到社会主义制度的翻天覆地的变化，取得了历史上从未有过的巨大进步。党的十一届三中全会以后，中央两次召开西藏工作座谈会，制定了一系列有利于西藏发展的特殊政策和灵活措施，对促进西藏的改革开放和现代化建设起了重大作用。江泽民强调，从现在起到本世纪末，是西藏经济社会发展的关键时期，要以这次西藏工作座谈会为契机，在邓小平同志建设有中国特色社会主义理论和党的基本路线指引下，在全国人民支持下，依靠藏族人民和其他各族人民，抓住机遇，迎接挑战，深化改革，扩大开放，坚持以经济建设为中心，抓好发展和稳定两件大事，确保西藏经济的发展，确保社会的全面进步和长治久安，确保人民生活水平的不断提高。

7 月 23 日 中央决定为西藏安排 62 个建设项目，总投资达 23.8 亿元。这些项目中，农业及水利项目 13 个，占总投资的 24.8%。能源项目 15 个，占总投资的 27.3%。交通通信项目 7 个，占总投资的 9.1%。工业项目 6 个，占总投资的 7.3%。社会事业和市政工程项目 21 个，占总投资的 31.4%。这些项目的资金安排情况是国家承担 75.7%，各省市承担 24.3%。这些项目建成后，对改善西藏能源、交通、通讯等基础设施，发挥优势产业，提高人民生活水平，加快自治区各项事业的全面发展，将发挥重要作用。

8月29日 中共中央、国务院发出《关于加快西藏发展、维护社会稳定的意见》。《意见》有七个部分，共31条。一是统一思想认识，明确指导方针；二是加快经济发展，推动社会进步；三是深化改革，搞好衔接，实行优惠政策；四是维护祖国统一，反对分裂，保持社会稳定；五是做好民族、宗教工作，壮大爱国统一战线；六是加强自身建设，增强党的战斗力；七是中央关心西藏，全国支援西藏。

11月29日 孔繁森在新疆考察期间以身殉职。中国共产党优秀党员、中共阿里地委书记孔繁森同志，在新疆塔城地区考察期间，不幸以身殉职，终年50岁。12月15日，遵照孔繁森同志家属的愿望，他的骨灰分别安葬在西藏和山东。

一九九五年

1月8日 自治区党委发出《关于开展学习宣传孔繁森同志先进事迹活动的决定》。《决定》指出，孔繁森同志是中国共产党的优秀党员，西藏人民的公仆，进藏干部的楷模，民族团结的榜样。他有极强的组织纪律观念，以党和人民的利益为重，克服了家庭生活等方面的种种困难，先后两次进藏工作，历时十载，表现了共产党员的无私奉献精神。

1月17日 自治区在拉萨举行布达拉宫被列入《世界文化遗产》名录庆祝大会。1994 年 12 月中旬，联合国教科文组织世界遗产委员会在泰国举行的第十八届大会上通过投票表决，将布达拉宫列入世界历史文化遗产。这说明布达拉宫不仅属于西藏，属于中华民族，也属于整个世界。自治区领导丹增及区直有关部门的负责人出席了庆祝大会。

4月14日 中组部、中宣部发出《关于开展向孔繁森同志学习活动的通知》。《通知》要求，全党同志，特别是各级领导干部要着重学习他顾全大局、无私奉献的坚强党性，热爱人民、服务人民的公仆情怀，清正廉洁、克己奉公的高尚品德，艰苦奋斗、知难而进的拼搏精神，开拓进取、求真务实的优良作风。

5月29日 自治区完成《西藏自治区国土总体规划》。该规划由自治区计经委牵头，共组织了 20 多个厅局和大专院校参加编制，历时近两年时间。《规划》由总体规划和 12 个专题规划两部分组成，共约 100 万字，其中总体规划约 10 万字。这是西藏自治区第一个较全面、系统、带有指导意义的国土开发整治规划，这一总体规划结合区情特点确立了今后 25 年西藏自治区国土开发整治的目标任务，提出国土开发整治的战略、生产力布局、资源开发利用和环境整治的基本思路和框架。以事实驳斥了达赖和西方反华势力攻击西藏的资源遭到破坏的谬论。

7 月 29 日—8 月 3 日　中共西藏自治区第五次代表大会在拉萨召开。中共西藏自治区第四届委员会向大会作了题为《深入贯彻第三次西藏工作座谈会精神，为实现本世纪末的宏伟目标而奋斗》的报告。会议一致通过《关于中国共产党西藏自治区第四届委员会工作报告的决议》和《关于中国共产党西藏自治区纪律检查委员会工作报告的决议》。

8 月 31 日　自治区党委、政府在拉萨举行庆祝西藏自治区成立 30 周年干部大会。中央代表团团长吴邦国发表讲话，他从西藏实现了社会制度的伟大变革、建立和巩固了人民民主政权、经济建设和社会事业蓬勃发展、改革开放迈出了新的步伐、增强了民族团结和边防巩固及社会稳定五个方面概括总结了西藏自治区成立 30 年来所取得的举世瞩目的巨大成就。他说，西藏自治区成立以来经济建设和社会发展取得的成就，是西藏历史上任何一个时代所无法比拟的，在人类社会发展史上写下了光辉的篇章。

11 月 29 日　第十世班禅转世灵童金瓶掣签仪式在大昭寺举行。国务院代表、国务委员罗干，国务院特派专员主持了金瓶掣签仪式，西藏嘉黎县 1990 年 2 月 13 日出生的候选儿童坚赞诺布中签。同日，第十一世班禅额尔德尼册立典礼在拉萨雪林・多吉颇章隆重举行，国务院代表罗干郑重宣读了《国务院关于特准金瓶掣签认定的坚赞诺布继任为第十一世班禅额尔德尼的批复》。

一九九六年

1月3日—5日 全区经济工作会议在拉萨召开。会议指出，1996年经济工作应着重抓好以下几个问题：一是继续贯彻西藏工作指导方针，进一步理清经济发展思路；二是强化认识，积极推进经济体制和经济增长方式的转变；三是加大工作力度，继续加强农牧业的基础地位；四是实施综合措施，深化以国有企业改革为中心的经济体制改革；五是采取有效措施，加强和改善宏观调控；六是进一步更新观念，提高对外对内“两个开放”的水平；七是促进经济建设和社会事业的协调发展。

1月12日 第十一世班禅和扎什伦布寺致谢团在中南海拜见国家主席江泽民。江泽民指出，我们党和政府一贯实行宗教信仰自由政策，保护正常的宗教活动，也要求宗教界人士和信教群众爱国爱教，团结进步。党和政府希望十一世班禅额尔德尼好好学习，健康成长，继承和发扬历世班禅的爱国主义精神，做一个拥护党的领导，热爱祖国，热爱人民，热爱社会主义，有渊博知识和佛教造诣，又具有现代科学文化知识的新一代爱国爱教的宗教领袖，为维护祖国统一、民族团结，为西藏的繁荣发展，为人民的生活幸福作出贡献。

3月4日 “八五”期间全区经济发展迅速。“八五”期间，全区国民生产总值平均每年增长7.5%，总体经济实力增强。全区社会固定资产投资5年累计达100亿元，比“七五”增长96.6%，一批重点工程按期竣工并发挥效益。全区新增公路440余公里，改建二级公路

370 余公里。全区客运量达到 1008.5 万人次，比“七五”期间增长 83.3%。全区实现县县电话程控化和 97% 的县进入全国长途自动交换网，累计建成 VSAT 系统 73 座。拉萨至日喀则、拉萨至山南光缆工程顺利完成，结束了西藏无光缆通信的历史。建成开通了拉萨 900 兆蜂窝移动电话系统和 6 个地市的无线寻呼系统。

5 月 15 日　自治区人民政府在自治区六届人大四次会议上作《关于西藏自治区国民经济和社会发展“九五”计划和 2010 年远景目标纲要的报告》。《报告》的主要内容是：一、“八五”工作回顾；二、关于全区经济社会发展的“九五”计划和 2010 年远景目标；三、创造良好的社会环境，为实现“九五”计划和 2010 年远景目标奋斗。

8 月 5 日　自治区人民政府发出《关于加快发展旅游业的决定》。《决定》指出，“九五”期间全区发展旅游业的主要任务和目标是：初步形成比较发达和完善配套的旅游综合产业体系，使全区旅游业的发展上一个新的台阶，真正成为可观的国民经济增长点。接待国内外旅游者人次、旅游总收入、实现利润和人均实现利润四项指标高于全区国民生产总值增长指标。

9 月 27 日　自治区党委、人民政府发出《关于加强和改进广播电视工作的决定》。《决定》提出了全区广播影视工作的奋斗目标和规划：“九五”期间，实现“100、80、60”的目标，即自治区两台节目的译制制作能力要分别在现有基础上增加 100%，广播和电视节目的年译制制作时分别达到 3400 小时和 800 小时；自治区广播人口覆盖率要从现在的 55% 提高 80%；自治区电视人口覆盖率要从现在的 50% 提高到 60%，基本解决广大群众听到、看到，听好、看好广播电视的问题。

12 月 24 日—27 日　全区扶贫开发工作会议在拉萨召开，传达学习中央扶贫开发工作会议精神，讨论通过《自治区党委、人民政府贯彻〈中共中央、国务院关于尽快解决农村贫困人口温饱问题的决定〉的实施意见》。

一九九七年

1月10日—13日 全区农村科技工作会议在拉萨召开。会议总结了农村科技工作经验，讨论修改了《关于加强科学技术普及工作的意见》和《关于加强农业科研工作的意见》等文件，部署了到本世纪末全区农村科技工作任务。

1月15日—16日 全区经济工作会议在拉萨召开。会议指出，要抓住重点，带动全局，积极推进两个根本性转变。要高度重视农业，继续深化农村改革，切实加强农田水利基本建设，加大农业适用技术的推广，切实做好农资供应和农畜产品的收购工作，保持农业持续稳定发展。加大国有企业改革力度，坚持抓大放小，推动国有企业的战略性调整和改组；加强企业内部管理，加强企业领导班子建设，发挥企业党组织的政治核心作用,努力为企业改革和发展创造良好的环境。进一步做好物价调控工作，财税和金融工作，市场工作，理顺分配关系，进一步规范和整顿经济秩序，保持良好的宏观经济环境。调整和优化经济结构， 增强经济发展后劲。扩大对外开放，搞活经济贸易和横向经济联合。

4月15日—16日 中共中央办公厅、国务院办公厅在北京召开援藏工作经验交流会，汇报中央第三次西藏工作座谈会以来开展援藏工作的情况，总结交流了援藏工作经验，宣传了援藏工作的先进事迹，检阅和展示了62项工程等援藏工作成果，研究了进一步做好援藏工作的思路和措施。中共中央政治局常委、全国政协主席李瑞环，中共中央政治局常委、书记处书记胡锦涛会见了出席会议的全体代表。

6 月 1 日　西藏农业综合开发形成新格局。西藏自实施农业综合开发项目六年来，农业综合开发经历了一个由试验到逐步规范，由单纯政府行为到社会经济行为，由小到大的创业过程，农业综合开发已成为全区农村经济工作的重要组成部分。通过农业综合开发有力地促进了项目区经济增长方式由粗放型向集约型的根本转变，有力地推动了农村改革的深化，推动了农村"思想革命"和"技术革命"的进程，促进了开发区社会局势的稳定，较快地改善了开发区的生态条件，提高了农牧民生活水平。

7 月 11 日—13 日　全区卫生工作会议在拉萨召开。会议指出新时期卫生工作的目标是：到 2000 年，西藏的医疗卫生条件明显得到改善，初步建立起符合西藏实际的卫生服务体系，卫生执法监督体系，人口与计划生育管理服务体系和医疗保障制度，基本实现人人享有初级卫生保健。到 2010 年，西藏卫生体系和医疗保障制度更加完善，人民健康水平进一步提高。

12 月 30 日　那曲、阿里等地发生特大雪灾。受厄尔尼诺现象的影响，西藏的唐古拉山、喜马拉雅山一线 9 月以来提前开始降雪，降雪持续不断。12 月份，受南支槽云系和北部冷空气的共同影响，那曲、阿里、日喀则、拉萨、山南以及昌都等 6 地市都出现了不同的降雪过程，其中一部分地区已经成重灾。12 月 20 日，自治区党委、政府召开联席会议并通报了那曲、阿里等地的雪灾情况，研究部署下一步抗灾救灾工作。到目前为止，自治区已经下拨 192 万元抗灾资金。党中央、国务院十分关心西藏的灾情和救灾工作，指示全力做好救灾工作。自治区各级政府全力组织抗灾，力争降低特大雪灾造成的损失。

一九九八年

1月9日　自治区党委发出《关于表彰全区农牧区基层组织建设暨第三次先进基层党组织、优秀党员、优秀党务工作者的决定》。《决定》对在三年来农牧区基层组织整顿及全面推进党的建设新的伟大工程中作出了突出贡献的17个“六个好”乡（镇）党委、16个“五个好”村党支部、8名优秀县（市）委书记、18名优秀乡（镇）党委书记、23名优秀村党支部书记、8个先进工作队、8名优秀工作队员及30个先进基层党组织、118名优秀共产党员、49名优秀党务工作者予以表彰。

1月17日—18日　全区经济工作会议在拉萨召开，总结1997年的经济工作，部署1998年全区改革和发展的主要任务：一是坚定不移地把农牧业放在首位；二是深化经济体制改革，努力搞活国有经济；三是加快经济结构的调整步伐，重点发展支柱产业；四是继续加强和改善宏观调控，巩固发展良好的宏观经济环境；五是进一步扩大开放，加强经济技术交流与合作；六是安排好群众生活，维护社会稳定。

1月20日　姜春云在北京召开专门会议对西藏救灾工作作出具体部署。中共中央政治局委员、国务院副总理姜春云听取了赴西藏慰问组有关西藏雪灾情况的汇报，研究加强抗灾救灾工作的具体措施。在西藏那曲等地发生雪灾后，党中央、国务院、中央军委十分重视，江泽民总书记、李鹏总理指示一定要做好西藏的抗灾救灾工作。国务院专门召开会议作出部署，并向西藏灾区派出慰问组。姜春云在听取汇报后要求，要进一步加强对西藏灾区的支持力度，全力以赴，确保灾民生命安全，最大限度地保住牲畜，并为灾后恢复生产、重建家园创造必要条件。

2月9日 那曲抗救灾工作取得阶段性成果。据《西藏日报》报道，在党中央、国务院、中央军委的亲切关怀和自治区党委、政府坚强有力的领导下，在驻藏人民解放军和武警部队大力支援，全国人民的无私援助和灾区人民的努力下，那曲抗救灾工作取得阶段性成果。1997年以来，那曲地区遭受大面积特大雪灾，党中央、国务院高度重视，江泽民总书记、李鹏总理多次过问灾情，姜春云副总理对抗灾救灾工作作了重要指示。姜春云、李贵鲜等国务院领导代表党中央、国务院两次听取了西藏雪灾情况汇报，派出了中央国家机关四部委和军队赴藏灾区慰问组到那曲，察看灾情，慰问抗救灾第一线的灾民和解放军、武警官兵。同时在资金、物资上给予灾区极大支持和帮助。大批救灾物资已及时分送到灾民手中，暂时缓解了灾民缺衣、缺粮、缺燃料、缺医、缺住房等燃眉之急；采取了有效措施保住了一批适龄母畜和种畜；自治区、地、县、乡组织各级工作组500多批次、2500多人次深入灾区第一线，深入基层，与灾区人民同甘共苦， 全心全意为人民服务，解决灾民的实际困难，共渡难关。

2月24日 国务院新闻办公室发表《西藏自治区人权事业的新进展》白皮书。这份白皮书约1.3万字，共分四个部分：一是民族区域自治制度与人民的政治权利；二是经济发展与人民的生存权和发展权； 三是人民享有的受教育权利、文化权利和健康保障权利；四是宗教信仰自由的权利。白皮书以大量事实充分说明，西藏的人权事业在不断进步，中央政府和西藏地方各级政府为保障和促进西藏地区人权事业的发展做出了巨大努力。

6月1日 自治区党委、政府在拉萨召开环境保护工作专题会议。

会议确定，根据自治区七届人大一次会议确定的西藏到下世纪中叶的发展目标，与之相适应，西藏环境保护目标是：在本世纪末的最后几年里，完成打基础、理关系、建规章等环保工作初始阶段的各项任务，为全面推进环保工作奠定坚实的基础。

10 月 20 日—23 日　第七次全国万里边疆文化长廊建设现场会暨第二次文化援藏工作会议在拉萨召开。会议要求与会各单位、各省市要进一步提高对文化援藏重要意义的认识，增强责任感，要根据西藏发展需要和各地支持能力，确定并落实文化援藏项目，采取多种形式，搞好文化援藏工作。

一九九九年

1 月 18 日—19 日 全区经济工作会议在拉萨召开。会议提出，按照中央经济工作会议的总体要求，围绕实现中央第三次西藏工作座谈会确定的到本世纪末发展战略目标，加强党对经济工作的领导，进一步解放思想，更新观念，坚决执行中央扩大内需的一系列方针政策，继续加强农业和农村工作，继续深化以国有企业改革为重点的经济体制改革，继续加大基础设施投入力度，继续优化经济环境，不断调整优化经济结构，努力提高经济增长质量和效益，实现西藏经济持续、快速、健康发展和社会全面进步。

3 月 9 日 自治区领导在北京就达赖问题接受中外记者采访。自治区领导在接受采访时说，中央政府对达赖的政策是一贯的、明确的，达赖必须真正放弃西藏独立的主张，停止分裂祖国的活动，公开声明承认西藏是中国不可分割的一个部分，承认台湾是中国的一个省，中华人民共和国政府是全中国的唯一合法政府。达赖分裂集团打着谈判的幌子，搞“两面派”，欺骗国际舆论，其真正动机没有变，就是要分裂祖国搞“西藏独立”。众所周知，古今中外任何主权国家，都坚定地维护国家的主权、法律的尊严，坚定地维护国家的统一和安全，绝不允许任何个人、团体和宗教违反国家法律、损害人民利益、制造民族分裂、破坏祖国统一。

6 月 28 日 自治区在拉萨举行各族各界座谈会，纪念民主改革 40 周年。会议指出，40 年前进行的民主改革，是西藏历史发展的必然，是西藏人民作出的正确选择。民主改革是西藏历史上最为广泛、最为深刻、最为波澜壮阔的社会变革，是西藏历史上继和平解放后又一个伟大的里程碑，它标志着西藏从封建农奴制社会直接跃入了社会主义社会，西藏历史从此翻开了崭新的一页。

7 月 8 日　中国反对美国设立所谓“世界西藏日”决议案。外交部发言人章启月强调，西藏是中国领土不可分割的一部分，西藏事务纯属中国内政，任何外国无权干涉。美国会少数议员无视事实，提出所谓设立“世界西藏日”决议案，在西藏问题上说三道四，企图利用西藏问题干涉中国内政。中方对此表示坚决反对和强烈不满。

7 月 16 日　中国人权研究会为纪念西藏民主改革 40 周年发表文章《西藏人权保障的历史性进展》。文章分三个部分：一是西藏人权的历史性转折；二是公民权利和政治权利的保障；三是经济、社会和文化权利的改善。

8 月 10 日—12 日　全区扶贫开发工作会议在拉萨召开。会议指出，要从政治的高度，充分认识西藏的扶贫开发工作的重要意义。在西藏大规模地开展扶贫开发，充分体现了社会主义制度的优越性，进一步增强了西藏人民走社会主义道路的坚定性。扶贫开发为维护稳定奠定了重要的思想政治基础和物质基础，是实现西藏社会局势长治久安的重大战略措施。

10 月 5 日　西藏博物馆正式开馆。中共中央总书记江泽民为博物馆题写馆名。自治区党委、国家文物局负责同志为博物馆开馆剪彩。

二〇〇〇年

1月18日—19日 全区经济工作会议在拉萨召开。会议指出，参与西部大开发，是西藏改变落后面貌、加快发展的重大历史机遇。要深刻领会中央关于大开发的方针政策，认真研究西藏的实际，正确判断我们的优势和潜力、差距与障碍，把中央的决策与西藏的实际结合起来，明确加快发展的方向和任务，从而抓住西部大开发的机遇。

2月29日 自治区人民政府批准实施《西藏2000—2050年生态环境建设规划》。《规划》共分六章，包括区域概况、生态环境现状、生态环境建设战略构想、生态环境建设总体布局、生态环境建设重点地区和重点工程、生态环境建设的保障措施。《规划》提出生态环境综合治理的基本思路和战略构想，计划50年内投入227亿元进行生态环境建设，共规划重点项目160个。这是西藏历史上规模最大的一项生态环境建设投资计划。

4月4日 国务院批准世界上最高的西藏羌塘自然保护区为国家级保护区。羌塘自然保护区位于西藏自治区北部，平均海拔5000米以上。由于生态环境特殊，人迹罕至，被人们称为“无人区”。这里是高原野生动物的乐园,其丰富的野生动物资源不亚于南部非洲大陆。至此，西藏拥有的国家级自然保护区达到3个。

6月22日 国务院新闻办公室发表《西藏文化的发展》白皮书。白皮书指出,40多年来,中央人民政府和西藏自治区人民政府根据《宪法》和《民族区域自治法》的规定，为满足西藏人民日益增长的物质文化生活需要，在促进西藏社会经济发展的同时，投入巨大的人力、财力和物力，运用法律、经济和行政等多种手段，保护和弘扬西藏优秀传统文化，大力开创和发展现代科学文化教育事业，取得了举世瞩目的成就。

7月14日—16日 2000经济全球化与西部开发战略研讨会在拉萨召开。来自中央有关部门和自治区、有关省市的100多位专家学者参加了研讨会。会议指出，西藏是典型的西部地区，如何把西藏经济社会发展融入经济全球化与西部大开发之中，实现西藏经济社会超常规、大跨度、跳跃式的发展，是我们迎接挑战、积极参与西部大开发的战略任务。

8月19日 三江源自然保护区正式成立。三江源自然保护区地处青藏高原腹地，总面积31.6万平方公里，平均海拔4000多米，是长江、黄河、澜沧江的发源地，被誉为“中华水塔”。江泽民为“三江源自然保护区”纪念碑题写了碑名。

9月19日 自治区七届人大常委会第15次会议听取《我区实施西部大开发战略的情况报告》。《报告》中说，西藏可持续发展的战略目标是，第一阶段，大致用5到10年时间开好局、起好步，确保10%的发展速度，综合实力有所增强，基础设施和生态环境建设有明显进步；第二阶段，用10年左右的时间，确保高于全国2到3个百分点的平均发展速度，人民生活基本实现富裕，力争发展与西部省区同步；第三个阶段，到下世纪中叶，基本实现现代化。

9月26日 郭金龙任西藏自治区党委书记。中共中央决定免去陈奎元西藏自治区党委书记、委员、常委职务，调任河南省省委书记，郭金龙任西藏自治区党委书记。

10月19日 庆祝昌都解放50周年大会举行。大会指出，经过50年的建设和发展，昌都的面貌发生了翻天覆地的变化。今日的昌都到处呈现出政局稳定、经济发展、社会进步、民族团结、人民安居乐业的大好局面。

11 月 1 日 自治区党委发出《关于制定国民经济和社会发展第十个五年计划的建议》。《建议》提出“十五”期间（2001—2005 年）西藏经济社会发展的主要目标是：国内生产总值年均增长速度达到 12% 以上，经济结构调整取得明显成效，经济增长质量和效益不断提高；农牧业基础地位得到巩固和加强；基础设施建设取得较大突破；科教兴藏战略取得实质性进展，各项社会事业协调发展，人口素质不断提高；生态环境保护和建设得到加强；反分裂斗争进一步深入，社会政治局势更加稳定等。

12 月 22 日—24 日 全区经济工作会议在拉萨召开。会议指出，全区农牧业在国民经济中所占比重很大，应该把农牧业、农牧民和农牧区工作放到突出的位置。要以发展特色经济、调整经济结构为主线，加快体制创新和科技创新。

二〇〇一年

2月6日 “九五”期间全区经济年均增长百分之十。据《西藏日报》报道，“九五”期间，全社会固定资产投资累计达226亿元；全区电力总装机达34万千瓦，公路里程达2.5万公里，农田保灌面积达240万亩；粮食生产连续13年获得丰收，牧业生产持续稳定增长，粮油肉已基本实现自给；2000年，全区工业总产值达17.92亿元；全区适龄儿童入学率达85.8%，基本实现了县县有中学、乡乡有完小的目标。

6月25日—27日 中共中央、国务院在北京召开第四次西藏工作座谈会。会议总结了第三次西藏工作座谈会以来西藏工作的成绩和经验，分析了当前西藏工作面临的形势和任务，提出了进一步做好新世纪初西藏发展、稳定工作的方针政策和措施。会议确定中央对加强西藏工作的指导思想是：以邓小平理论和党的基本路线为指导，继续坚持以经济建设为中心，紧紧抓住发展经济和稳定局势两件大事，确保西藏经济加快发展和社会全面进步，确保国家安全和西藏长治久安，确保各族人民生活水平不断提高。会议提出了在新世纪全面推进西藏工作的主要任务是：要紧紧抓住实施西部大开发战略和西藏社会局势基本稳定的良好机遇，着眼于西藏的繁荣进步和长治久安，集中力量解决事关西藏发展稳定全局的重大问题，促进西藏经济从加快发展到跨越式发展，促进西藏社会局势从基本稳定到长治久安。会议决定加大对西藏的特殊政策扶持力度，“十五”期间，国家将继续加大对西藏的投入，重点是基础设施建设；对口援藏工作在原定十年的基础上再延长十年，扩大对口支援范围，增加部分大型国有企业参加援藏工作，适当增加对口支援干部数量；并对西藏实行“收入全留、补助递增、专项扶持”的财政补贴政策；共落实项目117项，投资311.78亿元，已经确定各省市对口支援建设项目70个，投资约10.6亿元。会议形成了《中共中央、国务院关于做好新世纪初西藏发展稳定工作的意见》。中共中央总书记、国家主席、中央军委主席江泽民出席会议并发表重要讲话。中共中央政治局常委、国务院总理朱镕基在会上就如何加快发展西藏经济发表了讲话。

6月29日 青藏铁路开工典礼在格尔木和拉萨隆重举行。开工典礼在青海省格尔木和西藏拉萨两个会场的实况通过光缆和卫星实时双向传输。中共中央总书记、国家主席江泽民致信表示热烈祝贺。中共中央政治局常委、国务院总理朱镕基亲临格尔木出席开工典礼并发表重要讲话。西藏自治区和青海省负责同志到会并分别在拉萨和格尔木两地讲话。青藏铁路是我国实施西部大开发战略的标志性工程，2001年6月，国家批准青藏铁路格拉段开工建设。总投资将达200多亿元。青藏铁路格尔木至拉萨段北起格尔木，南至拉萨，全长1142公里。

7月13日 中共中央、国务院发布《关于做好新世纪初西藏发展稳定工作的意见》。《意见》共分四个部分：一是全面分析和把握当前西藏工作面临的形势和任务；二是积极推进西藏的跨越式发展；三是努力实现西藏的长治久安；四是以“三个代表”重要思想为指导，进一步加强党的建设。

7月19日 庆祝西藏和平解放50周年大会在布达拉宫广场举行。中央代表团团长、中央政治局常委、国家副主席胡锦涛在庆祝大会上向西藏自治区赠送江泽民总书记题写的“祝贺西藏和平解放50周年”金匾，并发表讲话。中央代表团副团长、国务委员兼国务院秘书长王忠禹宣读了中共中央、全国人大常委会、国务院、全国政协、中央军委的贺电。

9 月 10 日—14 日 中共西藏自治区第六次代表大会在拉萨召开。会议听取了《坚持以“三个代表”重要思想为指导，为实现西藏的跨越式发展和长治久安而努力奋斗》的报告，通过了《中国共产党西藏自治区第六次代表大会关于中国共产党西藏自治区第五届委员会报告的决议》和《中国共产党西藏自治区第六次代表大会关于中共西藏自治区纪律检查委员会工作报告的决议》。

11 月 8 日 国务院新闻办公室发表题为《西藏的现代化发展》的白皮书。白皮书分为前言、西藏社会发展的跨越式进程、西藏现代化的发展成果、西藏现代化的历史必然性等几个部分。白皮书指出，西藏走向现代化，符合世界历史潮流和人类社会发展规律，体现了西藏社会发展的内在要求和西藏人民的根本利益与愿望。西藏的现代化是中国现代化发展不可分割的组成部分，是全国各族人民实现共同繁荣和中华民族实现伟大复兴的必然要求。

12 月 24 日—26 日 全区经济工作会议在拉萨召开。会议强调，要实现西藏经济工作的总体要求，明年必须重点抓好以下几个方面的工作。一、把增加农牧民收入作为经济工作的首要任务。二、全力以赴，抓好重大工程项目的建设管理和后续项目的前期准备工作。三、下大决心，花大力气，切实改善投资软环境。四、立足“三个创新”，大力发展特色经济。

二〇〇二年

1月27日 全区扶贫开发和农业综合开发会议在拉萨召开。会议指出，西藏作为全国集中连片的贫困地区，必须树立长期作战的思想。要坚持扶贫开发与全国国民经济发展相结合，与农牧区经济社会全面发展相结合，与行业发展规划相结合，与西部大开发和农业综合开发相结合，与生态建设相结合，综合运筹，统一安排，突出重点，务求实效。

5月22日 自治区在布达拉宫广场举行西藏和平解放纪念碑揭幕仪式。纪念碑由江泽民总书记亲自题写碑名，中共中央政治局常委、国家副主席胡锦涛亲自参加奠基仪式。全国人大常委会副委员长、自治区政协主席帕巴拉·格列朗杰等为纪念碑揭幕。

5月24日 江泽民强调要与时俱进、开拓创新、艰苦奋斗，加快西部地区改革开放步伐。中共中央总书记、国家主席、中央军委主席江泽民在重庆主持召开六省区市西部大开发工作座谈会时强调：加快发展，是解决西部地区一切问题的根本途径。中央将进一步加大对少数民族地区公共投资和财政转移支付的力度，并继续组织有条件的地区对口支援少数民族地区。要按照中央第四次西藏工作座谈会的要求，继续对西藏实行优惠政策，全国支援西藏，进一步加快西藏的发展，增强西藏自我发展的实力和后劲。西藏自治区党委主要负责同志参加会议并向江泽民总书记汇报西藏实施西部大开发战略的情况。

6月29日 青藏铁路开始铺轨。青藏铁路铺轨仪式在青海省格尔木市南山口铺轨基地举行。中共中央政治局委员、国务院副总理吴邦国致信祝贺。吴邦国在信中说，建设青藏铁路是党中央、国务院作出的重大战略决策，是实施西部大开发的一项标志性工程。

9 月 29 日 国家“十五”重点项目——西藏现代农业示范园区建设项目开工。此项目在西藏农业科技发展史上具有里程碑意义。西藏现代农业示范园区被国家科技部列为国家级农业科技园区，总规划面积 9500 亩，主要由核心区与示范辐射基地区两大板块组成。园区总投资约 1.42 亿元，计划用 5 年左右时间建成。

10 月 1 日 中国西藏新闻网在拉萨开通。中国西藏新闻网由西藏自治区党委宣传部、自治区外宣办主管，西藏日报社主办。作为西藏第一家重点新闻网站，为用户了解西藏经济社会发展的新风貌及历史文化等新变化打开一个重要窗口。

12 月 24 日—25 日 全区经济工作会议在拉萨召开会议，确定全区 2003 年经济工作的要求是：以邓小平理论和“三个代表”重要思想为指导，在党的十六大精神指引下，全面贯彻中央第四次西藏工作座谈会和自治区第六次党代会精神，牢固树立发展是解决西藏所有问题基础的思想，着重抓好投资和消费双拉动、增加农牧民收入、扩大城镇就业、培育新的经济增长点四个环节，在突出特色、增强自我发展能力，建立和完善市场主体，加强生态环境保护和建设，提高对外开放水平四个方面取得突破，确保经济增长速度达到 12% 以上，确保人民群众生活水平进一步提高，确保社会局势稳定。

二〇〇三年

3月11日　国务院新闻办公室发表《西藏的生态建设与环境保护》白皮书。白皮书从西藏生态建设与环境保护事业的发展、生态建设与生物多样性保护、经济发展中的生态建设和环境保护、建设生态环境保护型铁路——青藏铁路、可持续发展的战略选择五个方面，客观公正、系统全面地反映了西藏的生态环境状况和我国政府为保持和改善西藏的生态环境所作出的巨大努力。以客观事实反驳了达赖集团和国际反华势力指责我国“破坏西藏生态环境”“掠夺西藏自然资源”“剥夺西藏人的生存权”等污蔑和谣言。白皮书指出，为了确保生态环境和自然资源的永续利用，防患于未然，西藏在中央政府的支持下，已经制定并于 2001 年开始实施了一项大规模的生态建设和环境保护计划。从现在起到本世纪中叶，将投资 220 多亿元人民币，建设 160 多个生态环境保护项目，促进西藏生态环境的不断改善。

4月27日　西藏城镇居民人均收入居西部之首。据新华社消息，2002 年，西藏城镇居民人均可支配收入为 7760 元，比 1997 年增长了 51.1%，超过了我国城镇居民人均可支配收入 7703 元的平均数，位居西部各省之首。

5月21日　胡锦涛致电视贺中国珠峰登山队成功登上珠峰。中韩（国）联合登山队于 5 月 21 日 14 时 53 分成功登上珠穆朗玛峰，中方队员有小齐米、普布卓嘎、仓木拉。与此同时，中国业余登山队 A 组袁俊池、梁群等 8 名队员也成功登顶。这次登山行动是为了纪念人类成功登顶珠峰 50 周年。中共中央总书记、国家主席胡锦涛致电中国珠峰登山队，对他们成功登上珠穆朗玛峰表示祝贺。

7 月 11 日 自治区人民政府下发《关于进一步加强支持青藏铁路建设工作的通知》。《通知》主要内容是：一、讲政治、顾大局，进一步提高对青藏铁路建设重要性的认识。二、加强组织领导，全力配合青藏铁路建设。三、当前要着重抓好的几项工作：（一）加大宣传力度，把广大干部群众的思想认识统一到一切为了、一切服务于青藏铁路上来；（二）积极做好青藏铁路沿线各项在建工程的施工协调工作，及时解决施工中出现的矛盾和问题；（三）做好青藏铁路在建项目的安全保卫工作；（四）认真准备、精心组织，满足铁路建设和施工人员的消费需求；（五）做好防治非典、鼠疫、高原病的工作；（六）进一步做好青藏铁路生态环境保护工作；（七）认真细致做好征地拆迁工作。四、抓住铁路建设机遇，研究全区经济发展问题。

8 月 12 日—16 日 李瑞环到西藏视察。原中共中央政治局常委、全国政协主席李瑞环到西藏视察了青藏铁路羊八井隧道施工工地、西藏博物馆、自治区藏药厂等，并向西藏和平解放纪念碑敬献了花篮。

9 月 1 日 《西藏自治区环境保护条例》正式施行。《条例》共分六章，55 条。第一章，总则；第二章，保护和改善环境；第三章，防治环境污染；第四章，环境监督管理；第五章，法律责任；第六章，附则。

12 月 16 日—18 日 全区经济工作会议在拉萨召开。会议对加强和改善党对经济工作的领导提出了明确要求。一是要深刻理解中央对当前我国经济形势的总体判断；二是要深刻理解保持宏观经济稳健运行的重要意义；三是要深刻理解全面、协调、持续的发展观；四是要深刻理解统筹兼顾、协调发展的丰富内涵； 五是要深刻理解解决好群众切身利益的极端重要性；六是要深刻理解加强和改善党对经济工作领导的新要求。

二〇〇四年

1月1日　全区公路通车总里程突破4万公里。2003年，全区共完成公路建设投资31亿元，比上年增长11%，公路通车总里程达到41302公里，农村公路的建设总投入达到5.3亿多元。全区公路密度达到了每百平方公里3.29公里。“十五”期间，西藏公路建设总投资将达到140亿元，截至2003年，共完成投资70多亿元。

5月23日　国务院新闻办公室发表《西藏的民族区域自治》白皮书。这是中国政府首次发表白皮书专门介绍民族区域自治制度在西藏的实施情况。白皮书全文约1.2万字，包括前言、民族区域自治制度在西藏的建立和发展、民族区域自治是西藏人民当家作主的根本保证五个部分。全面回顾和介绍了西藏实行民族区域自治近40年来取得的政治、经济、文化发展以及社会进步等方面的情况。

6月21日　中国西藏文化保护与发展协会在北京成立。中国西藏文化保护与发展协会成立大会开幕式暨第一次会员代表大会在北京人民大会堂举行。全国政协副主席阿沛·阿旺晋美当选为协会会长，帕巴拉·格列朗杰等13人当选为副会长。全国人大常委会副委员长热地，全国政协副主席、中央统战部部长刘延东等被聘为协会名誉会长。

6月25日　青藏铁路创日铺轨世界纪录。从6月24日8时起，负责青藏铁路安多至拉萨443公里铺架任务的中铁十一局经过连续24小时的奋战，创造了在海拔4700米的高度单日铺架8.1公里的世界纪录。

7月12日 中国坚决反对美国再次发表“西藏问题”总统报告。外交部发言人章启月在北京答记者问时说，西藏是中国的一部分，西藏事务纯属中国内政。美方根据其国内立法提出的总统报告，罔顾事实，对中国西藏事务说三道四，为达赖的分裂行径张目，这违反了国际关系准则和中美三个联合公报的原则，是对中国内政的干涉。中方对此表示坚决反对。

9月24日 自治区政府办公厅下发《关于加强我区湿地保护管理的通知》。《通知》要求：一、认真贯彻落实国办50号文件和全国湿地保护管理工作会议精神。二、进一步提高对湿地保护重大意义的认识。三、切实抓好西藏湿地保护管理的几项重要工作。一是加强对湿地保护管理工作的组织领导；二是把湿地保护作为改善西藏生态环境的重大任务来抓；三是加强宣传教育，提高全区湿地保护意识，把湿地保护管理作为基础性工作来抓；四是采取多种措施，对自然湿地实施保护；五是搞好规划和立法工作，促进湿地保护事业健康发展。

12月15日 杨传堂任自治区党委书记。中共中央组织部副部长王东明在自治区党委常委（扩大）会议上宣布中共中央关于西藏自治区党委主要领导同志职务变动的决定：杨传堂任西藏自治区党委委员、常委、书记，不再担任青海省委副书记、常委、委员；郭金龙任安徽省委委员、常委、书记，不再担任西藏自治区党委书记、常委、委员。

12月23日—24日 全区经济工作会议在拉萨召开。会议要求全区各级党委和政府要进一步增强贯彻落实科学发展观的自觉性和坚定性，不断提高领导经济工作的水平；要进一步坚定发展目标，继续保持良好势头，以优异成绩迎接自治区成立40周年；要进一步提高坚持“两手抓”的本领，维护社会和谐稳定，为经济发展创造良好的环境。会议全面总结了今年的全区经济工作，明确提出了明年经济工作的总体要求、主要任务及工作措施。

二〇〇五年

1月7日 自治区在拉萨召开“十一五”规划总体思路汇报座谈会。会议强调，制定好西藏“十一五”规划，意义重大，影响深远，要进一步增强责任感和紧迫感，以更加积极认真、高度负责的态度，配合国家发改委宏观经济研究院做好下一步工作，特别是要把思路进一步统一到中央的要求上来，按照区党委、政府的部署，扎实做好各项工作，不辜负党中央和全区各族人民的期望，为使西藏在未来5年内经济社会有更大的发展打下坚实基础。

1月30日—31日 自治区集中出台一批政策文件。自治区党委、政府发布《西藏自治区2004—2010年人才资源开发规划纲要》《关于进一步加快边境地区经济社会发展的意见》，自治区党委发布《关于进一步繁荣发展哲学社会科学的意见》，自治区政府发布《关于切实加强食品安全工作的意见》，对全区相关领域工作进行安排部署。

3月11日 胡锦涛在中南海勤政殿与西藏自治区党委、人大常委会主任、自治区政府主要负责同志谈话。胡锦涛听取了西藏工作情况汇报，并作出指示。他指出，现阶段搞好西藏工作对于维护全国稳定大局，保持西南边防安全，维护我国在国际上的良好形象等都有着十分重大的意义。自治区各大班子的同志一定要深刻体会到肩上的担子，中央是从政治的角度，从维护国家主权、领土完整、坚持民族团结的高度看待西藏工作，希望不要辜负中央的重托，把西藏工作做好。

8月26日 中共中央政治局在北京召开会议，研究进一步做好新世纪、新阶段的西藏工作。会议由中共中央总书记胡锦涛主持。会议指出，西藏工作在党和国家全局工作中具有重要地位。新世纪新阶段，牢牢把握和切实用好重要战略机遇期,进一步做好西藏发展稳定工作，建设团结、民主、富裕、文明、和谐的社会主义新西藏，对于实现全面建设小康社会的宏伟目标、维护祖国统一和国家安全、推动我国各民族共同团结奋斗、共同繁荣发展，具有十分重要的意义。会议强调，要坚持以科学发展观统领经济社会发展全局，坚持中央关心、全国支援和西藏艰苦奋斗相结合，加快西藏全面建设小康社会的步伐。

9月1日 西藏自治区成立40周年庆祝大会在拉萨举行。中央代表团团长贾庆林向西藏自治区赠送胡锦涛总书记题写的“共同团结奋斗，共同繁荣发展”的贺幛并发表讲话。他强调，40年的光辉历程，40年的辉煌成就，雄辩地证明，中国共产党的领导是西藏发展进步的根本保证，中国特色社会主义道路是西藏繁荣富裕的康庄大道，民族区域自治制度是西藏人民当家作主的制度保障。只有坚持中国共产党的领导，坚持社会主义制度，坚持民族区域自治制度，才能实现好、维护好、发展好西藏人民的根本利益，才能确保西藏的跨越式发展和长治久安，西藏才有繁荣进步的今天和更加美好的明天。

9月16日 自治区向党中央、国务院汇报关于学习贯彻中央政治局会议精神和《中共中央国务院关于进一步做好西藏发展稳定工作的意见》的情况。主要内容：一是组织学习贯彻中央政治局会议和中央文件精神基本情况；二是学习贯彻中央政治局会议和中央文件精神的主要收获；三是贯彻落实中央政治局会议和中央文件精神的初步打算；四是近期贯彻落实中央政治局会议和中央文件精神的主要工作安排。

10月12日 青藏铁路全线铺通。青藏铁路是世界上海拔最高、线路最长的高原冻土铁路，是当今世界高原最具挑战性的工程建设项目。青藏铁路格拉段全长1142公里，2001年6月29日开工，截至

2005 年 10 月 10 日，累计完成投资 240 亿元，全线路基桥涵隧道线下主体工程基本完成。

11 月 27 日　张庆黎任自治区党委代理书记。自治区党委在成都召开常委（扩大）会议，传达中央关于张庆黎同志任西藏自治区党委常务副书记、代理书记的决定。受中央领导同志的委派，中共中央组织部负责同志宣读了中央决定并讲话。

二〇〇六年

1月17日—18日 全区经济工作会议在拉萨召开。会议总结了西藏2005年经济工作，分析了当前经济形势，明确了2006年全区经济工作的指导思想和目标任务，对2006年的各项经济工作进行了安排部署。

2月8日 对口援藏助推西藏跨越式发展。据《西藏日报》报道，1994年至2005年，中央政府累计投资630.11亿元；承担对口支援任务的各省市、部委等为西藏援助资金、项目、物资77.6亿元；先后派出援藏干部2894人次、援藏教师187人次。

3月23日 自治区党委办公厅、政府办公厅印发《西藏自治区党委、政府向国务院总理温家宝和国家有关部委汇报工作情况的总结报告》。《报告》主要内容是，2月下旬至3月中旬，自治区党委、政府向国务院总理温家宝作了关于西藏经济社会发展情况的汇报，并分别到国家发改委、财政部、水利部、交通部、民政部、卫生部等部委作了工作汇报，提出恳请国家有关部委帮助解决的主要困难和问题，涉及投资、财政、交通、能源、水利、环保、农牧业、民政、扶贫开发、国有企业改革、教育、文化、卫生等。

4月21日 《西藏自治区中长期与“十一五”科技发展规划》评审会在北京召开。规划内容主要包括重点发展高原特色农牧业科技、高新技术产业，促进生物资源开发，藏医药产业化，可再生能源与优势矿产资源开发，推动生态建设与环境保护科技人才建设，信息化及科研基础条件平台建设，加强科技示范与推广等。

6月21日 西藏发展与扶贫项目签字仪式在拉萨举行。西藏发展与扶贫项目是联合国开发计划署在西藏实施的国际多双边无偿援助项目之一。项目主要有5个方面的内容：促进旅游业发展能力建设、促进西藏国际经济贸易发展和合作领域的能力建设、促进西藏民族手工艺发展与手工业发展、拉萨老城保护与发展以及建立西藏经济发展领域的国际论坛。

7月1日 青藏铁路全线建成通车。青藏铁路通车庆祝大会在青海省格尔木市和西藏自治区拉萨市同时举行。中共中央总书记、国家主席、中央军委主席胡锦涛前往格尔木市出席庆祝大会并讲话，还为青藏铁路首趟旅客列车剪彩。胡锦涛在讲话指出，建设青藏铁路是几代中国人梦寐以求的愿望，党和政府始终高度重视。在5年的建设过程中，全体参建人员始终牢记党和人民的重托，以国家需要为最高需要，以人民利益为最高利益，奋战在条件异常艰苦的雪域高原上，以惊人的毅力和勇气战胜了各种难以想象的困难，用自己的心血和汗水谱写了人类铁路建设史上的辉煌篇章。

10月18日—22日 自治区第七次党代会在拉萨召开。这次大会的主题是：高举邓小平理论和“三个代表”重要思想伟大旗帜，以科学发展观统领经济社会发展全局，深入贯彻落实党的十六大、十六届六中全会精神和中央关于新时期西藏工作的指导思想和方针政策，继往开来，与时俱进，坚持求真务实，矢志艰苦奋斗，不断开拓创新，为确保西藏经济社会跨越式发展和长治久安而奋斗。大会选举产生了中共西藏自治区第七届委员会和中共西藏自治区纪委检查委员会。

12月25日—26日 全区经济工作会议在拉萨召开。会议主要任务是，认真贯彻中央经济工作会议精神，全面贯彻落实科学发展观，正确分析当前形势，总结2006年的经济工作，部署2007年的工作。

会议深入分析全区经济形势，明确提出了明年经济工作的总体要求和主要预期目标，深刻阐述做好明年经济工作需要把握的原则和主要任务。

12 月 28 日 全区 25 万余农牧民住上安全适用的新房。据《西藏日报》报道，全区农牧民安居工程实施以来，各地各部门加强领导，明确责任，改进作风，狠抓落实，确保了农牧民安居工程建设任务的顺利完成。全区完成了 4.7 万户农牧民安居工程建设任务，农牧民安居工程总投资达到 28.38 亿元，25 万多农牧民住上了安全适用、宽敞明亮的新房。

二〇〇七年

1月26日 全国内地西藏班办学和教育援藏工作会议在北京召开。中共中央政治局常委、全国政协主席贾庆林出席会议并讲话。贾庆林强调，要坚持以邓小平理论和“三个代表”重要思想为指导，牢固树立和落实科学发展观，全面贯彻党的民族政策和教育方针，大力实施“科教兴藏”和“人才强藏”战略，坚持西藏自力更生与国家扶持、内地支援相结合，推动西藏各级各类教育的快速、协调、健康发展，为促进西藏的繁荣发展和社会稳定提供强有力的保障。

2月1日 自治区党委、人民政府出台一批重要文件。2月1日，自治区党委办公厅、政府办公厅发布《关于加强农牧区基层党风廉政建设的实施意见》；2月15日，自治区人民政府出台《西藏自治区人民政府实施〈国务院关于落实科学发展观加强环境保护的决定〉的意见》；3月1日，自治区党委发布《中共西藏自治区委员会关于加强统一战线工作的意见》；3月25日，自治区党委七届二次全会通过《中共西藏自治区委员会关于建设和谐西藏若干问题的决定》；5月10日，自治区党委、人民政府发布《关于深化我区国有企业改革的意见》；5月30日，自治区党委、人民政府发布《关于进一步加快发展旅游业的决定》。

2月13日 全区“两基”攻坚工作会议在拉萨召开。会议要求，要深刻认识西藏“两基”攻坚面临的新形势、新任务，进一步增强工作的紧迫感和责任感，加强领导，狠抓落实，全面提高西藏农村义务教育水平。

4 月 30 日 西藏第一座城市立交桥——拉萨柳梧大桥建成通车。

7 月 5 日—7 日 曾培炎在西藏考察调研。中共中央政治局委员、国务院副总理曾培炎在西藏对拉萨、林芝等地生态环境保护、水电开发工程、特色产业发展、城乡规划建设、农牧民生产生活情况等进行考察调研。他在考察时强调，西藏在我国现代化建设全局中占有特殊重要地位，实施中央关心西藏、全国支援西藏的特殊政策，促进了西藏经济发展和社会进步。在新的形势下，要深入贯彻落实科学发展观，继续认真落实中央第四次西藏工作座谈会和进一步做好西藏发展稳定工作一系列精神，促进西藏跨越式发展和长治久安。

7 月 12 日 自治区政府在拉萨召开常务会议，审议并原则通过《西藏自治区城镇居民基本医疗保险暂行办法》（草案），讨论并原则通过《西藏自治区人民政府关于进一步加强全区结核病防治工作的意见》《西藏自治区人民政府关于贯彻落实〈中共中央国务院关于全面加强人口和计划生育工作统筹解决人口问题的决定〉的意见》《西藏自治区对种粮农民农资综合补贴实施办法》。

7 月 13 日 西藏大学新校区举行启用仪式。国家教育部和自治区负责同志参加启用仪式。

7 月 19 日 自治区发出《区综治办关于在全区开展“平安县（市、区）”创建活动的意见》。

8 月 3 日 《西藏自治区文物保护条例》公布施行。

9 月 1 日 自治区提高对农牧民子女住校生的资助标准。从 9 月 1 日，自治区再次提高了“三包”经费标准，中小学阶段的农牧民子女住校生每人每学年最高可得到 1450 元的资助。

9 月 17 日 全区城乡规划管理工作会议在拉萨召开。会议研究部署了城乡规划管理工作，以进一步提高全区城乡规划管理水平。

10月1日 自治区全面实施城镇居民基本医疗保险。从2007年10月1日起，西藏在全区范围内全面实施城镇居民基本医疗保险暂行办法。

10月28日—29日 自治区党委七届三次全会在拉萨召开。会议传达了党的十七届一中全会精神，审议通过《中共西藏自治区委员会关于认真学习贯彻党的十七大精神、大力加强基层基础工作若干问题的决定》。

11月25日 西藏“一孩、双女”户困难家庭扶助制度全面落实。为贯彻落实全国农村部分计划生育家庭奖励扶助制度，西藏自治区结合实际，实行了农牧区“一孩、双女”户困难家庭奖励扶助制度，即对有一个男孩或有两个女孩，且年龄在55周岁以上的农牧民，每人每年按照600元的标准给予奖励扶助。

11月26日 西藏医疗保险覆盖率已达100%，率先在全国实现医疗保险全民覆盖。

12月16日—17日 全区经济工作会议在拉萨召开。会议要求，要加快转变经济发展方式，着力推动科学发展，努力走出一条有中国特色、西藏特点的发展路子。一是要始终坚持走生产发展、生活富裕、生态良好的文明发展道路；二是要大力实施“一产上水平、二产抓重点、三产大发展”的经济发展战略；三是要着力培育符合科学发展观要求、具有西藏特色的优势产业；四是要切实实现发展为了人民、发展依靠人民、发展成果由人民共享的发展目的。

12月18日—19日 全区旅游产业发展大会在拉萨召开。会议对加快西藏旅游产业作出全面部署。

12月29日 全区农牧民安居工程工作会议在拉萨召开。

二〇〇八年

1月3日　自治区党委、人民政府发布《关于进一步促进农牧业发展农牧民增收的若干意见》。

1月7日—8日　全区劳动和社会保障工作会议在拉萨召开。

3月14日　拉萨市发生打砸抢烧严重暴力犯罪事件。3月初，拉萨部分寺庙少数不法僧人开始在寺院聚集，谋划进入拉萨市区蛊惑人心，乘机破坏拉萨社会秩序。3月10日至13日，不法僧人陆续下山，啸聚于拉萨市郊的一些路口，企图冲击市区，被我公安部门挡获，隐藏于市区的少数不法分子也遥相呼应，企图制造事端，被公安干警及时制止。然而，分裂主义势力不甘心失败，于3月14日挑起更大的事端，隐藏于拉萨的分裂主义分子与寺庙部分僧人相勾联，煽动一批无业人员，在拉萨市多点面地进行打、砸、抢、烧犯罪暴力活动，拉萨上空一时浓烟蔽日，烟云翻滚。

3月17日　胡锦涛就拉萨打砸抢烧严重暴力犯罪事件作出批示，要求尽快恢复市场秩序，确保居民、游客生活必需品的供应。

3月18日　自治区党委、政府召开全区处置拉萨“3·14”打砸抢烧严重暴力犯罪事件，确保全区稳定电视电话会议。

3月23日—25日　孟建柱率中央工作组在西藏视察。国务委员、公安部部长孟建柱转达了胡锦涛总书记和温家宝总理对西藏党政军警民的亲切问候，听取了自治区党委、政府工作汇报，并看望慰问了公安民警、武警官兵、基层干部群众、僧人等。他强调，我们要一定高举维护社会稳定、维护社会主义法制、维护人民群众根本利益的旗帜，采取坚决有力的措施，旗帜鲜明地反对分裂，尽快恢复正常秩序，进一步巩固和发展来之不易的稳定局面，坚决夺取这场反分裂斗争的全面胜利。

3月25日 拉萨市人民检察院批捕29名打砸抢烧事件犯罪嫌疑人。据《西藏日报》报道，截至目前，公安机关已发出通缉令8期，对53名犯罪嫌疑人进行了通缉。被缉捕的犯罪嫌疑人中，已有4人自首，3人被抓获。截至记者发稿时，已有280余名犯罪嫌疑人向公安机关投案自首。

3月28日 自治区政府召开会议研究决定，对“3·14”打砸抢烧严重暴力犯罪事件中受损商户及无辜死难群众进行救助抚恤。

3月30日 拉萨市公安机关侦破“3·14”打砸抢烧严重暴力犯罪事件案件工作取得重大进展。侦破机关抓获犯罪嫌疑人414人；成功破获达孜县、“以纯”专卖店、“宏宇裤业”服装店、“花花公子”服装店纵火杀人案。

4月3日 中央组织部下发通知，要求西藏及其他藏族地区认真开展党员干部主题教育，切实加强基层党组织建设，进一步发挥基层党组织和广大党员在反对分裂、维护稳定、促进发展中的战斗堡垒作用和先锋模范作用。

4月18日 全区农村“户户通电”工程开工。西藏自治区地市电网农村“户户通电”工程开工仪式在达孜县德庆镇桑竹林郎寨村举行，标志着西藏自治区主电网覆盖下的农村“户户通电”工程全面启动。

8月19日 自治区党委发布《关于贯彻落实中办发〔2008〕16号文件精神的意见》。中办发〔2008〕16号文件，即中办转发《中共中央组织部关于进一步加强西藏领导班子、干部队伍、基层组织和党员队伍建设的意见》的通知。

9月27日 自治区党委在拉萨召开常委会会议，研究部署全区深入学习实践科学发展观活动。会议决定，根据中央统一部署，从2008 年 9 月开始，用一年半左右时间，在全区分批开展深入学习实践科学发展观活动。

10 日 21—23 日 自治区党委七届四次全会在拉萨召开。会议主要任务是，认真学习贯彻党的十七届三中全会精神，紧密结合西藏实际，对当前和今后一个时期西藏农村改革发展问题进行研究部署。全会听取讨论了区党委常委会委托作的工作报告；审议通过了《中共西藏自治区委员会关于贯彻〈中共中央关于推进农村改革发展若干重大问题的决定〉的意见》。

11 月 13 日 自治区发出《关于在藏传佛教寺庙深入扎实开展法制宣传教育工作的意见》。

11 月 21 日 自治区转发《区发改委关于贯彻落实国家进一步扩大内需政策促进我区经济平稳较快增长的意见》《区财政厅关于实施积极财政政策进一步扩大内需促进经济增长的意见》。

11 月 27 日 自治区党委办公厅转发《区扶贫办、区党委组织部、区党委宣传部关于区（中）直各定点扶贫单位支持对口帮扶乡镇思想文化建设的意见》。

12 月 16 日 西藏大学改扩建工程竣工典礼暨进入国家“211 工程”重点大学建设行列庆祝大会在拉萨举行。中共中央政治局委员、国务委员刘延东发来贺信，自治区和教育部负责同志分别讲话。

12 月 21 日—23 日 自治区经济工作会议在拉萨召开。会议的主要任务是认真贯彻执行中央经济工作会议精神，分析全区经济发展形势， 全面总结 2008 年经济工作，研究部署 2009 年经济工作。

12 月 26 日—27 日 全区金融服务“三农”工作会议在拉萨召开。会议要求各地各部门和各级金融机构切实用好、用活、用足中央赋予西藏的特殊优惠金融政策，扩大有效信贷投入，促进西藏跨越式发展。

二〇〇九年

1 月 13 日 自治区党委、人民政府出台一批重要文件。1 月 13 日，自治区党委发布《关于进一步加强农牧区基层组织建设的意见》；1 月 21 日，自治区党委办公厅、自治区政府办公厅发布《中共西藏自治区委员会办公厅 西藏自治区人民政府办公厅关于加强和改进城市社区工作的意见》；2 月 1 日，《西藏自治区实施〈农村五保供养工作条例〉办法》在全区实施；2 月 24 日，自治区党委、人民政府发布《关于进一步加强流动人口服务和管理工作的意见》；2 月 24 日，自治区人民政府转发《自治区教育厅财政厅关于西藏自治区免除城市义务教育阶段学生学杂费工作实施方案的通知》；3 月 4 日，自治区党委、人民政府发布《关于进一步加强招商引资工作的意见》；3 月 25 日，自治区党委、人民政府发布《关于继续大力实施农牧民安居工程的意见》。

3 月 2 日 国家发改委办公厅向西藏自治区政府发出《关于印发西藏生态安全屏障保护与建设规划（2008—2030）的通知》。《规划》确定了生态保护、生态建设和支撑保障三大类十项工程，旨在加大西藏生态环境建设力度，促进西藏各类生态系统自然恢复，维护生态功能，保障国家生态安全，改善西藏农牧区生产生活条件，促进广大农牧民增收，保障西藏经济社会又好又快发展。

3 月 28 日 西藏百万农奴解放纪念日庆祝大会在拉萨举行。西藏各族各界 13000 多名群众欢聚在布达拉宫广场，隆重庆祝西藏第一个

“百万农奴解放纪念日”。2009 年 1 月 19 日，自治区九届人大二议决定，将每年的 3 月 28 日设为西藏百万农奴解放纪念日。

4 月 21 日—22 日 全区援藏干部座谈会在拉萨召开。会议强调，实施对口援藏战略是我们党治藏方略的继承、丰富和发展，是社会主义制度能够集中力量办大事优越性的具体表现，是实施对口援藏战略总体战略的重大举措，是坚持各民族共同团结奋斗、共同繁荣发展的生动实践。要求心往一处想、劲往一块使，不断开创援藏工作新局面。

6 月 25 日 全区宣传思想文化工作电视电话会议在拉萨召开。会议要求全区宣传思想文化战线一定要结合实际，认真学习、深刻领会好全国宣传部长座谈会精神，认真总结上半年工作，扎实做好下半年工作；要紧紧围绕发展稳定大局，突出团结鼓劲、积极进取、昂扬向上的主基调，唱响主旋律，全面推进宣传思想文化工作。

7 月 6 日—8 日 中共中央政治局委员、国务院副总理回良玉率领考察调研组到山南、拉萨等地考察调研。在听取自治区党委、政府的工作汇报后，回良玉强调，一定要坚持走有中国特色、西藏特点的发展路子，狠抓发展和稳定两件大事，立足资源特征、地方特色和民族特点，大力发展现代特色农牧业，着力增加农牧民收入，切实保障和改善民生，巩固和发展平等、团结、互助、和谐的社会主义民族关系，努力促进西藏经济社会又好又快发展。

8 月 22 日—24 日 刘延东在西藏考察。中共中央政治局委员、国务委员刘延东在听取自治区党委、政府工作汇报时指出，在今后的工作中，希望西藏自治区按照中央部署，认真学习贯彻中央关于新时期西藏工作指导思想，坚持走有中国特色、西藏特点的发展路子，着力推进社会主义新农村建设，发展特色优势产业，加强生态环境保护与建设，保障和改善民生，努力实现经济社会又好又快发展。要全面贯彻落实党的民族宗教政策，深入开展反分裂斗争，扎实开展民族团结进步主题实践活动，促进各民族团结进步，推动西藏从基本稳定走向长治久安。

10月1日 《西藏自治区野生植物保护办法》正式施行。保护办法首次公布了西藏第一批自治区重点野生植物名录，首次明确规定对重点野生植物实行采集许可制和轮休采集，全面有效保护和合理利用野生植物资源，维护生物多样性和生态平衡。

10月12日—13日 自治区党委七届六次全会在拉萨召开。自治区党委常委会主持会议。会议听取和讨论了自治区党委常委会工作报告，并审议通过了《中共西藏自治区委员会关于贯彻〈中共中央关于加强和改进新形势下党的建设若干重大问题的决定〉的实施意见》，研究了加强和改进新形势下西藏党的建设问题。

10月15日 2009年“中华环保世纪行—西藏行”活动在拉萨启动，以“消除白色污染、呵护美好家园”为主题，深入宣传科学发展观，大力宣传生态文明理念，进一步推动白色污染整治工作，促进防治垃圾污染，改善环境质量，建设美好家园。

10月25日—26日 全区社会治安综合治理工作会议暨2005—2008年度综治工作表彰大会在拉萨召开。会议对2005年以来全区社会治安综合治理工作中涌现出的先进集体和先进个人进行了表彰。

11月5日 全区千名干部进百村开展“两帮助”活动动员大会在拉萨召开。会议动员区、地、县、乡千名干部进百村，切实帮助村级组织解决实际困难和突出问题，切实帮助加强村级组织建设，不断推进西藏跨越式发展和长治久安。

11月26日 自治区在拉萨召开农牧民安居工程领导小组会议。会议主要内容是传达学习胡锦涛总书记对全区农牧民安居工程建设工作的批示精神，就2010年及下一步的工作作出安排部署。

12月17日—19日 全区经济工作会议在拉萨召开。会议传达学习了中央经济工作会议精神，全面总结自治区 2009 年的经济工作，深入分析了当前的经济形势，明确提出 2010 年经济工作的总体要求和目标任务，对 2010 年的重点工作进行了全面部署。

二〇一〇年

1月8日　胡锦涛在北京主持中央政治局会议，研究推进西藏跨越式发展和长治久安工作。会议指出，做好西藏工作事关全面建设小康社会全局，事关国家安全，事关中华民族根本利益和长远发展。必须以邓小平理论和“三个代表”重要思想为指导，深入贯彻落实科学发展观，坚持中国共产党的领导，坚持社会主义制度，坚持民族区域自治制度，坚持走有中国特色、西藏特点的发展路子，以经济建设为中心，以民族团结为保障，以改善民生为出发点和落脚点，紧紧抓住发展和稳定两件大事，确保西藏经济社会跨越式发展，确保国家安全和西藏长治久安，确保西藏各族人民物质文化生活水平不断提高，确保西藏生态环境良好，努力建设团结、民主、富裕、文明、和谐的社会主义新西藏。

1月18日—20日　中央第五次西藏工作座谈会在北京举行。中共中央总书记、国家主席、中央军委主席胡锦涛，中共中央政治局常委、全国人大常委会委员长吴邦国，中共中央政治局常委、国务院总理温家宝，中共中央政治局常委、全国政协主席贾庆林，中共中央政治局常委李长春，中共中央政治局常委、中央书记处书记、国家副主席习近平，中共中央政治局常委、国务院副总理李克强，中共中央政治局常委、中央纪委书记贺国强出席会议。胡锦涛在会上发表重要讲话，温家宝就西藏工作部署作了讲话，贾庆林在会议结束时作了讲话。会议全面总结了西藏发展稳定取得的成绩和经验，深刻分析了西藏工作面临的形势和任务，明确当前和今后一个时期做好西藏工作的指导思想、主要任务、工作要求，对推进西藏实现跨越式发展和长治久安作出了战略部署。会议还对加快四川、云南、甘肃、青海省藏区经济社会发展作出全面部署。会议形成了《中共中央、国务院关于推进西藏跨越式发展和长治久安的意见》。

4月6日 自治区党委办公厅发布《关于推进全区学习型党组织建设的实施意见》。《意见》分为五个部分：充分认识在西藏建设学习型党组织的重要意义；西藏建设学习型党组织的总体要求和主要原则；学习的主要内容；学习的方法和途径；切实加强组织领导。

4月15日—17日 自治区党委工作会议在拉萨召开。这次会议是全面贯彻落实中央第五次西藏工作座谈会精神的安排部署大会，也是团结带领全区各族人民向着全面建设小康社会目标英勇进发的誓师动员大会。

4月18日 全区农牧民安居工程建设工作会议在拉萨召开，总结“十一五”以来全区农牧民安居工程建设取得的成就，安排部署下一阶段的工作任务，进一步推进全区以安居工程为突破口的社会主义新农村建设。

4月23日 自治区党委、人民政府出台《关于贯彻〈关于建立健全藏传佛教寺庙管理长效机制的意见〉的实施意见》

7月7日 中共中央政治局常委、全国政协主席贾庆林在北京召开会议，研究部署深入贯彻落实中央第五次西藏工作座谈会精神。会议就深入贯彻落实中央第五次西藏工作座谈会精神，加强对口支援工作进行研究部署。

7月17日—21日 刘云山在西藏考察调研工作。中共中央政治局委员、中央书记处书记、中央宣传部部长刘云山深入西藏城镇乡村，看望慰问各族干部群众，与西藏基层宣传思想文化工作者亲切座谈，并听取自治区党委、政府工作汇报。

8月13日—16日　贺国强在西藏考察工作。中共中央政治局常委、中央纪委书记贺国强率中央赴藏考察调研组在西藏看望慰问各族干部群众，就贯彻落实中央精神、做好西藏发展稳定工作以及加强党风廉政建设和反腐败工作等进行考察，听取自治区党委、政府和纪委工作汇报并作讲话。

10月25日　全国经济对口支援西藏工作座谈会在成都召开。全国17个援藏省市、17个援藏中央企业有关负责人与西藏自治区有关部门和7地市的领导同志围绕经济对口援藏相关具体政策措施进行了座谈，研究讨论了《关于进一步加强经济对口支援西藏工作的实施意见》以及《经济对口支援西藏专项编制工作大纲》。

11月3日　自治区党委、人民政府发布《西藏自治区中长期人才发展规划纲要（2010—2020年）》。

11月20日　自治区党委、人民政府出台《关于推动文化大发展大繁荣的决定》。

12月3日　自治区党委在拉萨召开常委会议，研究推进西藏文化大发展大繁荣工作。

12月23日—25日　全区经济工作会议在林芝召开。会议传达学习了中央经济工作会议精神。会议主要任务是，认真贯彻中央经济工作会议精神，全面分析西藏当前经济形势，总结2010年及“十一五”时期经济工作，部署明年经济工作，努力推动西藏经济社会更好更快更大发展。

二〇一一年

1月18日 全区文化发展大会在拉萨召开，认真总结全区文化工作，深入分析文化建设形势，落实自治区党委、政府《关于推动文化大发展大繁荣的决定》，要求大力实施文化兴区、文化强区、文化富区、文化稳区战略，全面推动社会主义文化大发展大繁荣。

1月22日 西藏出台农牧区学前两年藏汉双语教育免费政策。西藏把农牧区学前“双语”教育纳入公共财政保障体系，建立与义务教育相一致的经费保障机制，实施农牧区学前两年“双语”教育“两免”政策，对接受学前教育的农牧民子女实行“三包”。

1月23日—24日 全区农村工作会议在拉萨召开 。

1月24日 自治区定点扶贫总结表彰会议召开，总结“十一五”定点扶贫工作经验，表彰定点扶贫工作先进单位和先进个人，安排部署 “十二五”定点扶贫工作。

2月20日 “十一五”西藏定点扶贫资金过10亿。据《西藏日报》报道，五年来全区共安排641个定点扶贫单位，选派8565名干部深入基层开展对口帮扶工作。据统计，“十一五”期间，全区各级定点扶贫单位累计投入各类扶贫资金10.82亿元，争取建设项目3189个，捐款捐物折合资金1.32亿元，共使43781户、217906人受益。

3月30日 温家宝在北京主持召开国务院常务会议，讨论通过《青藏高原区域生态建设与环境保护规划（2011—2030年）》。会议强调，加强青藏高原生态建设与环境保护，必须按照保护优先、预防为主，统筹规划、重点突破，分区管理、协调推进，创新机制、依靠科技的原则，坚持自然恢复和工程修复相结合，全面推进重点地区生态环境保护，加大产业结构调整和污染防治力度，加强基础能力建设，加快解决影响人民群众健康的突出生态环境问题。力争到 2030 年，使青藏高原自然生态系统趋于良性循环，城乡环境清洁优美，人与自然和谐相处。

7 月 17 日—22 日 以习近平为团长的中央代表团在藏参加庆祝西藏和平解放 60 周年活动。以中共中央政治局常委、中央书记处书记、国家副主席、中央军委副主席习近平为团长的中央代表团在西藏参加西藏和平解放 60 周年系列庆祝活动。中央代表团抵达拉萨当天，出席了西藏首条高等级公路——拉萨至贡嘎机场专用公路的通车典礼。在藏期间，中央代表团参观西藏和平解放 60 周年成就展，看望西藏大学广大师生和自治区教育系统先进模范代表,看望驻藏部队指战员、武警官兵和政法干警代表，出席庆祝大会和群众游行，观看文艺晚会和焰火文艺晚会，听取自治区党委、政府工作汇报，出席对口支援西藏工作座谈会，慰问西藏宗教界爱国人士、离退休老同志和各族各界群众代表，前往林芝、日喀则地区看望慰问各族干部群众等。

7 月 19 日 西藏和平解放 60 周年庆祝大会在拉萨举行。两万余名各族各界干部群众在布达拉宫广场隆重集会，热烈庆祝西藏和平解放 60 周年。中共中央、全国人大常委会、国务院、全国政协、中央军委发来贺电。中央代表团团长习近平向西藏自治区赠送胡锦涛总书记题写的“祝贺西藏和平解放六十周年”的贺匾并发表重要讲话。

7 月 20 日 对口支援西藏工作座谈会在拉萨召开。中央组织部、中央统战部、国家发展改革委、西藏自治区在拉萨召开对口支援西藏工作座谈会，总结工作成绩，交流经验做法，部署下一步任务，推进援藏工作科学化、制度化、规范化。中央代表团团长习近平出席会议并作讲话。

8月20日 全区成片造林现场会在日喀则举行。自治区政府与七地（市）负责同志签订了《“十二五”期间保护发展森林资源目标管理责任书》。

8月22日 自治区党委、人民政府出台《中共西藏自治区委员会 西藏自治区人民政府关于深入推进西部大开发战略的实施意见》。《意见》共12个部分。对西藏来说，深入实施西部大开发战略意义重大，是实现西藏小康社会建设“两步走”目标的需要，是巩固和扩大前十年西部大开发成果的需要，是贯彻落实中央第五次西藏工作座谈会精神、实施好“十二五”规划的需要，是确保西藏实现跨越式发展和长治久安的需要。

8月25日 中共中央决定陈全国同志任西藏自治区党委委员、常委、书记。中共西藏自治区第八届委员会第一次全体会议15日下午在拉萨选举产生新一届自治区党委。陈全国当选为中共西藏自治区第八届委员会书记。

9月5日 自治区出台《关于进一步优化经济发展软环境的意见》。《意见》共6个部分，包括优化政务环境、优化政策环境、优化社会环境、优化市场环境、严格监督考核等方面。

9月19日 自治区党委在拉萨召开常委会议，研究部署在全区开展深化创先争优强基础惠民生活动。会议决定，从区、地（市）、县（市、区）、乡（镇）四级党政机关、企事业单位及驻藏中直单位选派21000多名干部组成工作队，从今年10月起进驻全区所有行政村和居委会（共计5453个），连续3年开展驻村（居委会）工作，建强基层组织、做好维稳工作、帮助群众致富、进行感党恩教育、为群众办实事解难事，构建起西藏跨越式发展和长治久安的长效机制。

9月26日 自治区党委、人民政府出台《关于加强和创新寺庙管理的决定》。《决定》分为3个部分：一、重要意义、总体要求、基本原则和方法任务。二、加强和创新寺庙管理体制，建管理机构，建党组织，建领导班子，建干部队伍，建管理职能，建管理机制。三、组织领导和工作实施，加强领导、强化保障；协同配合、齐抓共管；明确任务、细化责任；加强督察、落实奖惩；抓紧部署、稳妥实施。

9月29日 教育部认定并宣布：西藏全面实现“两基”目标。自治区在拉萨召开接受国家“两基”督导检查总结会，听取国家检查组督导检查和评估验收意见。教育部认定并宣布，西藏全面完成了“两基”攻坚各项工作任务，实现了“两基”目标。全区73个县（市、区）全部实现“两基”目标，“两基”人口覆盖率达100%，所有义务教育阶段适龄儿童人人有学上。

11月8日 自治区启动“强基惠民公路通达攻坚行动”。自治区计划用3年时间，解决669个建制村的公路通达问题，为广大农牧民群众提供便捷安全的出行条件。

11月12日—15日 中共西藏自治区第八次代表大会在拉萨举行。中国共产党西藏自治区第七届委员会向大会作了题为《坚定不移走有中国特色西藏特点发展路子，为实现跨越式发展和长治久安而团结奋斗》的报告。中共西藏自治区第八届委员会第一次全体会议，选举产生新一届自治区党委领导机构。

12月9日 青藏直流联网工程正式投入试运行。中共中央政治局常委、国务院副总理李克强出席在北京举行的青藏直流联网工程投入试运行仪式，宣布工程投入试运行，向广大工程建设者表示慰问。他指出，青藏联网工程建成和投运，结束了西藏电网长期孤网运行的历史，标志着我国内地电网全面互联，实现了北京国家电力调度中心对西藏电力的直接调度，为从根本上解决西藏城乡居民生活和工农业生产用电问题打下了基础。

12 月 28 日　自治区将在现有公益性岗位补贴基础上进一步提高全区公益性岗位人员补贴，按当地现行最低工资标准的 20% 增加，并从 2012 年 1 月 1 日起执行。

二〇一二年

1月13日　自治区党委、人民政府出台《关于加强和创新社会管理的实施意见》。《意见》强调，坚持党委领导、政府主导的原则；坚持统筹兼顾、标本兼治的原则；坚持以人为本、服务在先的原则；坚持依法管理、综合施策的原则；坚持立足区情、改革创新的原则，使社会管理体现时代性、把握规律性、富于创造性，适应深入开展反分裂斗争、确保社会和谐稳定的需要。

1月15日　全区扶贫开发工作会议在拉萨召开。会议学习贯彻中央扶贫开发工作会议特别是胡锦涛总书记、温家宝总理、回良玉副总理的重要讲话精神，认真贯彻落实中央经济工作会议、自治区第八次党代会和自治区"两会"精神，总结新世纪以来西藏的扶贫开发情况，安排部署新时期新阶段的扶贫开发工作，动员全区力量，坚决打好新一轮扶贫开发攻坚战。会议要求，做好新时期扶贫开发工作要抓住关键、突出重点，做到"五个强化"：一要强化倾斜支持，实施政策扶贫；二要强化基础设施，实施项目扶贫；三要强化自我发展，实施产业扶贫；四要强化公共服务，实施民生扶贫；五要强化工作格局，实施全民扶贫。

1月29日　自治区党委、人民政府出台《关于进一步加强边境地区发展稳定工作的意见》。《意见》指出，以实施中央确定的强边固边、兴边富民战略为核心，以维稳固边为首要任务，以提高边境地区各族群众生产生活水平为出发点和落脚点，着力维护边境地区社会稳定，着力推动边境地区跨越式发展，着力强化边境地区社会管理与公共服务，实现经济繁荣、边民富足、社会和谐、民族团结、生态良好，确保边境地区与全区一起全面建设小康社会，确保边疆巩固、国家安全和祖国统一。

1月31日 自治区党委、人民政府出台《西藏自治区贯彻〈中国农村扶贫开发纲要（2011—2020年）〉实施办法》。《办法》主要内容：巩固温饱，提高质量；政府主导，科学发展；自力更生，艰苦奋斗。瞄准扶贫对象，锁定扶贫攻坚主战场，巩固发展“三位一体”扶贫工作格局，扎实抓好专项扶贫，积极推进行业扶贫，全力推进社会扶贫，财税支持，金融服务，土地开发使用，提供人才保障，加强领导，加强基层建设，加强队伍建设，加强资金管理，加强政策研究，加强宣传教育，加强督促检查，加强法制建设，组织实施。

2月14日 青藏高原找矿重大突破获科技进步特等奖。由国土资源部推荐、中国地质调查局与西藏自治区地质矿产勘查开发局共同完成的“青藏高原地质理论创新与找矿重大突破”项目获得2011年度国家科学技术进步奖特等奖。

2月17日 西藏再次提高城乡低保和五保供养对象救助标准。据《西藏日报》报道，自治区党委、政府决定，从2012年1月起再次提高对城乡低保和五保供养对象的救助标准。西藏建立城乡低保制度和规范五保供养制度以来，每年根据经济社会发展和人民生活水平的提高，适时调整低保、五保供养标准，城市居民最低生活保障标准先后调整9次，由当初的每人每月130元提高到今年的400元；农村居民最低生活保障标准先后调整5次，由当初的每人每年800元提高到今年的1600元；五保供养标准由税费改革以前的588元提高到今年的2400元。

2月17日 西藏第三次全国文物普查工作结束，共调查、登录不可移动文物点 4277 处，投入资金 1517 万元。

3 月 1 日　贾庆林在北京主持召开中央西藏工作协调小组会议。中共中央政治局常委、全国政协主席贾庆林在北京主持召开会议，就深入推进中央第五次西藏工作座谈会精神贯彻落实，扎实做好西藏和四川、云南、甘肃、青海四省藏区发展稳定各项工作进行部署。贾庆林强调，要继续巩固经济社会发展良好势头，认真实施《“十二五”支持西藏经济社会发展建设项目规划方案》，加紧衔接、尽快出台支持四省藏区经济社会发展的项目规划方案，加强资金管理，强化质量监管，确保落实中央每一项政策都不迟疑、不走样、不打折扣，每一个工程都成为人民满意工程，经得起历史和实践检验。要把保障和改善民生作为加快经济发展的出发点和落脚点，紧密结合各地实际，突出农牧区这个重点区域、农牧民这个重点人群、改善农牧民生产生活条件这个重点任务、推进基本公共服务均等化这个重点领域，认真落实中央各项惠民政策，不断满足人民群众在住房、教育、医疗、就业、社会保障等方面的需要。贾庆林指出，当前达赖集团妄图在西藏和四省藏区持续制造事端。各级党委、政府要紧紧依靠人民群众，落实各项工作措施，坚决粉碎达赖集团搞乱藏区的图谋，切实维护西藏和四省藏区社会和谐稳定，使广大人民群众安居乐业。要发扬党密切联系群众的优良传统，广泛动员干部深入基层，了解民情民意，充实一线工作力量，提升基层组织和政权的凝聚力、战斗力。要充分发挥统一战线的法宝作用，充分发挥爱国宗教界人士的作用，加强依法管理，推进基本公共服务进寺庙。

3 月 2 日　国务院国资委和西藏自治区人民政府在北京召开中央企业援藏工作座谈会，贯彻落实中央第五次西藏工作座谈会和对口支援西藏青海工作座谈会精神， 共同推进中央企业深入参与西藏经济社会建设，就进一步做好中央企业援藏工作进行深入交流，双方还签署了战略合作备忘录。

3月15日 自治区党委、政府在北京举行援藏工作座谈会。西藏自治区、国家发改委负责同志，山东省、上海市、陕西省、天津市、财政部等中央西藏工作协调小组经济社会发展组成员单位及援藏省市负责同志应邀出席会议。会议表示，衷心希望中央西藏工作协调小组经济社会发展组成员单位及援藏省市一如既往地关心、支持西藏经济社会发展，进一步加大经济援藏、干部援藏、人才援藏、教育援藏、科技援藏、项目援藏力度，不断提高援藏工作水平，为西藏跨越式发展和长治久安注入强大动力。

3月30日 自治区人大九届常委会第二十七次常委会议通过《西藏自治区实施〈中华人民共和国村民委员会组织法〉办法》《西藏自治区城乡规划条例》。《办法》指出，村民委员会在党的基层组织的领导下行使职权，依照宪法、法律和法规，开展自治活动、直接行使民主权利。乡、民族乡、镇的人民政府对村民委员会的工作给予指导、支持和帮助，但是不得干预依法属于村民自治范围内的事项。村民委员会协助乡、民族乡、镇人民政府开展工作。《条例》指出，制定和实施城乡规划，应当遵循城乡统筹、合理布局、节约土地、集约发展和先规划后建设的原则，改善生态环境，促进资源、能源节约和综合利用，保护耕地等自然资源和历史文化遗产，保护地方特色、民族特色和传统风貌，防止污染和其他公害，符合区域人口发展、国防建设、防灾减灾和公共卫生、公共安全的需要。

4月11日 自治区政府召开2012年第五次常务会议，决定扩大农村低保对象范围。会议指出，五年来，自治区先后五次调整保障标准，已由当初的年人均纯收入800元提高到今年的1600元。随着低保标准的提高，全区出现了人均纯收入低于新标准的新的低保群体。会议审议并通过了《关于适当扩大农村低保对象范围的请示》，决定从 2012 年 1 月起将全区农村低保对象扩面到 32.9 万人，新增 9.9 万人。扩面后低保人数占全区农牧民总人数的 14.19%，高于全国 8.19%，高于西部地区 4.89%。

4 月 27 日 自治区政府办公厅印发《西藏自治区儿童先天性心脏病医疗救治工作实施方案》。根据实施方案，全区 0—18 岁、所有具有手术指征和介入治疗指征的先心病患者都可获得免费救治。

4 月 29 日 自治区政府办公厅印发《西藏自治区“十二五”时期科学和技术发展规划》。《规划》明确了“十二五”时期西藏科技发展的总体思路、发展目标和重点任务。《规划》提出，“十二五”时期西藏科技工作坚持走有中国特色、西藏特点的发展路子，围绕自治区“提升一产、壮大二产、做强三产”的要求，按照“引创结合、重点突破、夯实基础、支撑发展”的科技工作方针，继续强化引进、消化和吸收先进实用技术，加强高原特色领域的原始创新和集成创新，深化科技体制改革，创新工作机制，培育壮大战略性支撑产业，增加农牧民收入，保障和改善民生，为经济社会跨越式发展和长治久安提供强有力支撑。

5 月 2 日 自治区党委办公厅出台《关于宣传和弘扬“老西藏精神”的意见》。《意见》分为五个部分：一、宣传和弘扬“老西藏精神”的重大意义。二、宣传和弘扬“老西藏精神”的总体要求。三、宣传和弘扬“老西藏精神”的重点内容。四、宣传和弘扬“老西藏精神”的工作任务。五、宣传和弘扬“老西藏精神”的工作要求。

5 月 2 日 西藏妇女儿童健康状况不断改善。据《西藏日报》报道，截至 2011 年，全区孕产妇死亡率较 2000 年下降了 61.28%，婴儿死亡率和 5 岁以下儿童死亡率较 2000 年分别下降了 37.44% 和 52.64%。全区七个地（市）先后建立了妇幼保健院，各县卫生服务中心设有妇幼保健站或科室，680 多个乡（镇）卫生院和大部分村卫生室都能开展基本的妇幼卫生服务，自治区妇女儿童医院（妇幼保健院）已列入国家重点建设项目，各级妇幼保健机构配备了必要的医疗保健设备、流动服务车等，基层妇幼保健服务条件得到改善。

5月4日　西藏首个农机示范县诞生。山东省农业机械捐赠暨白朗县现代农机化示范县项目启动仪式在日喀则地区白朗县举行，白朗县成为西藏自治区第一个农业机械化示范县。白朗县是西藏自治区的商品粮油基地，自1995年由山东省承担对口支援任务以来，白朗县的农牧业生产取得了巨大的进步。

5月9日　西藏非公经济迈入高速科学发展轨道。据《西藏日报》报道，截至目前，全区已登记注册的非公有制经济达11.28万户，注册资本（金）达358.46亿元，非公有制经济吸纳就业50.88万人，占全区社会就业的近一半，非公有制经济2011年上缴税收76.17亿元，占全区税收总额的75%以上。

5月9日　全区民族团结进步模范表彰大会在拉萨召开。会议主要任务是，贯彻落实全国第五次民族团结进步表彰大会精神，对近年来全区民族团结进步创建评选活动进行总结表彰，对进一步推进全区民族团结进步事业进行再动员、再部署。各地市设分会场，自治区各有关部门、武警西藏总队、边防总队、消防总队主要负责同志，各族各界代表参加会议。

5月10日　西藏第一座大型并网光伏电站——龙源西藏羊八井20兆瓦光伏电站竣工投产。20兆瓦光伏电站是羊八井太阳能光伏电站二期项目，总投资4.5亿元，首年上网发电量3778万千瓦时。项目的开发、建设充分利用了羊八井清洁、丰富的太阳能资源，每年可提供清洁绿色能源超过3700万千瓦时，可节约标煤1.2万吨，减排二氧化碳3.26万吨，对于西藏生态环境保护、加快当地循环经济和低碳经济发展将起到积极的促进作用。

5 月 11 日　全区藏传佛教寺庙深入开展法制宣传主题教育活动动员大会在拉萨召开。会议深入贯彻落实党的宗教工作基本方针和国家管理宗教事务的法律法规，全面部署在藏传佛教寺庙深入开展以弘扬历代高僧大德“爱国爱教、遵规守法、弃恶扬善、崇尚和谐、祈求和平”精神为主题的法制宣传教育活动，动员全区各级党委、政府，特别是统战民宗部门、寺庙管委会以及广大僧尼，积极参与主题教育活动，确保活动有序展开、扎实进行、取得实效。会议宣读了自治区党委办公厅、政府办公厅《关于在寺庙僧尼中深入开展以弘扬历代高僧大德“爱国爱教、遵规守法、弃恶扬善、崇尚和谐、祈求和平”为主题的法制宣传教育活动的实施意见》。此次会议的召开标志着全区藏传佛教寺庙深入开展法制宣传主题教育活动全面启动。

5 月 19 日　西藏代表团在第八届中国（深圳）文化产业博览交易会上签约 8.78 亿元。参加交易会的西藏代表团携 32 个以文化旅游为主的投融资项目在深圳人民大厦举行了文化产业招商引资项目推介会，现场签约项目 9 个，协议金额 8.78 亿元。

5 月 22 日　自治区党委办公厅印发《关于加强和改进非公有制经济组织党的建设工作的实施意见》。《意见》指出，以加强非公有制经济组织党组织建设和促进“非公有制经济组织健康发展、非公有制经济人士健康成长”为目标，加大工作力度，努力实现党的组织和工作在非公有制经济组织党建工作体制机制健全完善；有 3 名以上正式党员的非公有制经济组织全部建立党组织，员工 50 人以上的非公有制经济组织都有党员，非公有制经济组织中的党员全部有党组织管理；非公有制经济组织党建工作规范，党组织活动经费得到保障，活动阵地基本实现“六有”（有场所、有设施、有标志、有党旗、有书报、有制度）；非公有制经济组织党组织“双强六好”（党建强、发展强，生产经营好、企业文化好、劳动关系好、党组织班子好、党员队伍好、社会评价好）创建活动深入开展，政治核心作用和政治引领作用得到充分发挥。

6月1日 国家能源局和西藏自治区政府在北京召开“十二五”电力援藏工作会议，研究部署了“十二五”时期电力援藏工作，双方还签署了《“十二五”电力援藏工作协议》。

6月5日 自治区党委办公厅印发《西藏自治区高等学校2013—2015年发展党员工作规划》。《规划》指出，要严格遵循“坚持标准、保证质量、改善结构、慎重发展”的方针，进一步贯彻落实好自治区党委关于加强党的基层组织建设的一系列重要指示精神和自治区第八次党代会对高等学校发展党员工作的要求，切实加强党对教育工作的领导，抓好在大学生和青年教师中发展党员工作，保证党员发展质量，优化党员队伍结构，不断扩大党的工作覆盖面，增强党员队伍的生机和活力，努力造就一支高素质的党员队伍，为推进全区高等教育改革与发展，促进全区社会和谐稳定提供坚强的组织保证。

6月7日 全区发展农牧民党员工作会议在拉萨召开。会议强调，全区各级党组织要不断开创发展农牧民党员工作新局面，为推进西藏跨越式发展和长治久安提供坚强组织保证。

6月12日 全区基层组织建设年领导小组出台《关于做好基层组织建设年整改提高晋位升级工作的意见》。《意见》指出，按照巩固先进、推动一般、整顿后进的要求，扎实做好整改提高、晋位升级工作，努力使每一个基层党组织在原有基础上都有新的提高，普遍实现晋位升级，确保先进基层党组织达到40%以上，后进基层党组织不超过2%；对应建未建党组织的，要通过加大发展党员力度或派驻党员等途径，采取单独建、联合建的方式，建立一批基层党组织，积极开展党的活动，实现党的组织和工作全覆盖。

6月26日 自治区党委出台《贯彻落实〈中共中央关于深化文化

体制改革推动社会主义文化大发展大繁荣若干重大问题的决定〉的实施意见》。《意见》主要内容是，坚持走中国特色、西藏特点的文化发展路子，推动西藏由文化资源大区向文化发展强区转变；坚持推进社会主义核心价值体系建设，打牢各族人民团结奋斗的共同思想道德基础；坚持涉藏舆论斗争的话语权和主导权，确保意识形态和文化领域的绝对安全；坚持繁荣发展文化事业，满足人民群众日益增长的精神文化需求；坚持做大做强文化产业，建设重要的中华民族特色文化保护地；坚持加大政策支持力度，为文化大发展大繁荣提供有力保障；坚持加强和改进党对文化工作的领导，提高推进文化改革发展科学化水平。

6 月 30 日　全区创先争优表彰大会在拉萨召开。会议深入学习贯彻习近平副主席在全国创先争优表彰大会上的重要讲话精神，表彰了自治区创先争优活动中涌现出来的 100 个先进基层党组织、50 名优秀共产党员和 50 个先进单位。

7 月 8 日　大型歌舞诗《魅力西藏》和新编藏戏《金色家园》获金奖。据《西藏日报》报道，在第四届全国少数民族文艺会演中，西藏代表团参演的大型歌舞诗《魅力西藏》和新编藏戏《金色家园》分别获得金奖。《魅力西藏》获得最佳节目奖、最佳导演奖等最佳单项奖；《金色家园》还获得了最佳导演奖、最佳灯光奖和最佳编剧奖等最佳单项奖以及编剧奖和演员奖。此外，西藏代表团还获得了优秀组织奖。

7 月 8 日　中国西藏文化旅游创意园区开工建设。中国西藏文化旅游创意园区暨《文成公主》大型实景演出项目、拉萨河景观工程、次角林大桥项目奠基仪式在拉萨市城关区蔡公堂乡次角林村彭布山脚下举行。投资逾 300 亿元的中国西藏文化旅游创意园区，是集商务办公、商业、餐饮娱乐、旅游休闲为一体的现代园区，届时实景剧《文成公主》还将在园区内进行演出。

7月9日 自治区召开强基惠民光明工程电视电话会议，正式启动强基惠民光明工程行动计划。该行动计划力争年内基本解决无电地区人口和学校、村委会、寺庙、道班、边防站点的用电问题，2013年实现无电人口用电全覆盖。

7月17日—21日 李长春在西藏考察调研。中共中央政治局常委李长春先后到林芝、拉萨等地，深入农村、牧区和宣传文化单位，看望各族干部群众，就贯彻落实党的十七届六中全会精神和中央第五次西藏工作座谈会精神，推进西藏跨越式发展和长治久安，加强民族团结进步宣传教育和文化建设等进行考察调研。他要求，要始终把保障和改善民生摆在最重要位置，加快改善各族群众生产生活条件，让西藏人民与全国人民一道过上更加富裕的小康生活；要牢牢把握各民族共同团结奋斗、共同繁荣发展的主题，深入开展民族团结进步宣传教育；大力加强边疆少数民族地区文化建设，进一步唱响共产党好、社会主义好、改革开放好、伟大祖国好、各族人民好的时代主旋律；筑牢反对分裂、维护稳定的思想基础，不断巩固和发展各民族团结和睦、社会繁荣进步的大好局面。李长春还听取了西藏自治区党委和政府工作汇报，对西藏经济社会发展取得的成绩给予充分肯定。他希望西藏牢牢抓住中央深入实施西部大开发战略、进一步贯彻落实中央第五次西藏工作座谈会精神等重大机遇，把中央要求与西藏实际紧密结合起来，创造性地开展工作，走出一条有中国特色、西藏特点的发展路子，努力实现推进西藏经济社会跨越式发展和长治久安两大历史任务。

7月21日 “同心·共铸中国心西藏行”专家座谈会在拉萨召开。十届全国人大常委会副委员长、“同心·共铸中国心”第二届组委会主席热地在拉萨与“同心·共铸中国心西藏行”的专家和爱心人士进行了座谈，并发表讲话。热地指出，“同心·共铸中国心”大型公益活动是在中央统战部等部门的统一协调安排下，在国内一些爱心企业拿出巨款无私捐助下，全国卫生医疗界深入贯彻落实“以人为本”科学发展观的具体行动，是充分展示祖国大家庭温暖和社会主义制度优越性的一项重大的义行善举。热地希望，“同心·共铸中国心”大型公益活动要认真总结好的经验，特别要积极想办法，动员全国卫生医疗界和爱心企业共同努力，为进一步帮助提高我国“老少边穷”地区基层医疗服务水平，为提高各族群众的健康水平作更多更大的贡献。

7月24日 自治区提高学前至高中教育阶段农牧民子女及城镇困难家庭子女“三包”和财政补助标准。自治区政府第十二次常务会审议并通过了《关于调整学前补助、义务教育至高中教育阶段农牧民子女“三包”及城镇困难家庭子女助学金政策标准的请示》，决定从2012年秋季学期起在现行政策范围内定额调整西藏学前、义务、高中阶段教育农牧民子女及城镇困难家庭子女“三包”和财政补助标准，在现行标准基础上每生每学年定额提高200元。

7月27日 自治区党委办公厅、政府办公厅印发《西藏自治区“十二五”时期文化改革发展规划纲要》。《纲要》指出，坚持社会主义先进文化前进方向，大力弘扬中华民族共同文化和藏民族优秀传统文化，以科学发展为主题，以建设社会主义核心价值体系为根本任务，以维护意识形态和文化领域安全为重大责任，以满足各族人民精神文化需求为出发点和落脚点，以改革创新为动力，坚定不移地走有中国特色、西藏特点的文化发展路子，着力提升社会主义核心价值体系的引领力、意识形态领域的战斗力、主流思想舆论的传播力、公共文化服务的辐射力、特色文化产业的竞争力、社会主义精神文化产品的供给力，为西藏跨越式发展和长治久安提供思想保证、精神动力、舆论支持和文化条件。

8月7日 第四次全国文化文物援藏工作会议在拉萨召开。会议期间还举行了西藏自治区数字图书馆推广启动仪式、文化信息资源共享工程数字文化资源捐赠仪式、2012 年“春雨工程”——全国文化志愿者边疆行文化志愿服务项目交接仪式、西藏壁画保护修复技术人员培训班结业仪式、西藏文物进出境责任鉴定员培训班结业仪式、中央民族乐团与西藏自治区歌舞团共建协议签署仪式、北京市文物局与拉萨市文物局援助协议签订仪式等专题活动。

8 月 9 日　中央人才工作协调小组在拉萨召开西藏人才工作座谈会，深入贯彻落实中央第五次西藏工作座谈会精神和全国人才工作会议精神，研究部署西藏人才工作。中共中央政治局委员、中央书记处书记、中组部部长、中央人才工作协调小组组长李源潮对此次会议十分重视，会前专门作出批示，指出要有切实的支持西藏人才队伍发展的特殊政策和支持措施。会议要求，一要深刻认识人才是西藏跨越式发展和长治久安的第一资源，坚定不移走人才强区之路；二是要加强培养，稳定、用好现有人才；三要加大人才吸引和支持力度，调动各方力量支持西藏人才发展；四要创新人才政策和体制机制，营造人才发展的良好环境；五要加强党对人才工作领导，不断提升人才工作水平。

8 月 16 日　自治区党委召开自治区党委常委会议，研究部署经济工作。会议指出，做好当前经济工作，既要看到经济发展面临的困难和挑战，增强忧患意识，采取有针对性的措施，又要看到面临的有利条件和难得机遇，进一步坚定信心。会议强调，要全力以赴推动全区经济更好更快更大发展。一要抓增长，完成全年任务；二要抓结构，提升三次产业；三要抓项目，提升带动水平；四要抓金融，注入发展活力；五要抓内需，拉动经济增长；六要抓民营，培育新增长点；七要抓骨干，壮大企业规模；八要抓民生，共享发展成果；九要抓环境，加速要素聚集。

8 月 22 日　全国卫生系统对口援藏工作座谈会在林芝召开。会议全面总结 2010 年第五次全国卫生援藏工作座谈会以来取得的成果，交流卫生援藏工作经验，部署今后一个时期卫生援藏工作。卫生部扶贫开发与对口支援工作领导小组、西藏自治区负责同志出席会议。会议指出，一要加强组织领导，以援藏工作促进卫生事业发展。二要加大工作力度，确保卫生惠民工程全面落实。三要做好统筹安排，推进卫生事业全面发展。突出支援重点，要突出智力帮扶，要突出群众受益，要建立完善对口支援沟通协商机制。座谈会上，卫生部向西藏捐赠了“健康小药箱”及便携式全科医用设备。中国电信集团公司、中卫莱康科技发展有限（北京）公司联合向西藏捐赠了 200 套远程心电监测系统。

8 月 23 日—24 日 全国粮食系统对口援藏工作会议在北京召开。会上，广东、重庆、河北、陕西、辽宁代表各援助省市粮食局与西藏自治区林芝、昌都、阿里、那曲等 4 个受援地区粮食局签订了援建项目框架协议。

8 月 24 日 自治区党委办公厅出台《区党委组织部 区政府国资委党委关于加强和改进国有企业党的建设工作的意见》。《意见》指出，坚持走中国特色、西藏特点的发展路子，围绕做大做强、加快培育具有特色的“四优四强”（经营业绩优、公司治理优、结构布局优、企业形象优；人才队伍强、资源配置强、风险管控强、创新能力强）龙头企业目标，牢固确立企业党组织的政治核心地位，建立健全党组织发挥政治核心作用的领导体制和工作机制，把党组织的政治优势转化为企业的核心竞争力，为国有企业科学发展提供坚强有力的思想保证、政治保证和组织保证。

8 月 25 日 全国国土资源系统对口援藏工作座谈会在拉萨召开。会议总结交流近年来全国国土资源系统对口援藏工作经验，安排部署下一步对口支援工作。会议强调，全国国土资源系统要更加有力有效地推动对口支援工作，促进西藏国土资源事业又好又快发展。会上，向自治区国土资源厅转交全国国土资源系统“十二五”第一批援藏资金 9173 万元。

8 月 28 日 自治区进一步提高村干部报酬待遇。据《西藏日报》报道，自治区党委组织部、自治区财政厅决定，自 2012 年 1 月 1 日起，进一步提高村干部基本报酬和业绩考核标准。村党支部书记和村委会主任基本报酬每人每年增加 543 元，业绩考核每人每年增加 400 元；其他村干部基本报酬每人每年增加 260 元，业绩考核每人每年增加 215 元。调整后，村党支部书记和村委会主任基本报酬每人每年为 6283 元，业绩考核奖励标准平均每人每年 1794 元，两项合计，每人每年平均报酬待遇达到 8077 元；其他村干部基本报酬每人每年 3130 元，业绩考核奖励标准平均每人每年 912 元，两项合计，每人每年报酬待遇达到 4042 元。

8 月 30 日 全国旅游援藏工作座谈会在拉萨召开。

8 月 31 日 自治区政府在拉萨召开常务会议，审议通过《关于实施城镇学前教育阶段公办学校免费教育、民办学校定额免费补助政策的请示》,将自治区城镇公办幼儿园年生均免费标准拟确定为 3600 元，民办及其他部门幼儿园按公办幼儿园免费标准享受免费补助。会议还审议并原则通过了《西藏自治区“十二五”时期边境地区经济社会发展规划》《关于调整我区最低工资标准的请示》《西藏自治区人民政府关于推动找矿突破战略行动的实施意见》等。

9 月 4 日—9 日 中央西藏工作协调小组专项小组赴藏督促检查组在自治区督促检查。自治区在拉萨举行汇报会，向检查组汇报自治区党委、政府关于中央支持西藏经济社会发展各项政策的贯彻落实情况。检查组深入到日喀则地区、阿里地区进行调研，对中央确定的支持西藏经济社会发展的政策、措施、重大项目的落实情况及新一轮对口援藏工作的实施情况，进行了专项督促检查。

9月10日—24日 2012年中国西藏唐卡艺术展在北京举行。展览由国家文化部与西藏自治区政府联合举办。本次唐卡艺术展收录了布达拉宫、罗布林卡、西藏博物馆的30幅稀世珍品唐卡和51位优秀唐卡画师新创作的110幅精品唐卡。

9月12日 自治区政府在拉萨召开常务会议，审议并原则通过《西藏自治区“十二五”节能减排综合性工作实施方案》。会议要求全区各相关部门统一思想、提高认识，强化节能减排目标责任，调整优化产业结构，大力实施节能减排工程，加强节能减排管理，大力发展循环经济，加快节能减排技术开发和推广应用，完善节能减排经济政策，强化节能减排监督检查，推广节能减排市场化机制，加强节能减排基础工作和能力建设，动员全社会参与节能减排，确保西藏“十二五”节能减排目标顺利完成。

9月15日 自治区党委出台《关于加强新形势下党外代表人士队伍建设的实施意见》。《意见》指出，党外代表人士基本标准是政治坚定，坚持中国共产党领导，思想上同心同德、目标上同心同向、行动上同心同行，坚定不移走中国特色社会主义道路，在反分裂斗争这个关系国家安全、祖国统一、边疆稳定的重要政治原则问题上，立场坚定、旗帜鲜明、认识统一、表里如一、态度坚决、步调一致，敢于公开揭批达赖集团反动本质，自觉维护祖国统一和民族团结，坚决在政治上、思想上、行动上与以胡锦涛同志为总书记的党中央保持高度一致。

9月18日 自治区党委办公厅印发《关于贯彻落实西藏人才工作座谈会精神的实施意见》。《意见》指出，以创新人才工作体制机制为动力，以加大人才投入为保障，以贯彻落实《中央人才工作协调小组关于国家人才发展规划重大人才工程为西藏提供重点支持的意见》

为抓手，完善政策、多措并举，着力加强党政领导人才、专业技术人才、企业经营管理人才、农牧区实用人才、高技能人才、社会管理人才、寺庙建设管理人才、文化艺术人才、社会科学和藏学人才队伍建设，努力造就规模宏大、结构优化、布局合理、素质优良的人才队伍，为推进西藏跨越式发展和长治久安提供强有力的智力支持和人才保证。

9月23日 从2012年秋季开始，自治区开始实施城镇学前教育阶段公办学校免费教育、民办学校定额免费补助政策，全面实现15年免费教育目标。据《西藏日报》报道，此次启动实施城镇学前教育免费政策范围及对象包括城镇幼儿园（含民办、其他部门办）在园幼儿，年生均免费标准达3600元，其中，包括保教费3000元，交通费350元，幼儿读物费100元，被褥折旧费、美工本费、水彩笔费、餐具费等杂费150元。

9月24日 全区贝叶经保护工作总结表彰大会在拉萨举行。会议宣读了《中共西藏自治区委员会西藏自治区人民政府关于表彰全区贝叶经保护工作县先进单位和先进个人的决定》。《决定》指出，在党中央、国务院的高度重视和自治区党委、政府的坚强领导下，自治区专门抽调有关专家学者，对西藏现存贝叶经进行抢救和保护，取得了阶段性重大成果。从事贝叶经保护和研究工作的专家学者和全体工作人员付出了艰辛劳动和辛勤汗水，为西藏传统文化遗产保护和研究工作树立了典范，也为传承人类文明作出了不可磨灭的贡献。

9月25日—26日 全区牧区工作会议在拉萨召开。会议总结牧业牧区工作取得的成绩，分析牧区工作面临的形势，安排部署新时期牧区工作。会议指出，自治区党委、政府历来高度重视牧区工作，对不同时期的牧区工作作出了一系列决策部署，制定了一系列政策措施，推动了牧区经济社会发展，实现了牧区基础设施条件明显改善，畜牧业生产能力明显增强，草原生态保护建设取得积极进展，牧区民生得到明显改善。会议强调，推进牧区又好又快发展，一要注重草原生态保护，促进牧区可持续发展；二要大力实施科技兴牧战略，加快发展现代畜牧业；三要加强基础设施建设，着力改善牧民生产生活条件；四要采取综合措施，加快牧民增收；五要推进牧区公共事业，切实保障改善民生。

10月2日　西藏投入12亿元实施天保二期工程。据《西藏日报》报道，西藏天保二期工程总投资12亿元，通过加强森林资源保护和经营，提升发展能力，争取到2020年新增森林面积33万亩、森林蓄积493万立方米、碳汇250.8万吨，森林覆盖率由原来的39.4%提高到40.1%。努力实现工程区水土流失明显减少，生物多样性明显增加，资源增长、质量提升、生态良好、民生改善、工程区和谐稳定的目标。

10月11日　全区选派非公企业党建工作指导员大会在拉萨召开。中央政治局委员、中央书记处书记、中央组织部部长李源潮就西藏成立非公企业党委作出批示：西藏成立非公企业党委难能可贵，应多支持指导。全国基层组织建设协调小组办公室致贺信。会议指出，加强和改进非公有制企业党建工作， 推动非公有制经济大发展快发展，对于促进全区改革发展稳定，具有重大意义。选派非公有制企业党建工作指导员，是加强非公有制企业党建工作的重要抓手，是扩大党在非公有制经济领域覆盖面和影响力的重要载体，是促进非公有制企业健康发展的重要内容。

10月13日　西藏颁布实施《关于实施标准化发展战略的意见》。《意见》把标准化作为提升经济社会发展质量、增强自主创新能力和区域竞争力、推进跨越式发展的一项重要基础工程和重大战略任务，明确要求各级政府、各有关部门要进一步提高对标准化工作的认识，更加重视标准化工作。

10月14日　4万多农牧民告别“溜索时代”。据《西藏日报》报道，财政部、国务院扶贫办自 2009 年起，先后投入专项资金 2.2 亿元，在西藏昌都、林芝、日喀则、那曲四个地区相继开展了 84 条溜索改桥工程，截至目前已完成 74 条，剩余的 10 条将于本年年年底全部完工。溜索改桥，改变的不只是广大农牧民日思夜盼的“出行难”问题，更重要的是将会加快改变贫困地区群众的思想观念，加快改变贫困地区的落后面貌。

10 月 17 日　西藏首座新能源大厦在国家级拉萨经济技术开发区奠基。新能源大厦由西藏金凯新能源技术开发有限公司投资兴建，总投资 4600 万元，总占地面积 15 亩，建设面积 10000 多平方米的办公大楼和 2000 平方米的标准厂房，主要致力于适合高原环境下的新能源产品的研发和生产。

10 月 19 日　中共中央政治局常委、全国政协主席贾庆林在北京主持召开会议，研究部署涉藏工作。贾庆林发表讲话，认真总结党的十六大以来涉藏工作成绩和经验，深刻分析涉藏工作面临的形势和任务，就深入推进中央第五次西藏工作座谈会精神贯彻落实，扎实做好当前的西藏和四省藏区发展稳定各项工作进行研究部署。贾庆林强调，西藏和四省藏区实现跨越式发展和长治久安正处于关键阶段，对达赖集团斗争也处于关键时期，做好涉藏工作责任重大、使命光荣。要按照中央的要求，深入贯彻落实中央第五次西藏工作座谈会精神，坚持“一个中心、两件大事、四个确保”的基本方针不动摇，着力推进跨越式发展，着力保障和改善民生，着力加强生态保护，着力维护社会和谐稳定，努力将西藏和四省藏区建设得更加团结、民主、富裕、文明、和谐。

10 月 23 日　西藏第二家国家公园纳木错国家公园在当雄县纳木错风景区举行揭牌仪式。这标志着目前全球最先进的国家公园管理模式成功运用于西藏旅游实践。投资 8 亿元的纳木错国家公园包括拉萨市当雄县、那曲地区班戈县等区域。主要景点有纳木错、念青唐古拉山主峰、湖泊鸟岛、岩画石刻、草甸、牦牛、牧帐、温泉等。

10 月 26 日　世界海拔最高的国家公园珠穆朗玛国家公园正式挂牌。珠穆朗玛国家公园位于西藏自治区西南与尼泊尔交界处，覆盖西藏自治区日喀则地区定日、吉隆等 6 县，总面积 7.8 万平方公里，包括嘎玛沟、吉隆沟两条生态谷地，珠穆朗玛峰、希夏邦马峰、卓奥友峰等 5 座海拔 8000 米以上的高峰和 10 余座海拔 7000 米以上的山峰，以及绒布冰川等众多冰川和拉孜（县）民俗文化旅游园区、拉孜锡钦温泉景区、樟木雪步岗森林生态旅游景区等。

11 月 13 日　胡锦涛在北京看望出席党的十八大西藏全体代表。胡锦涛同志发表重要讲话，他说：很高兴会见出席党的十八大西藏代表团的全体代表。首先，请你们转达我对西藏广大共产党员、各族干部群众的亲切问候。我高兴地看到，这几年来，西藏各级党委和政府，团结带领西藏各族干部群众，认真贯彻中央西藏工作座谈会精神，团结奋斗、开拓进取，实现了西藏经济社会的跨越式发展，人民生活明显改善，社会保持了基本稳定。我为你们取得的成绩感到由衷的高兴！他指出，希望西藏各级党组织、广大党员干部，认真学习、贯彻、落实党的十八大精神，坚定不移走中国特色社会主义道路，坚持科学发展，促进社会和谐，改善人民生活，把西藏建设得更加美好。

11 月 28 日　自治区党委发出《关于认真学习宣传贯彻落实党的十八大精神的通知》。《通知》分为五个部分：一、充分认识学习宣传贯彻党的十八大精神的重大意义。二、全面准确学习领会党的十八大精神。三、认真做好党的十八大精神的宣传。四、全面贯彻落实党的十八大精神。五、切实加强组织领导。

11 月 25 日　热地视察武汉西藏中学并考察湖北省援藏工作。热地充分肯定了武汉西藏中学所取得的成绩，他指出，学校从办学之初的一个西藏班，已经发展成为今天的高中、初中各 9 个班，在校生

839人，教职工80人，拥有多名省市各级、各类优秀教师，先后为地方、军队培养出包括多次立功受奖、爱党报国的优秀藏族军官江勇西饶同志等在内的3000多名优秀人才，发展成为被评为“武汉市综合办学水平示范学校”和“湖北省示范高中”的湖北省一流中学。

12月1日 自治区在拉萨召开第一批驻村工作总结表彰暨第二批驻村工作动员大会。会议强调，要在以习近平同志为总书记的党中央坚强领导下，以邓小平理论、“三个代表”重要思想、科学发展观为指导，认真学习宣传贯彻落实党的十八大精神，不断开创创先争优强基惠民活动新局面，推动西藏跨越式发展和长治久安。会议宣读了《中共西藏自治区委员会西藏自治区人民政府关于表彰全区深入开展创先争优强基础惠民生活动第一批先进驻村（居）工作队、先进驻村（居）工作队员、优秀组织单位的决定》，对第一批驻村工作进行了总结，并对第二批驻村工作进行了安排部署。

12月7日 自治区党委办公厅印发《自治区党委常委会班子改进工作作风密切联系群众“约法十章”》。“约法十章”主要内容是，改进调查研究，精简各类会议，精简文件材料，严控事务活动，规范出区出境出国出访，改进警卫工作，改进新闻报道，严格文稿发表，厉行勤俭节约，坚持廉洁自律。

12月9日 自治区党委八届三次全会在拉萨召开。会议审议通过《中共西藏自治区委员会关于深入贯彻落实党的十八大精神，推进西藏跨越式发展和长治久安的意见》。会议强调，认真学习好、广泛宣传好、深入贯彻好、全面落实好党的十八大精神，是全区上下当前和今后一个时期的首要政治任务，要与贯彻落实中央关于西藏工作的指导方针和决策部署结合起来，与贯彻落实习近平总书记关于西藏工作的重要讲话和重要指示精神结合起来，与贯彻落实习近平总书记在十八届一中全会上的重要讲话、参观《复兴之路》展览时的重要讲话等一系列重要讲话精神结合起来，与贯彻落实中央第五次西藏工作座谈会精神结合起来，与贯彻落实中央西藏工作协调小组和中央维护稳定工作领导小组会议精神结合起来，坚持学以致用、用以促学，把党的十八大精神落实到经济社会发展的各个方面，不断开创科学发展、和谐稳定、民生改善、民族团结、生态文明、党的建设的新局面。一要坚定不移推动科学发展，着力建设富裕西藏。二要坚定不移维护社会稳定，着力建设和谐西藏。三要坚定不移保障改善民生，着力建设幸福西藏。四要坚定不移健全民主法制，着力建设法治西藏。五要坚定不移打造文化强区，着力建设文明西藏。六要坚定不移加强生态保护，着力建设美丽西藏。

12月10日 全区义务教育均衡发展工作电视电话会议召开。会议主要任务是，全面贯彻落实《国务院关于深入推进义务教育均衡发展的意见》及区党委八届三次全会精神，安排部署全区深入推进义务教育均衡发展工作。

12月14日 自治区党委办公厅出台《关于在全区深入开展新旧西藏对比宣传教育工作的意见》。《意见》指出，着眼于建设和谐西藏，牢牢掌握对十四世达赖集团斗争的道义制高点和舆论主导权，以历史事实为出发点和根本依据，以新旧西藏对比为基本方法，以揭露黑暗残酷反动落后的旧西藏真相为主要内容，以辨明是非、统一思想、凝聚力量为根本目的，坚持用事实说话、用数字说话、用群众语言说话，开展各族群众喜闻乐见的宣传教育活动，向各族干部群众特别是年轻一代讲清楚十四世达赖统治下的旧西藏的黑暗残酷反动落后，讲清楚西藏民主改革是历史的必然和人民的选择，讲清楚十四世达赖集团反社会、反祖国、反人民的真面目，讲清楚没有中国共产党就没有西藏百万农奴的翻身解放就没有社会主义新西藏，讲清楚只有中国共产党才能带领西藏各族人民走向幸福美好的未来，切实增强各族群众对党、对社会主义、对伟大祖国的热爱之情。

12月18日 西藏取消调整192项行政审批项目。据《西藏日报》报道，为建设高效政府，简政放权，西藏取消调整192项行政审批项目。10年来西藏累计清理调整行政审批项目1405项，清理调整率达65%，其中取消1209项，减少56%。西藏将探索建立行政审批项目动态清理工作机制。对没有法律依据，以部门规章、文件等形式设定或变相设定的行政审批项目，将通过动态审查和清理机制逐步予以规范。

12月20日 总投资达12.34亿元的拉萨老城区保护工程正式启动。拉萨市老城区是集居住、商贸、宗教、旅游、文化等多功能于一体的城市中心区，民族和宗教特色浓郁，拉萨古城特征典型，保存着大量珍贵文物及历史建筑，具有很高的历史、艺术、科学研究价值。

12月27日 西藏施行居住证制度。首批试点地市为拉萨市、日喀则地区和昌都地区。该居住证有效期分为一年期和三年期两种，居民可根据自身情况申请办理，公安机关办理时不收取任何费用。

12月28日 全区2012年度和谐模范寺庙、爱国守法先进僧尼暨法制宣传主题教育活动总结表彰大会在拉萨召开。会议强调，要紧密团结在以习近平同志为总书记的党中央周围，高举中国特色社会主义伟大旗帜，以邓小平理论、“三个代表”重要思想、科学发展观为指导，深入贯彻落实党的十八大精神，着力构建寺庙和谐稳定长效机制，奋力推进西藏跨越式发展和长治久安。

12月30日 全区维护稳定工作会议在拉萨召开。会议强调，要紧密团结在以习近平同志为总书记的党中央周围，高举中国特色社会主义伟大旗帜，以邓小平理论、“三个代表”重要思想、科学发展观为指导，深入贯彻落实党的十八大精神，坚定不移地贯彻落实党中央的部署要求和自治区的各项维稳措施，改进作风、扎实工作，全力确保全区持续和谐稳定。

二〇一三年

1月3日 全区经济工作会议在拉萨召开。会议以电视电话会议的形式召开，主要任务是，以党的十八大精神为指导，认真学习贯彻中央经济工作会议特别是习近平总书记、温家宝总理、李克强副总理的重要讲话精神，总结2012年全区经济工作，安排2013年经济工作。会议强调，今年的经济工作要稳中求进、立足全局、突出重点，着重在六个方面下功夫，努力实现新的突破：一要在抓机遇、上项目上下功夫。二要在强基础、破瓶颈上下功夫。三要在兴产业、调结构上下功夫。四要在壮民营、增活力上下功夫。五要在促改革、扩开放上下功夫。六要在聚民心、惠民生上下功夫。

1月8日 全区农村工作会议在拉萨召开。会议主要任务是，深入贯彻党的十八大精神、中央农村工作会议、自治区党委第35次常委会以及全区经济工作会议精神，系统总结2012年和过去10年农牧业农村工作，科学分析农牧业农村工作面临的新形势新挑战，全面部署2013年农牧业农村工作。会议总结了2012年全区农村工作5条经验：一是必须坚持重中之重思想；二是必须坚持抓住首要任务不动摇；三是必须坚持提升一产；四是必须继续坚持深化农村改革；五是必须坚持把促进农村社会和谐稳定作为“三农”工作的重要内容。会议要求，2013年西藏农牧业农村工作必须重点抓好六项工作：一是狠抓农牧业生产和农牧民增收，全面推进现代农牧业建设；二是狠抓城镇化和新农村建设，加快推进城乡发展一体化进程；三是狠抓科技服务和特色产业，努力提高农牧业产业化经营水平；四是狠抓农村公共服务和社会保障，全面提高农村基本公共服务能力；五是狠抓经营组织创新和试验区建设，不断增强农村发展活力；六是狠抓强基惠民和基层组织建设，发挥基层党组织的战斗堡垒作用。

1 月 15 日 自治区党委办公厅、政府办公厅印发《贯彻落实〈自治区党委常委会班子改进工作作风、密切联系群众约法十章〉实施细则》。《细则》分为六个部分：一、改进调查研究。注重调研效果；减少陪同人员；简化接待工作；改进警卫工作；完善联系点制度。二、精简文件简报和会议活动。精简各类文件简报；提高文件简报的质量和时效；严格控制文件和简报篇幅；减少各类会议活动；严控事务活动；控制会议活动规模；控制会议时间；控制会议活动经费。三、规范出区出境出国出访。严格执行出访计划；严格控制团组人数和在外停留时间。四、改进新闻报道。简化会议活动新闻报道；规范考察调研活动新闻报道；简化治丧活动新闻报道；精简各类赴藏考察代表团活动新闻报道；规范重大专项工作新闻报道；优化外事活动新闻报道；规范其他新闻报道。五、厉行勤俭节约。严格公务用车配备；严格规范公务接待活动；严格控制楼堂馆所建设。六、加强督促检查。

1 月 19 日 自治区紧急部署阿里和日喀则地区雪灾防灾抗灾救灾工作。1 月 8 日至 19 日凌晨，阿里和日喀则地区出现大范围强降雪。自治区党委、政府要求采取各种有效措施开展好防灾抗灾救灾工作，全力确保人民群众生命财产安全，千方百计把灾害损失降低到最低程度。19 日，自治区召开紧急会议，安排部署防灾抗灾救灾工作。会上，成立了“1·18”雪灾应急处理领导小组。会议强调，一要确保群众安全，确保交通路况安全，要充分体现党和政府的关怀；二要立即组织救助工作队赶赴受灾地区组织救灾工作，确保交通和通讯应急准备；三要及时发布气象数据，密切关注天气变化情况，确保交通、通信、通讯畅通，尽快打通因灾被堵道路，恢复中断通讯；四要协调合作，各部门要及时沟通，及时通报，及时救助；五要做好后续准备工作，帮助灾区人民渡过难关，尽快恢复受灾地区的正常生活生产秩序，将灾害损失减少到最低。

1月19日　援藏干部人才选派计划协调会在成都召开。会议由中组部、人力资源和社会保障部主持召开。主要任务是：深入贯彻党的十八大精神，总结中央第五次西藏工作座谈会以来援藏工作情况，交流第六批干部人才援藏工作情况，研究部署第七批干部援藏工作。

1月23日　自治区党委办公厅、政府办公厅出台《关于建立健全重大决策社会稳定风险评估机制的实施意见》。《意见》分为九个部分：一、指导思想。二、基本原则。坚持党的领导；坚持执政为民；坚持实事求是；坚持依法开展；坚持双重评估。三、评估范围。重大决策；重大活动；重大项目。四、评估内容。合法性评估；合理性评估；可行性评估；安全性评估；可控性评估。五、评估主体。六、评估程序。充分听取意见；全面分析论证；确定风险等级；提出评估报告。七、评估结果运用和决策实施跟踪。八、责任追究。九、组织领导。

1月29日　自治区党委与新一届自治区人大、政府、政协、两院领导班子成员进行座谈。会议强调，要在以习近平同志为总书记的党中央坚强领导下，高举中国特色社会主义伟大旗帜，以邓小平理论、“三个代表”重要思想、科学发展观为指导，认真贯彻落实党的十八大精神，以换届为新的起点、新的动力，同心同德、实干兴藏，强化八种意识，务实为民清廉，奋力推进西藏跨越式发展和长治久安。一要增强政治意识。二要增强大局意识。三要增强团结意识。四要增强敬业意识。五要增强稳定意识。六要增强发展意识。七要增强原则意识。八要增强廉洁意识。

1月31日　自治区政府在拉萨召开第一次全体会议。会议指出，必须紧紧咬住全面建成小康社会这个目标不放松，突出抓好五个方面的工作。一要打牢农牧业和基础设施两个基础，深入破解“三农”这一重大课题，超常规推进基础设施建设，打牢发展基础；二要突出特色产业和生态文明建设两个重点，做大做强做精旅游服务等特色支柱产业，着眼长远，立足现实，全面实施西藏国家生态安全屏障系统工程；三要加强民生改善和基本公共服务两个保障，突出抓好社会就业、社会保障、扶贫开发、优先发展教育、健全医疗卫生体系、实施文化惠民；四要提升改革开放水平和用好用足对口支援两个动力，按照“五放”要求，加大招商引资力度，大力发展非公经济，用足用活用够中央给予的特殊优惠政策；五要强化科技和人才两个支撑，紧密结合西藏实际，大力实施科教兴藏战略和人才强区战略。

1 月 31 日　自治区人民政府出台工作规则。为提高政府工作效能，全面履行政府职能，依照宪法和有关法律、中央“八项规定”、《国务院工作规则》和自治区党委“约法十章”，自治区人民政府第一次全体会议通过《西藏自治区人民政府工作规则》。《规则》对自治区人民政府组织领导、科学决策、执行落实、公文办理、纪律监督作了明确规定。

2 月 14 日　自治区政府在拉萨召开专题会议，研究部署拉萨周边及拉萨河下游流域绿化工作，并对全区植树造林工作进行部署。会议要求，要科学制定拉萨河下游流域植树造林 10 年规划，成立专门的规划协调机构，动员党政军警民全员参与，确保拉萨和其他中心城镇及其周边先绿起来，确保西藏的天更蓝、水更清、山更绿。会议要求，一要全面动员，迅速行动，让拉萨和其他中心城镇周边先绿起来；二要加强配合，统筹协调，切实形成大规模植树造林的强大合力；三要分片负责，落实责任，保质、保量、保时完成今年植树造林任务；四要加强保护，促进开发，实现森林面积和蓄积量“双增长”、林业综合效益和农牧民收入“双提高”，促进生态保护和经济建设协调发展、环境优化和民生改善同步提升。

2月20日 自治区党委农村工作领导小组在拉萨召开专题会议，研究部署防灾减灾、春耕备耕等工作。会议强调，要扎实做好春季农牧业工作。一要认真贯彻落实各项强农惠农政策，确保青稞等主要农作物种植面积不减少、产量不降低，确保主要农产品有效供给；二要组织农牧民积造农家肥、平整土地、改造低产田，确保全区标准化生产和高产创建示范面积100万亩的目标顺利实现；三要及早做好春耕春播的农资准备，坚决打击假种子、假化肥等坑农害农的不法行为，确保农资市场安全，加强田间管理，确保作物长势良好；四要狠抓动物疫病防控，扎实开展春季牲畜集中免疫；五要不断强化农业科技支撑，加快农牧业科技进步和创新，提高农牧业科技贡献率。向巴平措强调，要扎实做好防灾减灾工作。一要重点做好阿里、日喀则等地的抗雪救灾工作；二要加强以农田水利为重点的农业基础设施建设，夯实农牧业抗灾减灾基础；三要强化农村公共安全保障，提高防灾减灾能力；四要加强用火安全，做好森林草原防火工作。

2月25日 全区老干部工作会议在拉萨召开。会议要求，一要加强老干部思想政治建设；二要切实加强老干部党组织建设；三要抓好老干部政治、生活待遇的落实；四要强化老干部服务管理措施；五要发挥好老干部不可替代的政治优势、经验优势、威望优势，积极为他们发挥余热创造条件。各级党委、政府要高度重视、加强领导；各级老干部工作部门要进一步加强队伍建设，突出主体、强化职能；各级相关部门要分工负责，强化合力，加大支持保障力度，为做好老干部工作提供坚强保证。

3月5日 自治区在林芝地区召开金融政策服务座谈会，要求各级政府和金融业的各相关部门、市场主体要充分认识金融在促进经济社会发展中的重要地位和作用，加快实现金融业长足发展；要全面落实中央第五次西藏工作座谈会确定的特殊优惠金融政策；加快金融服务体系建设，力争到“十二五”末在全区实现“乡乡有金融网点，村村有金融服务”；要和当地实际结合，不断创新金融服务；要紧紧围绕中心工作，充分发挥金融作用，进一步加强基础设施建设，增强企业造血功能，有效促进经济社会可持续发展；要切实改善金融环境，提升金融业地位，形成政府与金融业、企业和全社会的良性互动；要强化金融政策与投资、财税、产业、就业政策之间的协调配合，逐步形成统筹协调机制，发挥好政策联动作用。

3月10日 自治区党委、人民政府出台《关于建设美丽西藏的意见》。《意见》分为三个部分：一、总体要求。二、主要任务。优化空间开发格局；构建生态安全屏障；推进资源可持续利用；大力发展生态经济；改善人居环境；切实保障环境安全；推进生态文化建设；提升生态保护能力。三、组织保障。加强领导；加大投入；严格执法；完善机制；加强监督。

3月27日 自治区主席白玛赤林在拉萨发表电视讲话。白玛赤林在讲话中指出，54年来，在中国共产党的正确领导下，在党中央的亲切关怀和全国人民的大力援助下，西藏各族人民在社会主义康庄大道上团结奋斗、阔步前进，各项事业取得了举世瞩目的伟大成就，创造了短短几十年跨越上千年的人间奇迹。西藏各族人民从新旧西藏的巨大对比中深刻体会到，没有共产党就没有社会主义新西藏，就没有西藏各族人民幸福美好的新生活。只有坚持中国共产党的领导，坚持中国特色社会主义道路，坚持社会主义制度，坚持民族区域自治制度，西藏才会有繁荣进步的今天和更加美好的未来。讲话号召，一定要始终高举中国特色社会主义伟大旗帜，坚持以邓小平理论、“三个代表”重要思想、科学发展观为指导，坚定不移走有中国特色、西藏特点的发展路子，紧紧围绕党中央明确的“一个中心”“两件大事”“四个确保”，进一步打牢农牧业和基础设施两个基础，突出特色产业和生态文明建设两个重点，强化民生改善和基本公共服务两个保障，增强改革开放和对口支援两个动力，强化科技和人才两个支撑，高举维护社会稳定、维护社会主义法制、维护人民群众根本利益、维护祖国统一、维护民族团结的旗帜，推进西藏跨越式发展和长治久安，为建设富裕西藏、和谐西藏、幸福西藏、法治西藏、文明西藏、美丽西藏而努力奋斗。

3月29日—4月4日　中国黄金集团甲玛矿区发生山体滑坡，自治区全力开展灾害救援。位于中国黄金集团华泰龙公司甲玛矿区内的墨竹工卡县扎西岗乡斯布村普朗沟泽日山发生山体自然滑坡，滑坡长3公里，滑坡量约200余万方。据初步统计，83名工人（藏族2名，其余均为汉族、多为云贵川等区外职工）被埋。灾害发生后，区、市、县主要领导高度重视，于第一时间赶赴现场，同时启动应急预案，组织公安、消防、民兵、医务等救援人员1000余名，调集各种车辆和大型装备200余台、搜救犬15条、雷达生命探测仪15台参与现场搜救。自治区主要负责同志深入到海拔4600米的滑坡现场，现场指挥救援。并要求，要认真贯彻习近平总书记、李克强总理等中央领导同志的重要指示精神，全力做好救援工作。要把救人放在第一位，不惜一切代价搜救被埋人员；要保证道路畅通，为救援创造条件、赢得时间；医务人员在现场全时待命，确保搜救出的伤员及时得到救治；要科学组织救援，坚决避免救援人员伤亡；组织有关部门对周围环境进行评估，严防次生灾害发生；深入细致地做好被困人员家属工作，妥善处理善后；落实各项维稳措施，确保社会大局和谐稳定。31日，十二届全国人大常委会副委员长、自治区党委副书记向巴平措来到拉萨市墨竹工卡县扎西岗乡斯布村普朗沟“3·29”山体滑坡自然灾害救援现场，转达中共中央政治局常委、全国人大常委会委员长张德江对被困和遇难职工家属的诚挚慰问，实地察看搜救工作开展情况，看望参加救援的各方人员。4 月 2 日，自治区党委转达中共中央总书记、国家主席、中央军委主席习近平，中共中央政治局常委、国务院总理李克强等中央领导同志对家属的慰问和对遇难者的哀悼。

4 月 10 日 西藏构建农牧区医疗急救体系。自治区卫生厅向全区 28 个县级医疗机构交付 28 辆救护医疗专用车和车载急救设备，这些车辆和设备将构筑起农牧区“120”急救体系，为农牧区群众提供便捷、及时的医疗急救服务。

4 月 18 日 西藏“百幅唐卡工程”顺利实施。“百幅唐卡工程”实施近一年来，西藏民间唐卡画师和学院派画家以最严谨的画风投入“百幅唐卡工程”的创作中，认真实践“惟唐、惟新、惟美”的要求，严格遵循传统唐卡绘画技巧，并在构思写实等方面大胆创新，确保“工程”进度的同时，不断创作出唐卡精品。“百幅唐卡工程”以西藏和平解放 60 年来波澜壮阔的革命、建设、改革的历史进程和西藏翻天覆地的历史巨变为主题，第一期将创作 100 幅反映西藏和平解放 60 年重要历史人物、重大历史事件、重大历史场景和重大历史变化的经典唐卡作品。

4 月 21 日 《文成公主》大型实景剧首演誓师大会在拉萨举行。大会就《文成公主》大型实景剧的场地建设和演出等提出了具体要求：参与活动的各方面要树立抓好《文成公主》实景剧演出的使命感，《文成公主》实景剧是 2013 年区、市党委、政府重点关注的一号工程，得到了区、市各级领导和自治区各厅局以及市直各单位部门的大力支持，要把《文成公主》实景剧项目打造成西藏文化名片、国家优秀传统文化名片。

5 月 2 日 西藏上市公司已达到 11 家。据《西藏日报》报道，自

1995 年西藏第一家公司西藏明珠上市至今，西藏上市公司已达到 11 家，上市公司总市值 572.34 亿元，约占西藏自治区 2012 年 GDP 的 81.65%，资本市场正成为西藏经济发展的新引擎。

5 月 16 日 自治区党委办公厅、政府办公厅出台《关于开展“先进双联户”创建评选活动的意见》。《意见》指出，为深入贯彻落实党的十八大精神，落实习近平总书记“治国必治边、治边先稳藏”的战略思想，落实俞正声主席“长期建藏”的指示精神，落实中央以为民务实清廉为主要内容的群众路线教育实践活动及关于加强和创新社会管理的部署要求，延伸拓展城镇网格化管理，丰富平安创建载体，进一步打牢社会和谐稳定根基，自治区党委、政府决定在全区开展先进“联户平安、联户增收”创建评选活动。创建评选标准是爱党爱国、遵规守法、团结和睦、共同富裕、文明向上、环境整洁。创建方式是党委、政府引导，社区（村）积极组织，党员干部带头，群众积极参与。

5 月 20 日 自治区政府在拉萨召开常务会议，讨论并原则通过《日喀则历史文化名城保护规划（2012—2020）》和《江孜历史文化名城保护规划（2012—2020）》。两个名城规划，建立历史文化名城、历史文化街区、文物保护单位三个保护层次，并增加了市县域、历史建筑以及非物质文化遗产三个部分。

5 月 21 日 胡春华在广州接见林芝地区党政代表团。中共中央政治局委员、广东省委书记胡春华指出，广东省委、省政府历来高度重视援藏工作，在各省的对口支援中，广东一直走在前列，在下一步工作中，广东省将继续做好对口支援工作。广东省第六批援藏工作队成绩显著，要再接再厉认真做好收尾工作，衔接好第七批援藏工作。胡春华表示，广东对林芝的支持只会加强不会削弱。对计划内人员选派工作，广东省将根据中央的总体要求和林芝地区的需要，加快制定选派方案；对计划外的人才选派工作，广东省将给予大力支持。

5月21日　自治区党委、政府召开民族团结进步模范表彰大会。会议深入贯彻落实党的十八大精神，认真贯彻落实习近平总书记参加十二届全国人大一次会议西藏代表团审议时的重要讲话精神，贯彻落实俞正声主席在中央西藏工作协调小组会议上的重要讲话精神，对全区民族团结进步创建评选活动进行总结表彰，对推进全区民族团结进步事业进行再动员、再部署。

5月21日　拉日铁路与青藏铁路实现轨道对接。连接西藏自治区首府拉萨市和西藏第二大城市日喀则的拉日铁路，是世界海拔最高的青藏铁路的延伸线，于2010年开工建设，线路总长253公里，其间须穿越近90公里的雅鲁藏布大峡谷。拉日铁路建成后，将彻底改变以日喀则为中心的西藏西南部地区依靠公路运输的单一局面，极大改善这些地区交通运输条件和投资环境，降低物流成本，促进经济社会加快发展。

5月23日　拉萨至林芝高等级公路建设项目正式开工。该工程项目是西藏“十二五”226个重点项目之一，也是自治区公路超常规、跨越式发展战略的重要项目之一。公路起于林芝地区八一镇，经林芝、拉萨两地，四县、十余个乡镇，止于拉萨市柳梧新区，全长约409.2公里，估算静态总投资380亿元。公路等级为一级，设计速度每小时80公里，双向4车道，预计三年内建成通车。

6月5日　自治区党委、人民政府出台《关于加快民政事业发展的意见》。《意见》分为八个部分：一、深刻认识和准确把握推进民政事业加快发展的重要意义、指导思想和主要目标。二、充分发挥民政保证和改善民生的保底作用。健全完善社会救助体系；加强减灾救灾能力建设；加快发展社会福利事业；促进公益慈善事业健康发展。三、努力发挥民政在加强和创新社会管理中的基础作用。深化基层群众自治实践；健全社区服务管理体系；推进社会组织健康发展；推进社会工作职业制度建设。四、大力发挥民政服务国防和军队建设的支持作用。推进优抚政策和军休服务管理工作的完善和落实；推进退役士兵安置改革；推动双拥工作创新发展。五、积极发挥民政提供和强化社会服务的支撑作用。加快推进地改市、县改市步伐；加强地名和界限管理工作；强化社会事务管理。六、加快推进民政公共服务设施建设。提高民政公共服务设施现代化水平；完善和落实优惠政策。七、切实加强民政机构和队伍建设。加强基层民政机构建设；加强社会工作人才队伍建设；加强民政理论研究和干部培训；加强民政信息化建设。八、健全完善民政事业投入与保障机制。九、加强对民政工作的组织领导。

6月9日　自治区党委出台《关于深入贯彻落实习近平总书记参加十二届全国人大一次会议西藏代表团审议时重要讲话精神推进跨越式发展和长治久安的意见》。《意见》指出，要认识重大意义，领会精神实质，统一思想认识。明确发展思路，用好优惠政策，抓好项目建设，强化基础设施，发展特色产业，壮大民营经济，深化改革开放，推进生态保护，完善重点规划。改善农牧区条件，实施好城镇安居工程和拉萨供暖工程，努力扩大就业，控制物价水平，健全社会保障体系，优先发展教育，强化医疗保障，促进文化惠民，推进扶贫开发，抓好防灾减灾和安全生产。全面贯彻党的民族政策，推进民族团结宣传教育活动，做好境外藏胞工作。坚持稳定压倒一切，深化干部驻村工作，加强和创新寺庙管理，做好宗教领域工作，提升城镇网格化管理水平，积极开展“先进双联户”创建评选活动，强化重点地区、重点部位、重点领域的管控，加强社会治安综合治理，强化新兴媒体管理和意识形态领域安全，坚决开展反自焚专项斗争，健全完善维稳工作机制，大力支持国防建设。强化思想信念教育，建设执政骨干队伍，加强基层党建工作，着力改进工作作风，抓好主题实践活动。

6 月 14 日　自治区党委办公厅出台《关于深化“中国梦”宣传教育工作的意见》。《意见》指出，要紧密联系全区发展稳定和各族干部群众的思想实际，深入宣传实现“中国梦”的重大意义、基本内容、本质属性、实现路径和实践要求，用“中国梦”凝聚共识、振奋精神、鼓舞斗志，不断增强全区各族人民对伟大祖国、中华民族、中华文化和中国特色社会主义道路的认同，进一步坚定对中国特色社会主义的道路自信、理论自信、制度自信，牢记“空谈误国，实干兴邦”，积极进取，奋发有为，为建设富裕和谐幸福法治文明美丽西藏提供强大的精神力量。重点工作是深化理论武装，提供强大支撑；深化主题教育，打牢思想基础；深化媒体宣传，壮大舆论声势；深化社会宣传，确保人人皆知；深化文艺宣传，营造文化氛围；深化对外宣传，讲好“中国梦”西藏故事。

6 月 19 日　自治区政府在拉萨召开常务会议，听取全区生态环境安全大排查情况汇报。会议指出，全区环境保护部门认真贯彻落实中央和区党委、政府关于加强生态环境保护工作的一系列重要指示精神，严格履职，尽职尽责，环境能力建设取得了阶段性重要成果，环境监管力度明显加大，全社会生态环境保护意识明显增强，全区生态环境始终保持了良好状态，西藏是全国环境状况最好的地区之一，环境保护工作成效显著。

6 月 27 日　自治区党委办公厅、政府办公厅印发《关于加强援藏干部和人才管理工作的意见》。《意见》指出，要按照以人为本理念，认真总结经验、积极改革创新，建立健全有利于援藏干部和人才健康成长的管理机制，不断完善有利于援藏干部和人才发挥作用的政策措施，切实做到政治上充分信任、工作上大力支持、生活上热情关心、管理上严格要求，为援藏干部和人才干事创业创造良好环境。加强政治教育，强化业务培训，严格日常管理，科学规范考核，健全管理机制，落实政策待遇，大力宣传表彰，切实关心关爱，落实领导责任，建立长效机制。

6月29日 全区维护稳定工作电视电话会议在拉萨召开。会议强调，要认真贯彻落实习近平总书记的重要讲话精神，进一步把维稳工作做深做细做实，努力实现全区持续稳定、长期稳定、全面稳定。会议指出，全区上下要认真贯彻落实习近平总书记“治国必治边、治边先稳藏”的重要战略思想，进一步提高认识、统一思想、强化措施、落实责任，确保社会大局和谐稳定，让以习近平同志为总书记的党中央放心、造福全区各族人民。

7月1日 自治区预防腐败局挂牌成立。自治区预防腐败局主要负责全区预防腐败工作的组织协调、综合规划、政策制定、检查指导；组织协调全区惩治和预防腐败体系建设；组织开展廉政风险防控方面的工作；协调指导全区党政机关、企事业单位、社会团体、中介机构和其他社会组织防治腐败工作；协调指导全区治理商业贿赂工作；负责预防腐败工作的对外交流与合作。

7月2日 自治区党委、人民政府出台《关于认真贯彻深化平安中国建设工作会议精神推进平安西藏建设的意见》。《意见》指出，紧密结合西藏反分裂斗争和维稳工作实际，紧紧围绕到2020年同全国一道全面建成小康社会的奋斗目标，把人民群众对平安西藏建设的要求作为努力方向，坚持源头治理、系统治理、综合治理、依法治理，把握规律、创新机制，加强源头性、基础性工作，善于运用民意导向、法治思维、科技信息化手段，善于统筹各方面力量，着力解决影响社会和谐稳定的突出问题，不断提高平安西藏建设的能力和水平，为建设富裕和谐幸福法治文明美丽的社会主义新西藏提供坚强保障。深化干部驻村工作，加强和创新寺庙管理，提升城镇网格化管理水平，巩固发展民族团结，加强重点地区、重点部位、重点领域的管控，坚决打赢反自焚专项斗争，加强社会治安综合治理，加强互联网等新兴媒体管理，深入细致地做好群众工作，加强基层基础工作。

7月6日 自治区党委出台《关于在全区深入开展党的群众路线教育实践活动的实施意见》。《意见》指出，要高举中国特色社会主义伟大旗帜，坚持以马克思列宁主义、毛泽东思想、邓小平理论、“三个代表”重要思想、科学发展观为指导，紧紧围绕保持党的先进性和纯洁性，贯彻“照镜子、正衣冠、洗洗澡、治治病”的总要求，以为民务实清廉为主要内容，以县处级以上领导机关、领导班子和领导干部为重点，切实加强对全体党员马克思主义群众观点和党的群众路线教育，切实加强社会主义核心价值观、民族团结进步、反分裂斗争、“老西藏精神”教育，把贯彻落实中央八项规定、自治区党委“约法十章”和“九项要求”作为切入点，进一步加强作风建设，着力解决人民群众反映强烈的突出问题，提高做好新形势下群众工作的能力，保持党同人民群众的血肉联系，发挥党密切联系群众的优势，为推动西藏跨越式发展和长治久安提供坚强保证，为实现中华民族伟大复兴的中国梦凝聚力量。活动的基本原则是坚持正面教育为主，坚持批评与自我批评，坚持开门搞活动，坚持分类指导，坚持领导带头，坚持突出实践特色。

7月15日—16日 自治区妇女第九次代表大会在拉萨召开。会议选举产生了自治区妇联新一届领导班子。自治区党委、全国妇联负责同志分别致辞。会议强调，一要坚定不移跟党走中国特色社会主义道路，用中国梦凝聚各族妇女团结奋进的力量；二要紧紧围绕“六个西藏”建设目标，充分发挥妇女“半边天”作用；三要认真贯彻落实男女平等基本国策，努力维护好、实现好、发展好各族妇女的合法权益；四要以改革创新的精神加强妇联组织自身建设，不断提高建设“坚强阵地”和“温馨之家”的水平。

7月17日 自治区政府在拉萨举行民营企业发展专题学习会，邀请专家作了《从新希望的发展看中国市场经济与民营企业的变迁》专题讲座。讲座紧扣我国改革开放的时代步伐，通过对新希望集团创业、起步、壮大的发展历程的系统回顾，深刻阐述了民营企业只有紧扣市场经济发展脉搏，依靠改革开放政策，依靠市场机制，依靠自我创新，依靠艰苦创业、诚信经营，才能不断茁壮成长的深刻道理。

7月20日 自治区在拉萨召开“老西藏精神”座谈会。会议指出，“老西藏精神”是我党我军优良传统与西藏革命建设伟大实践相结合的产物，是驻藏部队几代官兵同西藏各族人民一道前仆后继、百折不挠、英勇奋斗凝结而成的宝贵精神财富。全区各级党组织和党员干部一定要深刻领会“老西藏精神”的丰富内涵和精神实质，内化为做好本职工作的自觉行动，切实转变工作作风，艰苦奋斗、求真务实，把服务群众、造福百姓作为最大责任，扎根西藏、奉献西藏、建设西藏。大力弘扬“老西藏精神”，一要坚定政治立场；二要践行全心全意为人民服务的宗旨；三要立足岗位作奉献；四要把教育实践活动抓好抓实。离退休省级老领导代表、劳模代表、十八军老同志代表、党外人士代表、大学生代表、城关区居民代表结合亲身经历，从不同角度、不同侧面畅谈对“老西藏精神”的理解、感受和体会。

7月21日 自治区研究出台惠民新举措。经自治区人民政府第九次常务会议研究决定，实施六项惠民举措：一是调整城镇居民基本医疗保险大额医疗费商业补充保险保费、报销比例和年最高支付限额。二是启动出生缺陷一级干预项目。三是实施寺庙僧尼宿舍维修改造工程。四是提高良种补贴标准。五是扩大扶贫贴息贷款受益面和覆盖面。六是推进高海拔地区中小学澡堂建设。

7月27日 西藏自治区人民政府与青海省人民政府在格尔木举行《建设格尔木藏青工业园合作框架协议》签署仪式。双方表示，两省区将密切配合、通力协作，认真做好规划，切实建好园区，全力实施好项目，服务好企业，早出成果、早出效益，互利共赢、共同发展，造福两省区各族人民。

8月1日—6日 俞正声在西藏调研。中共中央政治局常委、全国政协主席俞正声深入西藏农牧区、社区、机关、企业、寺庙、医院、学校、福利院、便民警务站进行考察调研，并发表讲话。他强调，要认真贯彻落实中央关于西藏工作的一系列方针政策，树立依法治藏、长期建藏思想，坚持走有中国特色、西藏特点的发展路子，促进西藏经济社会跨越式发展和长治久安，把建设社会主义新西藏事业不断推向前进。

8月1日 西藏大学成功获批为博士学位授予单位。经国务院学位委员会第三十次会议审议批准，西藏大学获批为博士学位授予单位，民族学、中国语言文学、生态学获批为一级学科博士授权点。西藏大学本次获批为博士学位授予单位，成功实现了博士学位授予单位和一级学科博士点零的突破，形成了“本、硕、博”完整的多层次高等教育人才培养体系，填补了西藏高等教育史上博士研究生培养的空白。

8月5日 中国光彩事业西藏行大会在拉萨举行。中央统战部、全国工商联、中国光彩事业促进会及全国30个省市600多位企业家，与自治区政府共商合作发展大计。中国光彩事业西藏行共签署协议项目229个，投资总额3613.07亿元，其中落地项目131个，投资总额2393.29亿元。此次活动规模之大、参与的企业家人数之多、签订的投资项目合作协议资金总额之大前所未有。同日，中国光彩事业西藏行西藏特色产品展示会、项目对接活动在拉萨罗布林卡举行。中央统战部、全国工商联、中国光彩事业促进会及全国30多个省市的600多位企业家和来自全区七地市的100多家企业参加。

8月12日—9月14日 昌都发生6.1级地震，自治区领导高度重视，多次作出批示。12日5时23分，昌都地区左贡县发生6.1级地震，这是近十年来昌都地区境内震级最大的地震。全地区11个县均有震感，其中左贡、芒康、察雅、八宿、贡觉5县灾情严重。自治区党委、政府主要负责同志及时作出批示，要求自治区有关部门和昌都地区全力做好各项应对响应，全力搜救遇险群众，保障灾区群众生产生活，最新情况随时上报，灾情扩大后自治区要随时响应。13日，自治区党委召开常委（扩大）会议，研究部署昌都地区左贡县6.1级地震抗震救灾工作。同日，自治区政府召开专题会议，部署"8·12"昌都地震抢险救灾工作。会议要求，自治区政府各部门要按照自治区党委常委（扩大）会议对抢险救灾工作的部署和要求，视灾情为命令，抢时间抓好抢险救灾工作，以抢救人民生命财产为重中之重，坚决防止次生灾害的发生。29日，自治区政府召开常务会，研究部署昌都"8·12"地震受灾群众安置和灾后恢复重建工作，会议原则通过《昌都"8·12"地震受灾群众过渡性安置和灾后恢复重建有关政策意见》，确定成立自治区昌都"8·12"地震灾后恢复重建领导小组，决定启动灾区群众过渡性安置和灾后恢复重建工作。同时，会议决定，按照自治区有关文件精神，连续12个月，为过渡性安置的受灾群众每人每月发放300元生活补助。9月2日，自治区召开昌都"8·12"地震抗震救灾电视电话会议，会议对地震发生以来的抗震救灾工作进行阶段性小结，重点对地震受灾群众过渡性安置以及灾后恢复重建工作进行再安排再部署。

8月18日—25日　全国政协民族和宗教委员会调研组在昌都、拉萨、山南等地就引导藏传佛教与社会主义社会相适应进行专题调研。在藏期间，调研组一行听取了自治区工作汇报，对西藏经济社会发展取得的显著成绩给予充分肯定。调研组指出，近年来，自治区党委、政府团结带领全区各族人民，坚持以邓小平理论、"三个代表"重要思想、科学发展观为指导，认真贯彻落实中央关于西藏工作的指导方针和决策部署，紧密结合西藏实际，创造性地开展工作，实现了经济快速发展，民生极大改善，社会和谐稳定，民族团结巩固，人民安居乐业，优秀民族文化得到传承发扬，引导藏传佛教与社会主义社会相适应工作迈出了重大步伐。

8月21日 世界上穿越地质结构最复杂、最具建设挑战性的高原超高压交流输变电工程——川藏联网工程暨巴塘500千伏变电站奠基。中共中央政治局常委、全国政协主席俞正声对工程建设作出批示。俞正声在批示中指出，川藏联网工程施工条件差，任务艰巨，但对昌都地区发展和民生改善意义重大。施工中务必做到安全第一，进度、投资服从安全。希望西藏、四川两省区全力支持工程建设，并认真做好群众工作，使工程既是造福群众的项目，又是各族群众衷心拥护和支持的大事，要高标准、高质量建成。

8月31日 自治区党委书记吴英杰在拉萨会见第十一世班禅额尔德尼·确吉杰布。吴英杰指出，第十一世班禅额尔德尼·确吉杰布坐床以来，在党中央、国务院的亲切关怀下，在自治区历届党委、政府的关心重视下，在藏传佛教界各位高僧大德和教师悉心指导下，刻苦学习和修行，佛学造诣、文化素养不断提高，爱国爱教、遵规持戒、谦虚平和、庄严得体，展现出藏传佛教大活佛的良好风范。

9月14日 自治区党委、人民政府向习近平上报《关于认真学习贯彻习近平总书记重要批示精神切实加强西藏生态环境保护的情况报告》。报告指出，习近平总书记始终高度重视西藏的生态环境保护与建设，今年全国“两会”期间作出重要批示，强调西藏是“世界第三极”“世界上最后一方净土”，一定要精心呵护，处理好即期发展与长远发展的关系、经济发展与环境保护的关系。这次总书记又作出“贯彻落实‘生态保护第一、尊重群众意愿’的原则”的重要批示，虽然是对青海省作出的重要批示，但对西藏也有很强的针对性、指导性和现实意义。通过学习总书记的重要批示和指示精神，大家一致认为，西藏生态资源极其丰富、生态环境很好，但又非常脆弱，一旦遭到破坏，就意味着自治区党委、政府的严重失职，也就对不起以习近平同志为总书记的党中央、对不起全国各族人民、对不起子孙后代。

10 月 18 日—19 日 自治区党委召开教育实践活动专题民主生活会。根据中央统一部署和自治区党的群众路线教育实践活动总体安排，自治区党委常委会集中两天时间召开党的群众路线教育实践活动专题民主生活会。党的群众路线教育实践活动开展以来，自治区党委认真按照中央部署要求，坚决贯彻落实习近平总书记等中央领导同志的一系列重要讲话精神，把搞好教育实践活动作为重大政治任务来抓，作为贯彻落实习近平总书记“治国必治边、治边先稳藏”重要战略思想和俞正声主席“依法治藏、长期建藏”的指示精神，推动西藏跨越式发展和长治久安的有利契机来抓，高度重视、周密组织、立足实际、精心部署、强化措施、狠抓落实，整个活动开局顺利、推进有序，各项工作扎实有效、有声有色，活动取得了重要的阶段性成果。

10 月 22 日 国务院新闻办公室发布《西藏的发展与进步》白皮书。白皮书分为前言、西藏发展进步是历史的必然、经济发展与民生改善、政治进步与人民当家作主、文化保护和宗教信仰自由、社会变迁与各项事业的发展、环境保护与生态文明建设七部分内容。自治区政府主要负责同志就《西藏的发展与进步》白皮书发表接受中央电视台、西藏日报社、西藏广播电台、西藏电视台等区内外媒体联合采访。

10 月 25 日 《西藏自治区环境保护考核办法（试行）》出台。据《西藏日报》报道，经自治区政府批准，自治区政府办公厅近日印发《西藏自治区环境保护考核办法（试行）》的通知。通知指出，党中央、国务院历来高度重视西藏生态环境保护工作，把西藏确定为国家重要的生态安全屏障。自治区党委、政府将生态环境保护作为全区工作的“三条底线”之一，多次进行研究部署，提出新的更高、更严的要求。制定和实施《办法》，是全区贯彻落实中央关于西藏工作指导思想的具体体现，是新形势下加强西藏生态环境保护的一项重大举措，对推进生态文明、建设美丽西藏具有重要意义。《办法》分总则、考核等级、考核方式、奖励与惩罚、附则，共五章二十条。《办法》规定，环境保护考核结果等级分为优秀、良好、合格等。其中，合格等级的评定条件，包括主要水体水质、县城建成区空气质量、林地或草地覆盖率、主要污染物减排、项目环评执行率、饮用水水源保护、污染防治、环境综合整治、城镇生活垃圾处理、产业政策执行、环保法律法规宣传贯彻等 12 个方面。

10 月 31 日　自治区党委办公厅出台《关于进一步加强驻村驻寺干部管理的意见》。《意见》指出，坚持把驻村驻寺干部作为培养干部、锻炼干部、发现干部、用好干部的重要载体、重要平台、重要方式、重要途径，进一步加大选派优秀干部驻村驻寺工作力度，加强跟踪管理，健全奖惩机制，大力提拔使用优秀驻村驻寺干部，广大驻村驻寺干部要安下心、扑下身、扎下根，认真履职尽责，保质保量完成区党委关于深化干部驻村驻寺工作的部署要求，为建设富裕和谐幸福法治文明美丽社会主义新西藏作出更大贡献。

10 月 31 日　西藏墨脱公路正式建成通车。全长约 117 公里、总投资近 16 亿元的墨脱公路正式建成通车，全县 1.2 万多人告别了不通公路的历史，墨脱作为最后通公路的县正式纳入全国公路交通版图。

11 月 11 日　《西藏十大惠民举措明白书》广受好评。自治区党委宣传部创新推进理论大众化的方式，首次以理论热点面对面的形式，组织编写了《惠在何处惠从何来——西藏十大惠民举措明白书》。该书紧紧围绕各族干部群众普遍关注的住有所居、八到农家、稳控物价、就业措施、社会保障、教育优先、医疗卫生、便民警务、强基惠民、和谐寺庙十个方面的问题，从理论、政策和现实的角度进行系统深入的解读。用通俗易懂的语言，深入浅出，使人们在全面了解掌握党和政府保障和改善民生政策措施的基础上，深切感知党和政府亲民、为民情怀，更加懂得惠在何处、惠从何来。

11 月 19 日　自治区党委在拉萨召开常委会议，研究部署驻村工作。会议指出，在全区广泛开展驻村工作，符合以习近平同志为核心的党中央一系列决策要求、特别是在全党开展党的群众路线教育实践活动的安排部署，有力地促进了全区经济又好又快发展和社会大局和谐稳定，普遍惠及了各族人民群众、把实事好事办到了人民群众心坎上，为培养干部、选拔干部、锻炼干部创造了好的平台和载体。两年多的驻村工作实践充分证明，自治区党委、政府开展驻村工作的决策部署是符合西藏实际、完全正确的。

12 月 4 日　自治区党委办公厅印发《西藏自治区发展党员和党员管理工作实施办法》。为深入贯彻落实党的十八大和十八届三中全会精神，保持党的先进性和纯洁性，根据《中国共产党章程》和《中共中央办公厅印发〈关于加强新形势下发展党员和党员管理工作的意见〉的通知》精神，结合西藏实际，制定该办法。《办法》指出，严格按照党章规定的标准发展党员，突出先进性，把政治标准放在首位。着重考察入党积极分子和发展对象在反分裂斗争中的现实表象，重点考察入党积极分子和发展对象在反分裂的斗争中的现实表现。

12 月 14 日　自治区党委常委会传达学习中央城镇化工作会议精神，研究部署西藏贯彻落实意见。会议强调，全区各级各部门要把思想和行动统一到中央的决策部署上来，紧密结合西藏实际，科学有序、积极稳妥地推进全区城镇化建设。一要认清区情；二要突出特点；三要规划先行；四要保护环境；五要完善设施；六要产业引导；七要稳妥推进。

12月29日 自治区在拉萨召开全区“先进双联户”创建活动表彰大会。会议强调，开展创建活动，关系全区发展稳定大局、关系全面建成小康社会、关系千家万户福祉。要进一步加大工作力度、完善工作措施，推动活动扎实开展、取得更大成效。着力抓好“十联”：一是矛盾纠纷要联排联调；二是安全隐患要联防联控；三是重点人员要联管联教；四是困难家庭要联帮联扶；五是环境卫生要联管联治；六是精神文化要联娱联扬；七是科技知识要联学联教；八是小额信贷要联保联担；九是致富项目要联建联营；十是发展成果要联创联享。

12月30日 自治区党委出台《关于贯彻落实〈中共中央关于全面深化改革若干重大问题的决定〉的实施意见》。《意见》指出，紧紧围绕党中央明确的“一个中心”“两件大事”“四个确保”，坚定信心、凝聚共识，统筹谋划、协同推进，坚持走中国特色、西藏特点的发展路子，坚持社会主义市场经济改革方向，以促进社会公平正义、增进人民福祉为出发点和落脚点，进一步解放思想、解放和发展社会生产力、解放和增强社会活力，坚决破除各方面体制机制弊端，不断开创科学发展、和谐稳定、民生改善、民族团结、宗教和睦、文化繁荣、生态文明、党的建设的新局面。

12月31日 西藏党员人数达27万。自治区党委组织部最新公布数据显示，截至2013年底，西藏基层党组织达到14865个，党员人数达到27万余名，其中农牧民党员13万余名，占党员总数的49%。西藏80%的人口生活在农牧区，近些年来，西藏通过实施“一村一支部”“一社区一支部”工程，使西藏5464个村（社区）全部单独建立了党组织，实现了党组织在农村社区的全覆盖。并且还在“双联户”、农牧民专业合作组织、专业协会、产业链、外出务工经商人员集中地建立了党组织。

二〇一四年

1月1日 西藏实施县域环保考核工作。从2014年开始，西藏坚持“生态保护第一”的原则，每年拿出1亿元专项资金，对全区74个县（区）级政府环境保护工作进行全面考核，并将考核结果与财政转移支付资金、领导干部提拔任用及政绩考核等挂钩。县域环境保护考核工作让全区各级各部门和广大干部树立起了“保护生态环境就是保护生产力、绿水青山就是金山银山”的理念。

1月18日 全区农村工作会议在拉萨举行。会议认真贯彻落实中央农村工作会议精神、特别是习近平总书记、李克强总理的重要讲话精神，分析全区“三农”工作面临的形势任务，部署当前和今后一个时期的农业农村工作。

1月24日 自治区党委常委会研究决定，成立自治区党委全面深化改革领导小组。

1月24日 自治区党委、人民政府出台《关于全面推进农村改革发展的意见》。《意见》指出，全面深化农村改革，构建现代农牧业经营体系，着力提升粮食和畜牧业生产能力，着力提高农牧业产业化水平，着力强化农牧区基础设施，着力改善农牧区民生，着力创新农牧区社会治理体制，推动农牧业快速发展，促进农牧民持续增收，确保农牧区和谐稳定、生态良好。

1月25日 自治区党委办公厅印发《关于开展第二批党的群众路线教育实践活动的实施方案》。

1 月 31 日 西藏籍大学生六成为农牧民子女。西藏自治区教育厅 2014 年统计数据显示，2013 年西藏高考招生农牧民子女人数超过 7900 人，占招生总人数的 60%。西藏人口约 300 万，农牧民占八成以上，现在农牧民子女考上大学的占招生总人数的六成。

2 月 21 日 自治区文联第五次代表大会、自治区作家协会第五次代表大会在拉萨召开。会议指出，一、全区第四次文代会以来取得的成绩令人鼓舞。二、深刻认识文艺工作的重要地位和作用。三、切实担负起重振西藏文艺雄风的神圣使命。

2 月 21 日 自治区党委办公厅印发《贯彻〈关于培育和践行社会主义核心价值观的意见〉的实施意见》。《意见》指出，紧紧围绕坚持和发展中国特色社会主义这一主题，紧紧围绕实现中华民族伟大复兴中国梦这一目标，紧紧围绕“三个倡导”和“爱国、团结、和谐、发展、文明”这一基本内容，坚持新时期西藏工作指导思想不动摇，坚持走中国特色、西藏特点的发展路子，注重宣传教育、示范引领、实践养成相统一，注重政策保障、制度规范、法律约束相衔接，确保社会主义核心价值观认识到位、宣传到位、普及到位、落实到位，真正成为全区各族人民的价值导向、行为准则和共同追求。

2 月 24 日 自治区政府在拉萨召开常务会议，审议并原则通过《关于调整羌塘国家级自然保护区范围和功能区的请示》《关于西藏麦地卡和玛旁雍措两处湿地由自治区级晋升国家级自然保护区的请示》《关于下发〈西藏自治区贯彻〈农村残疾人扶贫开发纲要（2011—2020 年）〉实施办法〉的请示》《西藏自治区人民政府关于深化流通体制改革加快流通产业发展的实施意见》等。

3 月 1 日 全区注册资本登记制度改革工作全面启动。改革工商登记制度、推进工商注册制度便利化是工商部门以实际行动坚持和完善基本经济制度，进一步激发市场主体活力的重要举措。

3月4日 西藏首设环保专项奖励资金。据《西藏日报》报道，西藏从今年起将对全区74个县（市、区）人民政府环境保护工作进行全面考核，并首次设立年规模为7400万元的环境保护专项奖励资金。

3月10日 俞正声在北京参加十二届全国人大二次会议西藏代表团审议。俞正声强调，要认真学习贯彻以习近平同志为总书记的党中央关于西藏工作的新指示新要求，牢记"治国必治边、治边先稳藏"的重要战略思想，坚持依法治藏、长期建藏、争取人心、夯实基础，坚持综合施策、标本兼治，努力保持西藏全面发展和持续稳定势头。

3月13日 自治区党委办公厅、政府办公厅印发《自治区省军级领导干部进一步做好联系指导县（市、区）和基层工作制度》。《制度》指出，紧紧围绕保持党的先进性和纯洁性，进一步突出作风建设，以为民务实清廉为主要内容，以密切党同人民群众的血肉联系为工作核心，把贯彻落实中央八项规定和区党委"约法十章""九项要求"精神作为切入点，着力解决人民群众反映强烈的突出问题，帮助联系点出主意、解民忧、促发展、夯基础、强党建，使基层党组织的创造力凝聚力战斗力明显增强，维护稳定的基础更加扎实牢固，勤劳致富的氛围进一步形成，城乡居民收入大幅增加，民生状况显著改善，寺庙更加和谐稳定，民族团结巩固发展，构建起城乡发展稳定的长效机制，以省军级领导干部作风建设的新成效凝聚起全区各族人民推动经济社会发展、维护社会和谐稳定的强大力量。

3月18日 川藏联网工程全面开工建设。川藏联网工程开工建设动员会召开，标志着川藏联网工程拉开了全面建设的大幕。会议在北京国家电网公司总部设主会场，在西藏昌都、四川巴塘设分会场。川藏电网联网工程是继青藏电网联网工程之后，又一条西藏电力进出"大动脉"和又一项穿越高寒、高海拔地区的重大输变电工程。工程建设对加快西藏、四川藏区资源优势转化为经济优势、推动跨越式发展和长治久安具有重要意义。川藏电网联网工程连接昌都地区和四川省甘孜州南部，途经甘孜州乡城县、巴塘县，以及昌都地区的芒康县、察雅县、昌都县、八宿县和江达县，新建巴塘、昌都两个500千伏变电站及玉龙、邦达两个220千伏变电站，工程静态投资65.06亿元，动态投资66.31亿元。

3月25日　西藏自治区和广东省召开藏粤两省区对口援藏工作座谈会。会议听取了林芝地区援藏工作和经济社会发展情况汇报，就进一步做好援藏工作进行研究部署。

3月29日　西藏自治区与四川省签署共同促进旅游业发展合作协议。据《西藏日报》报道，西藏自治区人民政府与四川省人民政府在成都签署共同促进两省区旅游业发展合作协议，积极推进川藏两省区旅游合作，联合开发大香格里拉生态旅游区，共同打造“318世界生态景观大道自驾自助游”“川藏茶马古道生态文化体验游”和“金沙江流域生态旅游走廊”等旅游线路和旅游产品。

3月30日　西藏首个大型综合性文化旅游产业项目、国家文化产业示范基地——“吞米岭·藏艺文博园”开工建设。作为拉萨市“十二五”规划重点建设项目，“吞米岭·藏艺文博园”位于达孜县境内，园区规划总占地面积2000亩，分三期建设，其中一期建设用地515亩，共分为唐卡艺术中心、西藏传统文化演艺区、画家艺术村、藏医藏药养生区、酒店配套区等八个功能区，其中唐卡艺术中心包括西藏唐卡博物馆、唐卡交易中心、唐卡研究中心、唐卡评估等。在二、三期规划中还考虑了西藏唐卡艺术学校、爱国主义教育基地、西藏传统建筑展示区、居住配套区及生活娱乐服务区等多种复合功能。

4月8日　自治区在拉萨河南岸举行义务植树活动。自治区负责同志与干部群众、部队官兵一起参加义务植树活动。

4月8日　自治区政府在拉萨召开常务会议，研究自治区人民政府职能转变和机构改革相关事宜，对当前重点工作进行安排部署。会议强调，一定要严格按照党中央、国务院的要求，积极稳妥、规范有序推进全区政府机构改革，为推动跨越式发展和长治久安，建设富裕和谐幸福法制文明美丽西藏提供体制机制保障，努力建设人民满意的服务型政府。一要严控编制管理这个关键；二要服务改革发展这个大局；三要围绕转变职能这个核心。会议强调，第二季度是项目建设的黄金季节，也是推进各项工作落实的关键阶段，要扎扎实实推进第二季度各项重点工作。一要盯紧经济运行；二要盯紧项目建设；三要紧盯粮食增产；四要盯紧重点工作。

4月10日 自治区藏文图书出版工作成效显著。全区共有西藏人民出版社、西藏藏文古籍出版社等4家出版单位，年均出版藏文图书300多种、200多万册。共有藏文报纸10种、藏文期刊14种，2013年出版藏文报纸2803.09万份、藏文期刊40.42万册，发行藏文报纸2801万份、藏文期刊40万册。

4月10日 自治区党委颁布《2013—2017年西藏自治区干部教育培训规划》。《规划》分为五个部分：一、结合实际，明确总体要求。二、突出重点，科学设置培训内容。扎实开展马克思主义基本原理学习培训；突出抓好中国特色社会主义理论体系学习培训；深入推进习近平总书记系列重要讲话精神学习培训；着力加强稳藏兴藏能力培养；大力加强党性党风党纪党史和区情教育。三、分类施教，统筹开展各级各类干部培训。四、强化基础，为干部教育培训提供有力保障。干部教育培训改革；师资队伍建设；经费保障；学风建设。五、加强领导，确保规划各项目标任务落到实处。

4月16日 全区首批21个网站党支部授牌仪式在拉萨举行。

4月19日 自治区党委在拉萨召开常委会议，审议并原则通过《组织推动全区培育和践行社会主义核心价值观工作方案》。会议强调，要加强宣传教育、示范引领、实践推动，使社会主义核心价值观融入全区各族干部群众的生产生活和精神世界，激励全区各族人民为全面建成小康社会、实现中华民族伟大复兴而不懈奋斗。一是认识要提高；二是宣传要广泛；三是普及要到位；四是结合要搞好；五是践行要自觉；六是载体要选好；七是领导要加强。

4月30日 自治区政府与中国电力投资集团公司在拉萨签署《关于进一步深化能源领域战略合作协议》，共同推进西藏能源快速发展。

5月6日 自治区医改升级提速惠及各族群众。2013年，国家和自治区安排资金6亿余元，完善卫生基础设施。实施了88个乡（镇）卫生院、2个社区卫生服务中心标准化建设和29个县级急救体系等建设项目。同时，基层卫生人才激励机制不断健全，建立了村医岗位补贴机制，村医月岗位补贴达600元，按照二、三、四类区和边境乡镇、非边境乡镇分类，为乡镇卫生院医护人员发放生活补助每人每月300元至950元。在农牧区医疗制度持续保持全覆盖的基础上，自治区不断提高农牧区医疗保障水平，2014年政府补助标准提高到380元。

5月8日 自治区政府在拉萨召开常务会议，研究通过《西藏自治区循环经济发展规划（2013—2020）》和《西藏自治区关于加快发展节能环保产业的实施意见》。会议要求从战略和全局的高度，充分认识加快发展循环经济和节能环保产业的重要意义和紧迫性，牢固树立生态文明和可持续发展的理念，落实责任，完善机制，做好统筹发展、创新发展、绿色发展、安全发展、和谐发展。会议审议通过了《西藏自治区人民政府关于〈大气污染防治行动计划〉的实施细则》《自治区重要江河湖泊水功能纳污能力核定和分阶段限制排污总量控制方案》，要求认识要正确，理念要科学，施策要综合，治理要依法，宣传要深入，落实要从严，坚守生态环境保护底线不动摇、不松懈、不间断、不折腾，扎扎实实保护好西藏的蓝天碧水净土。

5月9日 自治区党委办公厅、政府办公厅出台《关于进一步深化“先进双联户” 创建活动的意见》。《意见》指出，按照区党委政法工作会议和全区“先进双联户”创建活动总结表彰大会部署要求，紧紧围绕共创平安和谐、共同增收致富、共建美好家园，突出利益共享、责任共担，强化教育引导，加强组织体系建设，创新活动载体，丰富实践内容，拓展活动内涵，建立健全体制机制，充分把城乡居民组织起来、动员起来，建成稳固的联户保平安、联户促增收的利益共同体，不断把创建活动引向深入，努力开创城乡基层发展稳定的新局面，奋力推进西藏跨越式发展和长治久安。

5月12日 自治区党委出台《西藏自治区贯彻落实〈建立健全惩治和预防腐败体系2013—2017年工作规划〉实施办法》。

5月15日—17日 中央政治局委员、中央书记处书记、中央宣传部部长刘奇葆，原中央政治局常委李长春，中央政治局委员、广东省委书记胡春华等，分别参观了第十届深圳文博会西藏展厅。西藏展厅有20余家西藏重点文化企业单位参展，展品种类涵盖唐卡、藏香、藏毯、藏刀、饰品、玉器、特色食饮品等。

5月17日—19日 第三届西藏自治区发展咨询委员会在北京召开首次专题咨询论证会，就加快建设重要的世界旅游目的地和新型城镇化进行专题咨询论证。十届全国人大常委会副委员长、自治区咨询委名誉主任热地致信，全国人大常委会副委员长、自治区咨询委名誉主任向巴平措出席会议并讲话。受邀知名专家学者对《西藏建设重要的世界旅游目的地中长期规划》和《西藏自治区新型城镇化规划》进行了充分论证。

5月23日 自治区党委农村工作领导小组召开2014年度第二次全体会议，审议通过米林县、班戈县、白朗县、乃东县4个自治区级农村改革试验区实施方案，安排部署近期“三农”工作。会议强调，全区各级各部门特别是“三农”工作战线的广大干部职工，要进一步加深对开展农村改革试验重要性的认识，切实明确农村改革试验的基本原则，认真落实农村改革试验的重点任务，不断加强农村改革试验的组织领导，扎实推进农牧区改革试验，为全区农村经济社会发展探索路子、积累经验。

5月26日 自治区党委办公厅印发《西藏自治区党员干部直接联系群众制度》。《制度》要求，坚持立党为公、执政为民，以维护群众利益为核心，以直接联系为主要方式，以制度建设为保障，以了解群众、学习群众、服务群众、引导群众为主要任务，进一步拓宽联系途径，丰富联系内容，落实为民务实清廉要求，密切党和人民群众的血肉联系，更好地团结带领全区各族人民坚持走有中国特色、西藏特点的发展路子，着力推进西藏跨越式发展和长治久安，到2020年同全国人民一道全面建成小康社会，实现中华民族伟大复兴的中国梦。

5月27日 自治区政府与青藏铁路公司在拉萨举行座谈会，就加快推进西藏铁路建设和铁路运输发展等事宜进行深入沟通。会议达成5点共识意见：一、路地双方将高度警惕，严守安全生产底线，筑牢铁路安全防线，确保青藏铁路点线面都在安全防控之中，确保运营安全。二、加强运输调度和组织协调，为西藏客运、货运高峰期提供有力保障。三、全力做好拉日铁路运营各项准备，在保证质量和安全的前提下，确保拉日铁路提前通车。四、加快项目前期工作，确保今年8月先期开工拉林铁路控制性工程，9月实现全面开工；确保青藏铁路扩能改造工程今年11月开工。五、积极配合，加强衔接，尽快将西藏铁路网规划纳入国家铁路网规划；加快推进区域其他干线铁路前期工作，力争“十三五”开工建设新的铁路项目。

5月28日 西藏自治区政府与中国长江三峡集团举行座谈会，签订新一轮深化能源经济领域战略合作协议，成立三峡集团西藏能源投资有限公司。

5 月 30 日 拉萨市荣膺全国“首批民生改善典范市”和“首批生态文明建设典范基地”称号。在北京召开的“2014 城市发展质量论坛暨全国民生典范城市发布会”活动中，拉萨市荣膺“全国首批民生改善典范市”和“全国首批生态文明建设典范基地”称号。同时，拉萨市的社保就业工作和生态文明建设成功入选典型案例。

5 月 31 日 自治区党委发布《关于进一步加强少年儿童和少先队工作的意见》。《意见》分为三个部分：一、明确总体要求。二、落实工作措施。强化少年儿童的理想信念教育；加强少年儿童社会主义核心价值观教育；加强中华民族传统文化教育；提高少年儿童综合素质；落实少先队活动课时；推进少先队课程和学科建设；提高辅导员队伍职业素质；加强新媒体工作能力；加强初中少先队工作；创新活动载体；加强阵地建设。三、加强组织领导。高度重视；加强少工委建设；发挥各方力量；完善经费保障机制。

6 月 1 日 《西藏自治区实施〈中华人民共和国非物质文化遗产法〉办法》出台。《办法》共 6 章（49 条）：总则、非遗调查、非遗代表性项目名录、非遗传承与传播、法律责任和附则。

6 月 1 日 全区第一次全国可移动文物普查领导小组工作会议在拉萨召开。自 2013 年 4 月全区第一次全国可移动文物普查工作启动以来，全区各级普查骨干和指导员业务培训工作基本完成，西藏博物馆等自治区直属文博单位和部分地（市）的普查工作已进入实质阶段。

6 月 8 日 “十二五”规划重点项目、西藏水利发展史上投资最大的水利工程——拉洛水利枢纽及配套灌区工程开工。拉洛水利枢纽及配套灌区工程位于日喀则地区萨迦县和日喀则市境内，雅鲁藏布江右岸一级支流夏布曲干流上，由拉洛水利枢纽及申格孜、扯休、曲美、聂日雄四大配套灌区组成。主体工程主要包括枢纽和灌溉两部分，枢纽工程由大坝、泄水建筑物、电站、灌溉引水涵洞等组成，水库总库容2.96亿立方米。配套灌区设计灌溉面积45.39万亩。水库多年平均供水量1.44亿立方米。工程估算总投资46.98亿元，所需资金由中央预算内投资金额安排，预计总工期67个月。

6月9日—11日 西藏代表团在青海考察，两省区共商深化合作事宜。双方就深化两省区合作事宜进行深入交谈，达成共识。

6月12日 藏青工业园开工企业达20家。据《西藏日报》报道，藏青工业园处于格尔木，位于柴达木循环经济区，区位优势明显，是西藏和青海两省区合作发展的一个重要平台。截至目前，园区已引进一批在国内或行业有影响、有实力的企业入驻，其中世界500强企业（江西铜业）一家，上市公司（厦门工程机械股份公司、浙江天能集团、东方日升光电科技股份公司）三家，央企（中节能、中国安华）两家。现已注册和签约企业共54家，投资总额约614.06亿元。

6月14日 西藏住建系统完成"十二五"投资逾19亿。据《西藏日报》报道，截至2014年5月30日，西藏已下达"十二五"住房城乡建设投资113项，到位资金29.24亿元，累计完成投资19.47亿元，完工项目和开工项目共98项。

6月16日 中央西藏工作协调小组经济社会发展专项工作小组调研组与西藏自治区受援地市和各对口援藏省市企业代表在拉萨举行座谈会，就对口援藏工作与参会代表进行深入交流，征求意见建议 西藏自治区、中央西藏工作协调小组、全国政协民族和宗教委员会负责同志出席会议并讲话。

6月16日 自治区党委办公厅印发《贯彻落实〈关于当前意识形态领域情况的通报〉的实施意见》。《实施意见》指出，紧紧围绕坚持中国道路、弘扬中国精神、凝聚中国力量，谋长久之策、行固本之举，创新理念、创新手段、创新基层工作，坚定全区各族人民对中国特色社会主义的道路自信、理论自信、制度自信，不断巩固马克思主义在意识形态领域的指导地位，巩固各族人民团结奋斗的共同思想基础，引导全区各族干部群众为全面推进富裕和谐幸福法治文明美丽的社会主义新西藏建设，实现中华民族伟大复兴的中国梦而不懈奋斗。

6月18日 自治区召开民族通婚家庭座谈会。会议强调，要认真贯彻落实习近平总书记在新疆考察和第二次中央新疆工作座谈会上的重要讲话精神，推动各民族相互了解、相互尊重、相互包容、相互欣赏、相互学习、相互帮助，以各兄弟民族通婚为重要抓手，促进西藏各民族大团结、大融合。一是认识要统一；二是导向要树好；三是平台要建好；四是政策要激励好；五是环境要营造好。来自全区各地的藏汉、回藏、苗汉、蒙藏、回汉等19户民族通婚家庭代表参加座谈会。

6月18日 自治区党委办公厅、政府办公厅印发《西藏自治区深化文化体制改革工作方案》。

6月26日 国务院批复撤销日喀则地区，设立地级日喀则市，原县级日喀则市改为桑珠孜区。

6月29日 自治区党委、政府发出《关于表彰全区农牧业产业化经营先进地（市）、县（市、区）的决定》。为进一步激发全区各级各部门、农牧业产业化经营龙头企业和农牧民专业合作经济组织的积极性和创造性，深入推进农牧业产业化健康发展，自治区党委、政府决定，授予拉萨市人民政府“农牧业产业化经营先进地区（市）”称号，授予拉萨市堆龙德庆县等10个县“农牧业产业化经营先进县（市、区）”称号。

6月30日 全区农牧业产业化现场会在拉萨召开。会议贯彻落实中央和自治区党委关于全面深化农村改革的总体部署和要求，总结全区农牧业产业化发展成就，安排部署当前和今后一个时期全区农牧业产业化工作。

7月2日　西藏农村公路建设完成投资 11.15 亿元。据《西藏日报》报道，自治区采取扶贫贴息贷款方式，用于强基惠民小康路建设，截至 6 月 30 日，全区农村公路建设共完成建设投资 11.15 亿元，完成年度任务的 13.77%。为加快农村公路建设，自治区政府采取扶贫贴息贷款方式，争取扶贫贴息贷款 115 亿元，用于强基惠民小康路建设。2013 年投放贷款 9.9 亿元，2014 年投放贷款 19.81 亿元，目前累计发放贷款 29.71 亿元，其中农村公路建设贷款 24.24 亿元，寺庙公路建设贷款 5.47 亿元。

7月3日　自治区党委办公厅、政府办公厅印发《贯彻〈关于创新机制扎实推进农村扶贫开发工作的意见〉的实施意见》。

7月5日　西藏羌塘国家自然保护区内 13 万余只待产藏羚羊已全部抵达色吾雪山至甜水河一带的产仔地。预计 7 月初，这些藏羚羊将携幼仔回迁至原栖息地生活。藏羚羊是国家一级保护动物，主要分布在西藏、青海、新疆交界地带 80 多万平方公里的高寒荒漠地区，其中，西藏羌塘占 80%。

7月8日　自治区党委办公厅印发《西藏自治区村（社区）党组织建设规划纲要（2014—2018 年）》。

7月17日—23日　中共中央政治局委员、中央政法委书记孟建柱在西藏调研。孟建柱先后来到拉萨市和山南地区，深入政法基层单位、街道社区、镇村牧区、藏传佛教寺庙、学校、企业，就进一步做好西藏稳定工作进行调研。孟建柱强调，要坚决贯彻落实中央关于西藏工作的一系列方针政策和习近平总书记系列重要讲话精神、特别是“治国必治边、治边先稳藏”的重要战略思想，保持清醒头脑、增强忧患意识，发扬优良传统、总结成功经验，创新社会治理、深化平安建设，不断提升维护社会稳定、促进民族团结、服务各族群众的能力和水平，为西藏跨越式发展和长治久安作出新的贡献。

7月26日 西藏基本建成现代综合交通运输体系。据《西藏日报》报道，交通援藏20年来，西藏交通运输得到跨越式发展。截至目前，全区已基本建成包括公路、铁路、民航在内的现代综合交通运输体系。公路总里程达70591公里；拥有5个民用机场、29个通航城市、48条国内国际航线；拉日铁路通车在即，拉林铁路即将开工；总长1080公里的格拉输油管道建成。

7月27日 交通运输部西藏交通运输工作座谈会在拉萨召开。会议强调，要全面贯彻落实习近平总书记"治国必治边、治边先稳藏"的重要战略思想，打牢基础、消除瓶颈、补齐短板，努力提升交通援藏工作成效，为西藏实现全面建成小康社会，实现跨越式发展和长治久安作出更大贡献。会前印发了《关于进一步推进西藏交通运输科学发展的若干意见》。

7月27日 中共中央办公厅、国务院办公厅印发《西藏自治区人民政府职能转变和机构改革方案》。

7月30日 我国首个高校藏文古籍研究所在西藏大学新校区挂牌成立，填补了我国公立专业藏文古籍研究机构空白。

8月1日 自治区党委办公厅发布《关于落实党风廉政建设党委主体责任和纪委监督责任的实施意见（试行）》。

8月2日 自治区政府在拉萨召开常务会议，讨论通过《关于加快天然饮用水产业发展的意见》《西藏自治区城乡居民基本养老保险实施办法（试行）》和《西藏自治区公益性岗位开发管理暂行办法》。

8月4日 自治区党委在拉萨召开常委会研究全区城镇化工作。会议强调，要认真贯彻中央部署要求，紧密结合西藏实际，科学有序、积极稳妥地推进全区城镇化建设，努力走出一条有中国特色、西藏特点的新型城镇化道路。

8月6日 中共中央总书记、国家主席、中央军委主席习近平近日就川藏、青藏公路通车60周年作出重要批示，要求进一步弘扬“两路”精神，助推西藏发展。习近平指出，今年是川藏、青藏公路建成通车60周年。这两条公路的建成通车，是在党的领导下新中国取得的重大成就，对推动西藏实现社会制度历史性跨越、经济社会快速发展，对巩固西南边疆、促进民族团结进步发挥了十分重要的作用。当年，10多万军民在极其艰苦的条件下团结奋斗，创造了世界公路史上的奇迹，结束了西藏没有公路的历史。60年来，在建设和养护公路的过程中，形成和发扬了一不怕苦、二不怕死，顽强拼搏、甘当路石，军民一家、民族团结的“两路”精神。习近平强调，新形势下，要继续弘扬“两路” 精神，养好两路，保障畅通，使川藏、青藏公路始终成为民族团结之路、西藏文明进步之路、西藏各族同胞共同富裕之路。

8月7日　自治区政府与海关总署在拉萨签订《海关总署西藏自治区人民政府关于支持西藏经济社会跨越式发展合作备忘录》。《备忘录》明确，海关总署要在口岸建设发展和扩大开放、保税监管场所建设、边境旅游大发展、边境贸易大发展、落实进出口优惠政策、落实通关便利措施、扶持西藏企业健康发展、营造和维护良好对外贸易秩序等方面给予大力支持。

8月9日　全国粮食系统部分省市对口援助工作座谈会在拉萨召开。国家粮食局负责同志主持会议。会议表示，全国粮食系统要统一思想、高度重视，进一步将对口援藏工作做实抓牢。搞好粮食援藏工作，确保西藏粮食安全是全国粮食系统共同的政治责任和行业使命，各省市援藏部门一定要进一步理清对口援藏工作思路和方式，把建藏与援藏相结合、援助与合作相结合、扶项目与扶人才相结合、自强与援助相结合。尽快建立对口援藏资金筹集机制、对接新一轮的援藏项目，大力开展人才培训工作，启动促进西藏粮食产业经济发展机制，抓紧建立对口援藏工作协调机制，为确保西藏粮食安全和社会和谐稳定奠定坚实的基础。

8月12日 2014·中国西藏发展论坛在拉萨开幕。来自世界30多个国家和地区的近百位政府官员、专家学者和各界人士出席由国务院新闻办公室、自治区人民政府联合主办的2014·中国西藏发展论坛。中共中央政治局常委、全国政协主席俞正声专门致信祝贺。西藏是中华人民共和国的一个自治区。西藏真正步入现代文明始于新中国成立后，历经和平解放、民主改革、自治区成立、改革开放等重要发展阶段，西藏走上了一条符合人类社会发展要求和中国国情的发展道路，一个传统与现代交相辉映的新西藏正呈现在世人面前。西藏的发展离不开走上了一条正确道路,离不开中央政府的支持和全国人民的帮助，离不开西藏各族人民的团结奋斗，离不开对外开放合作。如今，西藏各族人民正与全国人民一道，为实现中华民族伟大复兴的中国梦而努力奋斗。西藏的明天会更加美好！俞正声强调，多年来，西藏坚持正确处理人与自然的关系，努力走出具有中国特色、西藏特点的发展之路。在新的形势下，西藏的发展面临难得的历史机遇。西藏特殊的地理位置、别样的生态环境和独一无二的文化传统，决定了西藏必须走可持续发展之路。希望与会的国内外各界人士献计献策，深入探讨促进西藏可持续发展的新路子、新方法，为西藏发展提供更多宝贵的思想和智慧。

8月12日 向巴平措率全国人大常委会民族地区经济社会发展情况专题调研组在藏调研。全国人大常委会副委员长向巴平措率全国人大常委会民族地区经济社会发展情况专题调研组，深入拉萨、山南、日喀则、林芝，就西藏经济社会发展和民族区域自治法贯彻落实情况进行调研，看望慰问基层干部群众。他强调，要认真贯彻实施《民族区域自治法》，用好、用活、用足党的各项民族政策，加强民族团结、加快民生改善，正确处理“离不开”与“不依赖”的关系，努力推动民族地区经济社会跨越式发展。

8月16日　拉日铁路开通运营。拉（萨）日（喀则）铁路全长251公里，东起青藏铁路终点拉萨站，向南沿拉萨河而下，途经堆龙德庆县、曲水县，折向西溯雅鲁藏布江而上，穿越近90公里的雅鲁藏布江峡谷区，经尼木、仁布县后抵达藏西南重镇日喀则市。全线设拉萨南、曲水、日喀则等14个车站。最高运营时速120公里，年货运量830万吨以上。

8月20日　自治区党委、政府主要负责同志在拉萨会见国家电网公司负责同志，双方就电力援藏和西藏电力事业发展进行座谈。

8月21日　自治区党委、人民政府出台《关于加快推进农牧业产业化的意见》。

8月24日　西藏旅游业商会在拉萨揭牌成立。西藏自治区旅游业商会由西藏首批30家非公旅游代表企业发起。成立商会是要通过整合多种旅游资源，建立旅游信息交流平台等一系列措施，助力西藏打造重要的世界旅游目的地。

8月25日　对口支援西藏工作20周年电视电话会议在北京召开。中共中央政治局常委、全国政协主席俞正声，中共中央政治局常委、国务院副总理张高丽出席会议。俞正声强调，对口支援西藏工作是党中央从党和国家工作全局出发作出的重要战略决策，是新时期党的西藏工作方针的丰富和发展，是我国各民族共同团结奋斗、共同繁荣发展的生动实践。20年来，承担对口支援任务的有关省市、中央部门和中央企业，从人力、物力、技术等方面全面开展对口支援西藏工作，促进了各民族交往交流交融，支持了西藏经济社会发展，维护了国家统一和西藏社会稳定，加强了干部人才队伍建设。实践证明，对口援藏工作的重大决策是完全正确的，符合我国国情、西藏区情和全国各族人民的根本利益。俞正声强调，做好新形势下对口支援西藏工作，要深入贯彻落实党的十八大、十八届三中全会精神和习近平总书记系列重要讲话精神，始终坚持“一个中心、两件大事、四个确保”新时期西藏工作指导思想，坚持“依法治藏、长期建藏、争取人心、夯实基础”的重要原则，充分认识和把握对口支援西藏工作的长期性、群众性、科学性，大力实施经济援藏、教育援藏、就业援藏、科技援藏、干部人才援藏，进一步完善全方位、多层次、宽领域的对口支援西藏工作格局，推进西藏跨越式发展和长治久安。

9月4日　全国林业援藏工作座谈会在拉萨召开。会议强调，要深入实施以生态建设为主的林业发展战略，以建设生态文明、美丽西藏为总目标，以改善生态、改善民生为总任务，坚持保护优先、生态优先的基本原则，着力构建良好的林业生态体系，努力推动林业发展转型升级，使林业更好地成为生态建设的主战场，成为绿色经济的主导产业，成为增加群众收入的重要渠道，为促进西藏经济社会发展和生态文明建设发挥更大作用。

9月7日　全区教师工作会议在拉萨召开。会议强调，要认真贯彻落实习近平总书记系列重要讲话精神，始终高度重视教育工作，关心关爱广大教师，努力在全社会营造尊师重教的良好氛围，推动全区教育事业健康发展。会议宣读了《自治区教育工委、教育厅关于表彰全区教育系统先进基层党组织、优秀党务工作者、优秀教师、优秀校长、优秀教育工作者的决定》，向获奖代表颁奖。

9月9日　自治区党委、政府在拉萨召开全区对口援藏工作电视电话会议。会议强调，要深入贯彻落实党的十八大和十八届三中全会精神，贯彻落实习近平总书记系列重要讲话精神、特别是“治国必治边、治边先稳藏”的重要战略思想和“努力实现西藏持续稳定、长期稳定、全面稳定”的重要指示，贯彻落实俞正声主席“依法治藏、长期建藏、争取人心、夯实基础”的指示要求，按照中央对口支援西藏工作20周年电视电话会议的部署，扎实做好新形势下对口援藏工作，切实把党中央的关怀、全国人民的支援转化为推进又好又快发展和长治久安的强大动力。

9月10日 共青团对口支援西藏工作会议在拉萨召开。西藏自治区、团中央书记处负责同志出席会议。会议贯彻落实中央对口支援西藏工作20周年电视电话会议精神，研究部署共青团对口援藏工作。

9月12日—15日 俞正声在山东调研时就“做好少数民族内地班学生的教育培养”作出指示。中共中央政治局常委、全国政协主席俞正声先后来到济南、滨州等地，深入学校、企业、城乡社区、清真寺院调研，并多次召开座谈会。他在看望新疆、西藏籍等少数民族地区学生时强调，要深入学习贯彻习近平总书记系列重要讲话精神和第二次中央新疆工作座谈会精神，用心用情做好新疆西藏班内地学生的教育培养工作，切实把中央的对口援疆援藏部署落到实处，为增进民族感情、加强民族团结，促进各民族交往交流交融积极贡献力量。

9月12日—16日 由中共中央政治局委员、广东省委书记胡春华率领的广东省党政代表团就进一步加强对口支援西藏工作赴藏考察，并出席广东·西藏对口支援工作座谈会。

9月17日 全国卫生计生系统对口支援西藏工作会议在拉萨召开。会议主要任务是贯彻落实中央对口支援西藏工作20周年电视电话会议精神，研究部署卫生计生系统对口援藏工作。

9月22日 自治区党委在拉萨召开第七批援藏干部领队第三次座谈会。会议指出，实施对口支援20年来，包括在座各位在内的一批批援藏干部，带着党中央的殷殷重托和全国人民的深情厚意，以发展西藏、稳定西藏、造福西藏各族人民为已任，讲政治、讲大局，舍小家、顾大家，在高寒缺氧、环境艰苦的雪域高原，恪尽职守、无私奉献，砺志高原、奉献边疆，为西藏发展稳定作出了重要贡献。20 年来先后 7 批次 4499 名优秀干部、1466 名专业技术人才进藏工作，为壮大西藏党员干部队伍、优化干部人才结构发挥了重要作用。

9 月 22 日　自治区党委理论学习中心组在西藏人民会堂举行集体学习会。会议指出，习近平总书记在参观《复兴之路》展览时鲜明提出了中国梦，将中国的昨天、今天、明天联系起来，将国家、民族、人民联系起来，将中国、世界、人类联系起来，顺应了全国各族人民创造美好未来的热切期盼、反映了全体中华儿女梦寐以求的共同心愿，顺应了世界发展进步的潮流、展示了中国为人类文明作出更大贡献的意愿，充分体现了以习近平同志为总书记的党中央继往开来、高瞻远瞩的深邃眼光，对中国特色社会主义坚定自信和对国家对民族对人民的责任担当。

9 月 25 日　国家新闻出版广电总局对口援藏工作会议在北京召开。会议深入贯彻落实习近平总书记关于西藏工作的重要思想，贯彻落实中央对口支援西藏工作 20 周年电视电话会议精神，全面总结全国新闻出版广电系统对口援藏工作取得的巨大成就和宝贵经验，研究部署新时期对口援藏工作任务。

9 月 25 日—27 日　首届中国西藏旅游文化国际博览会在拉萨举行。博览会开展了文化主旨论坛活动、展览展示活动，以“人间圣地·天上西藏”为主题，围绕如何推动西藏加快建设重要的世界旅游目的地和重要的中华民族特色文化保护地展开探讨。在 27 日举行的集中签约仪式上，33 个经济合作项目签约，总投资 387 亿元。

9 月 26 日　自治区党委、人民政府出台《关于贯彻落实中央对口支援西藏工作 20 周年电视电话会议精神进一步做好对口援藏工作的实施意见》。《实施意见》指出，坚持“依法治藏、长期建藏、争取人心、夯实基础”的重要原则，牢固树立政治意识、大局意识、责任意识，着力保障和改善民生，着力维护民族团结，着力巩固党在西藏的执政基础，大力实施经济援藏、教育援藏、就业援藏、科技援藏、干部人才援藏，进一步完善全方位、多层次、宽领域的对口支援西藏工作格局，推进西藏跨越式发展和长治久安。

9月29日 自治区党委常委会研究部署全区村（居）“两委”换届工作。会议强调，村（居）“两委” 换届是全区基层党员群众政治生活中的一件大事，各级各部门要深入贯彻落实习近平总书记系列重要讲话精神特别是“治国必治边、治边先稳藏”的重要战略思想和“努力实现西藏持续稳定、长期稳定、全面稳定”的重要指示，贯彻落实俞正声主席“依法治藏、长期建藏、争取人心、夯实基础”的指示要求，高度重视、周密部署，切实抓好村（居）“两委”换届工作。

10月5日 西藏班（校）发展迅速。根据西藏自治区教育厅统计数据，截至2014年9月底，全国有北京、上海、广东等21个省区市32所中学办有西藏班（校），上海复旦大学附属中学等56所示范性高中招收西藏散插班，广州市卫生学校等44所中职学校开办西藏中职班，北京大学、清华大学等170余所高校招收西藏班（校）学生。西藏内地办学始于1985年,得到了各办班省区市的高度重视和支持，发挥了巨大效益。截至9月底，西藏班（校）已累计招收西藏籍初中生4.32万人、高中生2.89万人，为西藏培养输送了中专以上人才3万余人，成为西藏现代教育体系的重要组成部分。

10月9日 自治区党委办公厅、政府办公厅发布《关于推动唐卡产业加快发展的意见》。《意见》分为8个部分：一、推动唐卡产业加快发展的重要意义和总体要求。二、实施唐卡人才培养工程。建立唐卡人才培养体系；建立唐卡艺术大师培育体系。三、实施“百幅唐卡”示范工程。推进三个“百幅唐卡”创作；推动唐卡事业产业联动发展。四、实施唐卡企业培育工程。做大做强龙头企业；扶持壮大中小企业。五、实施唐卡品牌打造工程。六、实施产业园区建设工程。七、实施市场体系培育工程。八、加强对唐卡产业加快发展的组织领导。

10月9日—10日 全国科协系统对口援藏工作会议在拉萨召开。17个对口援藏省市科协主要负责同志、自治区全民科学素质纲要实施工作领导小组成员单位、各地（市）相关负责同志参加会议。会议深入学习贯彻落实中央对口支援西藏工作20周年电视电话会议精神，动员全国科协系统对口援助西藏，为西藏发展提供有力的科技和智力支撑，开启全国科协系统对口援藏新篇章。

10月10日 西藏首个青少年科技馆——拉萨市青少年科技馆开馆运营，填补了西藏青少年公共科普场所的空白。

10月11日 全国工会对口援藏工作座谈会召开。会议出台了《中华全国总工会关于进一步做好工会对口援藏工作的指导意见》，提出将实施西藏职工思想文化教育工程、西藏职工技能提升工程、西藏职工帮扶服务工程、西藏工会组织能力建设工程，加强工会对口援藏工作，充分发挥工会组织在促进西藏经济社会跨越式发展和长治久安目标中的积极作用。

10月12日 全区党的群众路线教育实践活动总结大会在拉萨召开。会议认真学习贯彻习近平总书记在中央党的群众路线教育实践活动总结大会上的重要讲话精神，全面总结全区一年多来群众路线教育实践活动取得的成绩，对进一步巩固扩大教育实践活动成果、坚持不懈加强作风建设、落实从严治党要求、加强和改进党的建设进行安排部署。

10月14日 自治区党委出台《关于加强和改进领导干部培养选拔工作的意见》。

10月26日 自治区党委印发《关于认真学习宣传贯彻落实党的十八届四中全会精神的通知》。

10月27日　全区贫困户安居工程完工。据《西藏日报》报道，2011年启动实施的2.2万户贫困农牧民安居工程目前已全面完工，受益于该项目的10多万贫困农牧民已全部搬进了新居。

10月29日　银行业支持西藏经济社会发展座谈会在拉萨召开。座谈会回顾总结银行业支援西藏工作的经验和成绩，研究部署进一步做好银行业支持西藏经济社会发展工作。

10月29日　自治区党委办公厅、政府办公厅出台《西藏自治区安全生产党政同责暂行办法》。为构建责权明确、行为规范、监督有力、奖惩严明的安全生产责任体系，有效防范各类生产安全事故，确保人民群众生命财产安全，促进科学发展安全发展，依据有关法律法规和党中央、国务院有关要求，结合西藏实际，制定该办法。

10月30日　自治区党委办公厅、政府办公厅出台《西藏自治区区管国有企业领导班子和领导人员综合考核评价暂行办法》。

11月3日　全区藏医药发展大会在拉萨召开。会议号召，要在强基础、重普及，强产业、惠民生，强科研、促创新上下功夫，以大思路大战略大决心整体推进藏医药事业跨越式发展。

11月6日　西藏正式实施“单独两孩”政策。按照《西藏自治区“单独两孩”政策实施方案》规定，全区符合“单独两孩政策”生育条件的夫妇，经批准领取《再生育一胎生育证》后，可以再生育一胎；2013年12月21日后至2014年9月17日前，一方是独生子女的夫妇生育第二个孩子的，经审核符合条件的，可补办相关手续；要求再生育的单独夫妇，已享受的独生子女或独生子女父母奖励优惠待遇的问题，从领取《再生育一胎生育证》之日起停止享受奖励和优待，此前已经享受的不再退还。

11月12日　西藏注重建设“农家书屋”。近年来，中央和西藏自治区一直重视和支持西藏基层书屋建设，累计下达农家书屋工程建设资金1.09亿元，寺庙书屋工程建设资金3752万元。截至11月，西藏农家书屋累计配备了993种、2760册（盘）出版物，寺庙书屋配备了472种、1052册（盘）出版物和10个书架。

11月16日　自治区在拉萨召开第三批驻村工作总结表彰暨第四批驻村工作动员大会。会议强调，要深入贯彻落实党的十八届三中、四中全会精神，贯彻落实习近平总书记系列重要讲话精神特别是“治国必治边、治边先稳藏”的重要战略思想和“努力实现西藏持续稳定、长期稳定、全面稳定”的重要指示，贯彻落实俞正声主席提出的“依法治藏、长期建藏、争取人心、夯实基础”的重要原则，扎扎实实做好第四批干部驻村工作，为西藏经济社会又好又快发展和长治久安、为实现中华民族伟大复兴的中国梦作出新的更大贡献。

11月17日　西藏部署进一步推进户籍制度改革工作。全国进一步推进户籍制度改革工作电视电话会议在北京召开，西藏分会场会议就深入贯彻落实党的十八届三中全会精神，对进一步推进户籍制度改革工作进行再动员、再部署。

11月18日　自治区党委、人民政府出台《关于贯彻落实〈中共中央国务院关于加强和改进新形势下民族工作的意见〉的实施意见》。

11月20日　川藏电力联网工程正式竣工投入运行。中共中央政治局常委、全国政协主席俞正声在京出席仪式并宣布工程投运。投运仪式在西藏昌都变电站、四川巴塘变电站设立分会场。川藏联网工程是“十二五”期间国家支持西藏经济社会发展的重大项目。工程连接西藏昌都电网与四川电网，总投资66.3亿元。线路东起四川甘孜藏族自治州的乡城县、途径巴塘县，西至西藏昌都，新建巴塘、昌都2座500千伏变电站和邦达、玉龙2座220千伏变电站，新建昌都—巴塘—乡城双回500千伏、昌都—玉龙双回、昌都—邦达双回220千伏线路，全长1521千米。

11月23日 藏木水电站首台机组发电。历时近8年、总投资96亿元的藏木水电站首台机组正式投产发电，这是西藏电力史上的第一座大型水电站，也是西藏电力发展史上由10万千瓦级到50万千瓦级水电站的标志性工程，6台机组总装机容量51万千瓦。

11月24日 自治区党委办公厅发布《西藏自治区党的纪律检查体制改革实施方案》。

11月26日 西藏自治区人民政府与中国华能集团在拉萨举行座谈会。双方就全面深化能源经济领域战略合作、加快推进西藏水电资源开发与利用、促进经济社会跨越式发展等进行友好深入洽谈，并签订《全面深化能源经济领域战略合作协议》。

11月28日 西藏158函珍贵古籍入选国家级名录。据《西藏日报》报道，西藏博物馆、布达拉宫管理处、西藏档案馆、罗布林卡管理处等4家单位入选“全国重点古籍收藏单位”。同时，布达拉宫、西藏博物馆、罗布林卡、萨迦寺的124部古籍文献入选第四批《国家珍贵古籍名录》。至此，西藏已有158函珍贵古籍入选国家珍贵古籍名录。

11月29日 自治区党委出台《关于深化“四风”“两问题”“一薄弱”整治、巩固和拓展党的群众路线教育实践活动成果的意见》。主要内容如下：一、充分认识重大意义；二、以钉钉子精神落实整改任务；三、建立健全改进作风常态化机制；四、严肃党内政治生活；五、推动作风建设常态化长效化；六、着力建好建强基层党组织；七、切实加强组织领导。

12月1日 中国吉隆—尼泊尔热索瓦双边性口岸开通运行，中国加速“牵手”南亚经济圈。

12月1日 自治区党委办公厅转发《自治区党委组织部关于开展在职党员到社区报到服务群众活动的意见》。

12月4日 自治区在拉萨召开大力弘扬宪法精神全面推进依法治

藏座谈会。会议传达学习了习近平总书记在首个国家宪法日之际作出的重要指示精神和张德江委员长在“深入开展宪法宣传教育大力弘扬宪法精神”座谈会上的重要讲话精神，深入开展宪法宣传教育，进一步树立宪法意识，增强宪法观念，加强宪法实施，推进依法治藏。会议强调，要以纪念国家首个宪法日为契机，深入学习贯彻习近平总书记在首都各界纪念现行宪法公布施行 30 周年大会上的重要讲话精神和在首个国家宪法日之际作出的重要批示精神，贯彻落实张德江委员长的重要讲话精神，加强宪法宣传教育，弘扬宪法精神，树立宪法权威，加强宪法实施，努力形成尊重宪法、宪法至上、用宪法维护人民权益的良好社会氛围。

12 月 15 日 自治区党委办公厅印发《关于共产党员违反政治纪律行为的处分规定（试行）》。

12 月 16 日—20 日 自治区党委办公厅转发自治区党委组织部关于《西藏自治区党政领导干部民主推荐办法（试行）》《西藏自治区党政领导干部任前公示暂行办法》《西藏自治区党政领导干部任职试用期规定（试行）》。

12 月 18 日 日喀则举行撤地设市挂牌仪式，日喀则市成立。

12 月 21 日 自治区发出《中共西藏自治区委员会西藏自治区人民政府关于表彰 2014 年度“先进双联户”创建活动先进集体和“先进双联户”的决定》。

12 月 22 日 西藏“一老一小”建设提升幸福指数。据《西藏日报》报道，2013 年，自治区全面启动五保集中供养和孤儿集中收养爱心工程，计划投入 20 多亿元，通过三年努力，确保到 2015 年实现孤儿在地（市）以上儿童福利院集中收养率达到 100%，到 2016 年实现有意愿集中供养的五保对象在县以上供养机构供养率达到 100%。

12 月 28 日 西藏 22 家农民专业合作社获评国家示范社。经全国农民合作社发展部际联席会议决定，西藏申报的 20 家农民专业合作社及 2 家用水协会被认定为国家农民合作社示范社。

12 月 30 日 自治区党委八届六次全会在拉萨举行。全会听取和讨论了自治区党委常委会工作报告，审议通过了《中共西藏自治区委员会关于党的十八届四中全会精神的贯彻落实意见》和《中共西藏自治区委员会关于十八届中央纪委四次全会精神的贯彻落实意见》。会议指出，全区各级党政组织和全体党员干部要以习近平总书记重要讲话精神为指导，充分认识全面推进依法治藏，是贯彻依法治国基本方略、建设法治西藏的实际行动，是推进西藏经济持续健康发展、实现全面建成小康社会的必然要求，是确保西藏社会大局持续稳定、促进长治久安的有力保障，是保障改善民生、让各族群众过上幸福生活的迫切需要，坚决把思想和行动统一到习近平总书记的重要讲话精神上来，统一到党中央关于全面推进依法治国的重大决策部署上来。

12 月 31 日 全区经济工作会议在拉萨召开。会议主要任务是，以党的十八大和十八届二中、三中全会精神为指导，贯彻落实习近平总书记系列重要讲话精神，贯彻落实中央经济工作会议特别是习近平总书记、李克强总理的重要讲话精神，贯彻区党委八届五次全会精神，总结 2013 年全区经济工作，安排 2014 年经济工作。全国政协副主席、自治区政协主席帕巴拉·格列朗杰出席会议。

12 月 31 日 自治区党委、政府作出关于表彰 2014 年度西藏自治区社会治安综合治理工作先进地市的决定。根据 2014 年社会治安综合治理工作考评验收情况，自治区党委、政府决定，授予山南地区、昌都市、阿里地区“2014 年度自治区社会治安综合治理工作先进地市”荣誉称号。

二〇一五年

1月1日 西藏经济连续21年保持两位数增长。据新华社消息，2014年西藏地区生产总值预计达到925亿元，同比增长12%。这是自1994年以来，西藏经济连续21年保持两位数增长。

1月5日 西藏实现县级民间艺术团全覆盖。西藏全区74个县（市、区）均已设立民间艺术团，提前实现了"县县有民间艺术团"的目标。各民间艺术团不仅丰富了广大基层农牧民群众的精神文化生活，还为西藏传统非遗文化的保护与传承提供了"传习基地"。

1月8日 西藏森林蓄积总量居全国首位。西藏自治区林业调查规划研究院最新数据显示：西藏森林蓄积总量20.86亿立方米，比2002年增加了1.93亿立方米，占全国森林蓄积量的13.78%，居全国首位。

1月9日 据新华社消息，西藏古籍保护工作目前已正式迈入数字化时代。已普查出近6万叶、约12万面、1000多函（种）的贝叶经，部分经文已实现数字化；西藏自治区档案馆已完成桑珠颇章、觉细列空、孜聂仓、乃琼等四个全宗1万件（卷、册）及《噶厦全宗》等历史档案的数字化、全文录入工作。

1月14日 全区推进新型城镇化工作会议举行。会议传达学习中央城镇化工作会议精神，阐述推进新型城镇化的重大意义，提出推进全区新型城镇化的总体要求和重点工作。

1月26日 西藏农牧区医疗补助提高到年人均420元。据《西藏日报》报道，今年西藏将继续保持农牧区医疗制度覆盖面，农牧区医疗政府补助标准提高到年人均420元，农牧民个人筹资水平保持在97%以上，深入开展“建设群众满意的乡镇卫生院”活动，实施乡（镇）卫生院能力提升工程，力争全区60%以上的乡（镇）卫生院达到群众满意的乡（镇）卫生院标准。

2月9日　全区扶贫农发工作会议在拉萨召开。会议要求，全区扶贫农发系统要按照区党委、政府对扶贫农发工作的决策部署，全力做好新常态下扶贫农发工作。

2月12日　西藏加快农牧业改革试点。据《西藏日报》报道，2014年，西藏农牧业改革试点工作稳步推进，按照自治区党委专项改革小组统一安排，成立了农牧厅全面深化改革领导小组，进一步细化了工作方案，配合区党委农工办等相关部门扎实推动专题调研、土地确权登记颁证试点、农牧民权益保障等工作。

2月13日　西藏逾七成群众使用互联网。据新华社消息，截至目前西藏互联网用户总数达217万户，全区逾七成百姓使用互联网。其中固定互联网宽带用户家庭普及率达32%。

2月13日　西藏82%的行政村有了科技特派员。近年来，西藏科技部门大力发展农牧民科技特派员，截至目前，全区已累计发展农牧民科技特派员7166名，覆盖全区82%的行政村，为推进西藏新农村建设发挥了显著作用。

2月15日　西藏实现移动通信信号全覆盖。据新华社消息，西藏2014年完成了639个行政村的移动通信盲区覆盖。这标志着西藏全区所有行政村实现移动通信信号全覆盖，西藏偏僻村落、广袤牧区的农牧民群众全部搭上了信息直通车。

2月19日　西藏林业生态建设为农牧民增收9亿元。近年来，西藏兴林富民工作力度逐年加大，2014年，林业生态保护与建设共带动农牧民增收约 9 亿元，达到历史最高值。

2 月 25 日 西藏全面消除金融服务空白乡镇。2014 年，西藏辖区银行卡助农取款工作取得突破性进展。截至 2014 年 12 月 31 日，全区累计设立助农取款服务点 2436 个、布放机具 2598 台，累计填补金融空白行政乡镇 683 个，100% 消除了金融服务空白乡镇；填补空白行政村 1700 个，使其达到符合填补条件行政村的 78%。

3 月 5 日 《西藏自治区志愿服务条例》施行。《条例》的出台标志着全区的志愿服务工作步入规范化、法制化的轨道，对于推进全区志愿服务稳步健康发展，促进文明西藏建设具有深远意义。

3 月 14 日 西藏首次组建 19 支公益林专业管护队伍。2014 年，西藏在认真调研的基础上创新管护模式，出台了《西藏自治区公益林管护办法（试行）》，并研究确定拉萨市林周县等 19 个县为公益林专业管护试点县，每县试点建立一支公益林专业管护队伍，每支队伍由 5 名专业管护员组成，19 支公益林专业管护队伍已组建完成。

3 月 26 西藏实施 10 项生态安全屏障工程。2014 年以来，西藏深入开展生态保护工作，协调落实 7.83 亿元资金，全面实施《西藏生态安全屏障保护与建设规划》3 大类 10 项工程。

3 月 29 日 西藏 5465 个村（居）“两委”换届工作全面完成。全区基层党建工作述职评议考核情况通报暨村（居）“两委”换届工作总结表彰大会召开。会议指出，目前全区已圆满完成 5465 个村（居）“两委”的换届选举工作，选优配强了新一届村（居）“两委”班子，其中党员达到 96.9%，书记、主任具有初中及以上文化程度较上届增长 36.7%。

4 月 4 日 西藏人均基本公共卫生服务费高出全国水平三成。据新华社消息，2014 年西藏人均基本公共卫生服务经费达到 45 元，比全国平均水平高 10 元。

4月9日 西藏启动“最严格”水资源管理制度。国家水资源监控能力建设项目于2014年4月全面启动,主要开展取用水监控体系、水功能区域控制体系和水资源监控管理信息平台三项建设，这标志着西藏启动“最严格”水资源管理制度。

4月9日 西藏森林面积10余年增加195万公顷。自治区政府新闻办公室召开新闻发布会，公布西藏第二次森林资源二类调查成果。数据显示，西藏森林覆盖率由2002年的12.37%增至目前的14.01%，10余年间森林面积增加了195万公顷。

4月15日 西藏可移动文物将达数百万件。西藏第一次全国可移动文物普查工作启动以来，各项工作有序开展。据初步统计，西藏可移动文物将达数百万件，这些数据和事实充分说明西藏自治区是文物大区，也是做好新常态下我区文物工作的基础和依据。

4月21日 西藏填补残疾人中高等教育空白。从2014年开始，为切实解决特殊教育学校师资力量缺乏和残疾人中高等教育发展薄弱问题，西藏实施了拉萨特殊教育学校中等职教部建设项目，目前项目进展顺利。

4月24日 喜马拉雅山脉东段千余种野生动植物首获“电子身份证”。西藏生物影像调查机构在喜马拉雅山脉东段的生物多样性调查成果近日出炉：考察人员共拍摄、观测、记录到各类野生动植物1000余种，并首次在西藏用红外触发相机记录到中国二级保护动物大灵猫，这将为当地生物多样性资源保护提供丰富的科学本底资料。

5月1日 西藏加入丝绸之路海关通关一体化改革。拉萨海关与丝绸之路经济带沿线10个海关联手，启动丝绸之路经济带区域通关一体化改革。这一举措将打破地域限制和海关关区界线，使沿线9个省（区）的10个海关形成“十关如一关”的通关一体化格局，不仅将使西藏进出口企业拥有更多选择权，可自主选择申报口岸、通关模式和查验地点，打造低成本、高效率的通关环境，同时将进一步助推西藏融入“一带一路”国家发展战略和“丝绸之路经济带”重大战略规划，服务西藏外向型经济发展。

5月6日 中共中央总书记、国家主席、中央军委主席习近平近日对做好西藏日喀则、阿里等地区抗震救灾工作再次作出重要指示，肯定抗震救灾工作取得阶段性胜利，要求再接再厉，继续抓紧搜救被困人员，全力救治受伤人员，妥善安置受灾群众，同时尽快修复受损基础设施，做好灾后恢复重建工作，维护西藏自治区特别是受灾地区社会大局和谐稳定。

5月7日 西藏首次县域环境保护工作现场考核完成。通过考核证实，目前西藏生态环境总体持续良好，各级政府对环境保护工作重要性的认识有所提高，环境保护工作有新的进展，环境监管能力有新的提升，环境保护制度逐步完善，美丽西藏建设日益成为全社会的共识。

5月14日 自治区政府办公厅印发《西藏自治区特色小城镇示范点建设工作实施方案》。《实施方案》明确了20个乡镇作为自治区首批特色小城镇示范点，按照“一年有变化、两年大变样、三年基本建成”的总体要求，从2015年至2017年，利用3年时间重点打造一批各具特色的小城镇。

5月19日 西藏实现乡镇盐业销售全覆盖。据新华社消息，西藏推广使用碘盐取得显著成效，碘盐覆盖率由1997年的19%升至2014年底的97.07%，乡镇盐业配送已实现全覆盖，儿童碘营养达到适宜水平。

5月25日 西藏自治区党委下发《关于在全区县处级以上领导干部中开展“三严三实”专题教育的实施方案》。《方案》指出，在全区县处级以上领导干部中开展“三严三实”专题教育，是党的群众路线教育实践活动的延展深化，是持续深入推进党的思想政治建设和作风建设的重要举措，是严肃党内政治生活、严明党的政治纪律和政治规矩的重要抓手。各地各部门党委（党组）和领导干部要充分认识开展“三严三实”专题教育的重要性必要性紧迫性，切实增强践行“三严三实”的思想自觉和行动自觉。

5 月 25 日　西藏 24 个景区列入首批“全国旅游价格信得过景区”名单。国家旅游局 25 日公布了首批“全国旅游价格信得过景区”名单，全国 1801 家旅游景区成为首批“信得过”景区。西藏的雅鲁藏布大峡谷旅游景区、神山圣湖景区、勒布沟景区等 24 家景区榜上有名。

5 月 28 日　滇藏新通道正式投入建设。据新华社消息，投资约 23.4 亿元的云南至西藏又一交通要道——滇藏新通道日前已经正式投入建设。这条滇藏新通道起点为云南省贡山县丙中洛乡，经滇藏界，进入西藏林芝地区察隅县察瓦龙乡，终点为察隅县竹瓦根镇，然后和川藏线连接。主线全长 280 公里，其中西藏境内 253 公里。除了主干线路外，滇藏新通道在西藏境内还准备建设 42 公里长的支线道路。该项目主线和支线均采用四级公路标准建设，设计速度为 20 公里 / 小时。

5 月 30 日　西藏投资 6 亿元建设电子商务工程。据新华社消息，总投资 6 亿元的西藏电子商务工程近日启动，标志着西藏区域电子商务生态体系的建设拉开帷幕，预计今年年底工程核心业务平台将正式上线运行。这一工程将成为拉动西藏区内企业拓展区外市场的强力引擎，还有助于政府了解产业发展、进行宏观调控的数据支撑平台。

5 月 31 日　嘎啦山隧道和雅江特大桥按期贯通，顺利完成既定目标任务。

6 月 1 日　西藏电网成功实现电力外送。6 月 1 日 0 时 21 分，西藏电力成功实现外送青海，外送最大电力 10 万千瓦，日外送电力

181 万千瓦时。西藏电网成功实现电力外送，标志着西藏清洁能源开始参与西北地区电力供应的区域平衡和全国能源结构的优化调整，青藏联网工程也更好地发挥了调节西藏电力丰盈枯缺结构性矛盾的重大作用，对加快西藏水电等清洁能源开发具有里程碑意义。

6 月 3 日 西藏班（校）30 年来为西藏培养人才 3 万余名。据新华社消息，西藏班（校）举办 30 年来，累计为西藏培养经济社会建设人才 32116 人，其中培养大学毕业生 15159 人，中等师范专科学校毕业生 4840 人，中等专科学校毕业生 6870 人，中等职业技术学校毕业生 5247 人。

6 月 4 日 西藏自治区人民政府召开新闻发布会通报 2014 年全区环境状况。通报指出，2014 年，西藏环境质量持续保持在良好状态。截至 2014 年底，全区已建立各类自然保护区 47 个，其中，国家级 9 个，自治区级 14 个，地市县级 24 个，保护区总面积 41.22 万平方公里，占全区国土面积的 34.35%；全区已建立各类生态功能保护区 22 个，其中，国家级 1 个。

6 月 6 日 西藏 5 年投入 1.3 亿元确保城镇居民饮水安全。据新华社消息，西藏自治区从 2010 年开始实施集中式饮用水水源地环境保护工程，截至目前，共投入 1.3 亿元实施了 101 个饮用水水源地的环境保护工程，涵盖当地 74 个县（区）中的 70 个，涵盖率达 95%，确保了城镇居民的饮水安全。

6 月 8 日 西藏 6 年防沙治沙超 188 万亩。据新华社消息，西藏自治区自 2009 年以来共完成防沙治沙 188.4 万亩，落实中央预算内投资 3.74 亿元，防沙治沙成效显著，当地荒漠化和沙化土地扩展趋势得到遏制。

6 月 10 日 中共中央总书记、国家主席、中央军委主席习近平接受班禅额尔德尼·确吉杰布拜见。习近平希望班禅继承藏传佛教爱国爱教的光荣传统，胸怀祖国，心系人民，坚定不移维护祖国统一和民族团结。要积极开展教义阐释，弘扬藏传佛教教义中的扬善抑恶、平等宽容、扶贫济苦等积极思想。要精进学修，不断提高宗教学识和道德修养，学习人类一切文明成果和现代科学文化知识，不断开阔自己的眼界和胸襟。最后，习近平祝班禅福慧俱增、法喜圆满。

6月11日 拉萨日喀则分别被列为国家级和区域级流通节点城市。据《西藏日报》报道，商务部等10部门联合印发了《全国流通节点城市布局规划（2015—2020年）》，西藏首府城市拉萨和第二大城市日喀则分别被列为国家级和区域级流通节点城市。这是继国家发展改革委、外交部、商务部联合发布《推动共建丝绸之路经济带和21世纪海上丝绸之路的愿景与行动》，明确“推进西藏与尼泊尔等国家边境贸易和旅游文化合作”后，在国家层面进一步勾勒出西藏面向南亚开放的具体城市支撑。这也预示着，西藏将作为面向尼泊尔等南亚国家开放的重要交通枢纽之一，在“一带一路”建设中发挥积极作用。

6月11日 自治区政府办公厅印发《西藏自治区城镇生活垃圾无害化处理设施建设与运营管理办法》。《办法》明确，地（市）、县（区）人民政府具体负责垃圾无害化处理设施的建设和运营管理。各级住房城乡建设部门负责行业管理，指导和监督全区垃圾无害化处理设施建设、运营管理。各级环境保护部门负责审批环境影响评价文件，并对污染防治工作进行统一监管。各级发展改革部门会同住房城乡建设、环境保护等部门编制本辖区内垃圾无害化处理设施建设规划。

6月14日 西藏近3万人直接参与非遗传承。近年来，在中央和自治区的积极鼓励支持下，西藏直接参与非物质文化遗产传承活动的人数近3万人，5人荣获国家“薪传奖”，10人荣获“十佳传承人”称号。自治区文化厅于2011年将30个发挥作用好、社会影响广的非物质文化遗产传习所列为首批自治区级非物质文化遗产传习基地，并累计投入近400万元用于完善传习基地的设施设备、开展各类传承活动等。

6月17日 西藏实现乡镇邮政网点全覆盖。随着阿里地区措勤县磁石乡、改则县麻米乡邮政营业网点正式运营，西藏565个空白乡镇邮政局（所）补建和运营工作全部完成，全区“乡镇邮政网点全覆盖”目标顺利实现。

6月15日—6月18日 孙春兰在西藏调研。中共中央政治局委员、中央统战部部长孙春兰在西藏调研时指出，要紧紧围绕民族团结、社会稳定、祖国统一这个着眼点着力点，牢牢把握争取人心、改善民生这个出发点落脚点，坚持走有中国特色、西藏特点的发展路子，发展特色优势产业，加强生态环境保护，注重教育和就业，完善覆盖城乡的社会保障体系，切实改善各族群众生产生活。统战工作是党的政治工作，是重要的群众工作，要坚持正确处理一致性和多样性关系的方针，坚持政治原则，固守政治底线，尊重各族群众的宗教信仰、风俗习惯，不断增强各族群众对伟大祖国、对中华民族、对中华文化、对中国共产党、对中国特色社会主义道路的认同。

6月18日 西藏自治区文化产业协会成立。自治区文化产业协会的成立，实现了西藏文化产业界的大团结大联合，对于加快文化产业发展、建设文化发展强区具有重要意义。

6月25日 西藏首次实现跨省远程超声问诊。西藏自治区第二人民医院与北京宣武医院实现远程超声连接，两地医生通过高清、稳定的远程超声和视频交流方式问诊西藏患者。这是西藏首次实现异地远程超声问诊，今后西藏广大农牧民群众有望便捷享受北京等地优质医疗服务。

6月26日 西藏提高水土保持补偿标准，加强生态保护。据新华社消息，西藏自治区对开办生产建设项目或者从事其他生产建设活动影响水土保持的单位和个人，提高征收水土保持补偿费标准，以加强生态保护。2009 年，西藏首次试行水土保持补偿费征收范围和标准，此次是在原有基础上作出修订和大幅度提高计征标准，这将促进建设单位提高生态保护意识，对于建设国家重要的生态安全屏障具有明显促进作用。

6 月 27 日 川藏两省区签订环保战略合作框架协议。此次川藏两省区签订环保战略合作框架协议，是在以前合作基础上的深化，希望通过此次战略合作，借助四川省人才技术优势，在多方面开展合作，进一步提高西藏环境监管能力和水平，最终实现共同发展。

6 月 28 日 拉林高等级公路生态恢复投入近 4 亿元。据《西藏日报》报道，拉林高等级公路建设投入近 4 亿元用于生态恢复，并在全区公路交通建设中首次应用生态袋、生态毯、生态微孔基质等国际先进的柔性生态护坡技术，在全区重大工程建设中树立起生态环保示范新的标杆。

6 月 30 日 自治区党委召开常委会议，审议并原则通过西藏自治区《关于贯彻落实〈2014—2018 年全国党政领导班子建设规划纲要〉的实施意见》。会议强调，贯彻《规划纲要》、加强党政领导班子建设，要深入贯彻落实党的十八大和十八届三中、四中全会精神，贯彻落实习近平总书记系列重要讲话精神特别是“治国必治边、治边先稳藏”的重要战略思想和“努力实现西藏持续稳定、长期稳定、全面稳定”的重要指示，贯彻落实俞正声主席“依法治藏、长期建藏、争取人心、夯实基础”的重要原则，紧紧围绕“四个全面”战略布局，抓住保持党同人民群众的血肉联系这一作风建设的核心问题，坚持从严治党、思想建党、制度治党，以坚定理想信念、增强党性观念、保持高尚道德情操为重点，以严肃党内政治生活、从严管理监督干部、持续深入改进作风、严明党的纪律为抓手，全面加强领导班子思想、组织、作风、反腐倡廉和制度建设。

7月1日 西藏再次提高城乡居民基础养老金。自治区人社厅和财政厅联合决定，从2014年7月1日起，提高西藏城乡居民基本养老保险基础养老金标准，从目前每人每月120元提高至每人每月140元，提高幅度为16.7%，惠及全区23.67万城乡老年居民。

7月2日 17个省（区、市）旅游局组建青藏铁路沿线旅游推广联盟。据新华社消息，由北京、上海、青海等17个省（区、市）旅游局组建的青藏铁路沿线旅游推广联盟，日前在青海省湟中县成立。沿线各省区市今后将围绕青藏铁路沿线旅游资源，整合开发适合境内外游客的系列旅游产品。

7月2日 西藏大规模开展水土保持监督检查。根据水利部的统一安排部署，为推动西藏生态文明建设，遏制人为水土流失，自治区水土保持局组织四个工作组，联合地（市）、县（区）水利部门，在全区开展了为期半个月的重点生产建设项目水土保持专项监督检查活动。这将对促进建设单位提高生态保护意识，建设国家重要的生态安全屏障具有积极作用。

7月3日 医疗人才“组团式”援藏调研评估工作座谈会召开。会议指出，开展医疗人才“组团式”援藏，是促进西藏医疗卫生事业发展的创新之举，是解决历史欠账问题的重要突破，真正抓住了西藏卫生事业发展的关键。要抓住这一重要机遇，加强受援医院专科建设和医疗人才队伍建设，提升医疗卫生事业发展水平和医疗服务能力，使援藏成效惠及各族群众。

7月3日 西藏民族大学举行揭牌仪式。仪式指出，从应运而生的“西藏公学”，到应势而为的“西藏民族学院”，再到今天的西藏民族大学，57年来，在自治区党委的坚强领导下，学校始终致力于培养社会主义建设者和接班人，探索民族高等教育规律，加强专业学科建设，完善人才培养模式，为创建一流大学奠定了坚实基础。

7月4日 西藏自治区政府与国家环保部赴藏调研组就“十三五”期间进一步加强西藏环境保护工作座谈。座谈会指出，西藏仍是全国生态环境最好的地方之一，西藏环境保护工作在许多方面走在了全国前列，为国家的生态安全作出了重要贡献。环保部将一如既往地重视西藏生态环境保护工作，并在“十三五”期间给予重点支持。

7月6日 全区44名唇腭裂患儿接受免费治疗。来自西藏那曲地区和拉萨市的44名唇腭裂患儿，在武警西藏边防总队医院全部免费接受手术，目前所有患儿状态良好。这些孩子今后还将免费接受语音训练、心理辅导等后续康复治疗。

7月8日 西藏首次环保工作考核结果揭晓。据《西藏日报》报道，日前，经自治区人民政府批准，自治区政府办公厅通报了2014年全区74个县（区）环境保护工作考核结果，全区90%以上的县（区）环境保护工作达到优秀、良好等次。

7月10日 全面推进“依法治藏”方略座谈会召开。会议强调，贯彻落实以习近平同志为总书记的党中央全面依法治国的战略部署，推进社会治理法治化、提升反对分裂、维护稳定的工作水平，是我们面临的重大历史课题。希望大家以此为契机，牢固树立确保区域稳定、维护祖国统一、确保国家安全的大局意识，进一步深化对加强区域间法治建设协作、提升维护稳定工作水平紧迫性、必要性的共识，以完善跨区域流动人员服务管理机制等为重点，进一步建立健全沟通协作机制，实现互促共进。

7月10日 西藏“先诊疗后结算”试点缓解群众住院难。据《西藏日报》报道，正在西藏拉萨、山南等地实行的“先诊疗、后结算”试点工作，简化就医手续，优化就医流程，有效缓解了广大农牧民群众“看病难”问题。

7月13日 国务院扶贫开发领导小组赴藏调研。据《西藏日报》报道，国务院扶贫开发领导小组专家咨询委员会调研组一行以西藏“十三五”扶贫规划思路和西藏农牧业经营状况为主题，赴藏开展调研。调研组对西藏扶贫开发工作所取得的成就给予了高度评价和充分肯定。并希望相关部门统一认识，制定切合实际的目标；突出重点，优先解决深度贫困问题；整合资源，完善大扶贫工作格局；分步实施，先难后易；完善工作机制，真正落实精准扶贫。

7月13日 自治区政府专题研究羌塘国家级自然保护区管理体制改革试点工作。根据自治区政府安排，今明两年西藏将在羌塘国家级自然保护区建设73个专业管护站，组建73支专业管护队伍，从当地牧民中招收780名专业管护员。会议研究了今年专业管护站建设的具体事宜，明确了今年专业管护站建设的主要任务、目标和责任。会议还研究了羌塘国家级自然保护区专业管护员管理办法，明确了专业管护员和协议管护员的职责、考核、奖惩，为全区自然保护区管理探索出一条群众管护与专业管护相结合的路子。

7月15日 加快推进全区“五保”集中供养和孤儿集中收养工作电视电话会议召开。会议指出，2015年，全区“五保”有意愿集中供养率到达100%，孤儿集中收养率达到100%，这是自治区党委、政府2015年“十件实事”之一，是自治区党委、政府对全区各族人民作出的庄严承诺，是一项硬任务、硬指标。

7月15—16日 自治区调研组深入拉萨市羊八井镇、吞巴乡、甲玛乡等地，调研特色小城镇建设及扶贫开发工作。调研组强调，特色小城镇示范点建设，是全区推进新型城镇化的重大举措，是提升农牧区基本公共服务水平的重要抓手，是促进农牧民增收的有效途径，自治区党委、政府对此高度重视。要深刻领会党中央和自治区党委、政府关于扶贫开发工作的新判断、新要求。要明确目标，因地制宜、补齐短板，科学制订脱贫目标任务；要突出重点，准确把握、分类施策，合理确定重点村（居）、重点户、重点对象，进行一对一精准扶贫；要夯实基础，加强基础设施建设，强化基层组织建设，确保扶贫政策措施落地见效。

7月16日 北京至林芝直达航线开通。

7月17日 《西藏自治区牦牛产业发展实施方案（2015—2020）》出台。《方案》从加大科技投入、加快建立有效的技术服务机制、加强农牧民技术培训等方面为牦牛产业发展提供科学技术支撑。

7月20日 西藏完成两千多名村（居）干部培训。据《西藏日报》报道，西藏各地市根据不同区域、不同年龄、不同层次、不同类型村干部的特点，分类指导、分层培训，截至目前，已完成全区2000多名村（居）干部培训。下一步，还将继续通过“请进来、走出去”等方式，持续开展包括大学生村官和第一书记在内的村（居）干部培训，于年底前实现全区村（居）干部全部轮训一遍。

7月20日—7月25日 全国政协副主席李海峰率全国政协委员赴藏考察团考察调研川藏大通道建设。她强调，要围绕加快推动川藏大通道建设深入考察调研、积极建言献策，为中央决策提供科学依据，为西藏跨越式发展和长治久安提供有力支撑。

7月28日 自治区党委常委会议审议并原则通过《中共西藏自治区委员会关于贯彻落实中央统战工作会议和〈中国共产党统一战线工作条例（试行）〉精神的实施意见》，审议通过《西藏自治区高层次人才引进办法（试行）》。

7月29日 自治区召开天然饮用水产业发展电视电话会议。会议深入贯彻落实自治区党委、政府关于做大做强天然饮用水产业的决策部署，总结交流西藏天然饮用水产业发展经验，研究部署西藏天然饮用水产业发展重点工作，进一步深入动员、统一思想、提高认识、汇聚合力，推动西藏天然饮用水产业大发展。

7月30日 中共中央政治局召开会议，分析研究当前经济形势和经济工作，研究进一步推进西藏经济社会发展和长治久安工作。中共中央总书记习近平主持会议。会议认为，中央第五次西藏工作座谈会以来，在党中央坚强领导下，在中央国家部委、对口援藏省市和中央企业大力支持下,西藏自治区党委和政府团结带领全区各族干部群众，扎实做好发展稳定各项工作，经济快速发展，社会事业全面进步，群众生活水平明显提高，社会大局持续稳定。进一步研究和部署西藏经济社会发展和长治久安工作，对保证西藏同全国一道实现全面建成小康社会的目标具有十分重要的意义。会议强调，做好新形势下的西藏工作，必须坚持党的治藏方略，把维护祖国统一、加强民族团结作为工作的着眼点和着力点，坚定不移开展反分裂斗争，坚定不移促进经济社会发展，坚定不移保障和改善民生，坚定不移促进各民族交往交流交融，依法治藏、富民兴藏、长期建藏、凝聚人心、夯实基础，确保国家安全和长治久安，确保经济社会持续健康发展，确保各族人民物质文化生活水平不断提高，确保生态环境良好。会议强调，要坚持把改善民生、凝聚人心作为经济社会发展的出发点和落脚点，以基础设施、特色优势产业、生态保护与建设为重点，推进经济社会协调发展、走向全面小康，推进民生显著改善、走向人民生活富裕幸福，推进生态安全屏障建设、走向生态全面改善。要加强民族团结工作，全面贯彻党的宗教工作基本方针，发展壮大爱国统一战线，着力做好凝聚人心、汇聚力量工作。要坚持把中央关心、全国支援同西藏各族干部群众艰苦奋斗紧密结合起来，加大对口支援西藏工作力度。西藏各族干部群众要紧紧抓住机遇，充分发挥积极性、主动性、创造性，开创西藏工作新局面。

8月2日 中国保监会与自治区党委、政府在拉萨共同召开保险业支持西藏经济社会发展座谈会。会议指出，西藏自治区党委、政府一直十分关心保险业的发展，特别是在保险业“国十条”发布之后，自治区专门制定了贯彻落实的实施意见，这是西藏首次出台保险专项政策，充分体现了自治区党委、政府对保险工作的高度重视。

8月3日 中央电视台庆祝西藏自治区成立50周年“心连心”艺术团在西藏慰问演出。

8月4日 “十三五”时期对口支援西藏经济社会发展规划编制工作座谈会召开。会议总结了“十二五”对口援藏工作经验，安排部署了“十三五”对口援藏规划编制工作。

8月7日 国家农发办调研组听取自治区农业综合开发工作情况汇报。国家农发办调研组在听取自治区农发办负责人关于西藏农业综合开发工作情况汇报后，充分肯定了西藏近年来农发工作取得的成绩，并对西藏汇报的重要事项给予明确指导和有力支持。

8月9日 西藏24家景区获评“信得过景区”。据《西藏日报》报道，国家旅游局向社会正式发布首批“全国旅游价格信得过景区”入选景区，雅鲁藏布大峡谷、巴松错、勒布沟、班公湖等景区入选。

8月10日 我国海拔最高供暖工程在阿里开工。阿里供暖工程总投资超过14亿元，项目建设周期为两年，未来可将狮泉河镇2.5万名居民纳入集中供暖范围。

8月11日 由国务院侨务办公室和自治区党委、政府共同组织实施的“侨爱工程——点亮藏区牧民新生活”西藏项目在拉萨启动。“侨爱工程——点亮藏区牧民新生活”西藏项目是国务院侨务办公室和自治区党委、政府贯彻落实党的十八大精神，发挥侨务优势，引导、协助广大海外侨胞、港澳同胞关注和支持西藏牧民改善生活条件，促进西藏和谐稳定发展而实施的“侨爱工程”品牌项目，将向西藏阿里地区的5000户困难群众捐赠太阳能卫星电视。项目推出后，得到了广大海外侨胞、港澳同胞、涉侨基金会的积极响应和鼎力支持，共筹集善款1740万元。

8月13日 医疗人才“组团式”援藏工作推进会召开。会议指出，医疗人才“组团式”援藏是党中央对西藏各族人民的亲切关怀，是干部人才援藏工作的创新发展，充分体现了社会主义制度集中力量办大事的无比优越性。要把做好这项工作作为贯彻落实习近平总书记系列重要讲话精神特别是“治国必治边、治边先稳藏”重要战略思想的具体行动，切实抓紧抓实抓出成效。

8月13日 第五届西藏唐卡艺术博览会开幕。

8月13日 自治区政府召开专题会议审议《西藏生态安全屏障保护与建设工程建设成效评估报告》。会议要求，《西藏生态安全屏障保护与建设规划》是今后相当长一个时期西藏生态环境保护与建设的总纲，是构建西藏国家生态安全屏障最重要的抓手。要进一步提高规划重要性的认识，进一步加大规划落实力度，进一步做好规划实施成果的宣传，努力构筑稳固的西藏国家生态安全屏障。

8月13日 自治区召开扶贫专题会议，学习贯彻八届区党委第128次常委会议精神，研究“十三五”扶贫规划基本思路，分析形势，安排部署当前和今后一个时期的全区扶贫开发重点工作。

8月13日—15日 中共中央政治局委员、国务院副总理汪洋在西藏考察调研扶贫开发及农牧业、旅游业等工作。他强调，推进西藏扶贫开发，事关全面小康大局，事关民族团结和边疆稳固。要认真贯彻落实党中央、国务院的决策部署，进一步增强责任感、紧迫感，充分发挥政治优势、制度优势，找准路子，强化举措，深入实施精准扶贫，加快农牧区脱贫致富步伐。

8月17日 中共中央政治局委员、中央统战部部长孙春兰主持会议，研究中央代表团赴西藏参加自治区成立 50 周年庆祝活动有关工作。孙春兰强调，庆祝活动要坚持隆重热烈、俭朴务实的原则，让西藏各族干部群众广泛参与，共享欢乐祥和的喜悦。要展示我国社会主义制度的巨大优越性和民族区域自治制度的强大生命力，展示我们党领导西藏各族人民进行革命、建设、改革的伟大历程和所取得的辉煌成就。

8 月 17 日 自治区举行纪念西藏自治区人民代表大会成立 50 周年大会。大会强调，要深入学习贯彻习近平总书记系列重要讲话精神，贯彻落实习近平总书记在庆祝全国人民代表大会成立 60 周年大会上的重要讲话精神，贯彻落实中央政治局会议关于进一步推进西藏经济社会发展和长治久安的部署精神，坚持依法治藏、富民兴藏、长期建藏、凝聚人心、夯实基础，坚定不移地走中国特色政治发展道路，进一步坚持和完善人民代表大会制度，组织和动员全区各族人民凝心聚力，努力建设美丽和谐幸福的社会主义新西藏。

8 月 20 日 “组团式”援藏医疗人才欢迎大会暨培训班开班仪式举行 。

8 月 22 日 西藏实现乡乡通光缆。据《西藏日报》报道，在全区上下以实际行动热烈庆祝西藏自治区成立 50 周年之际，从全区通讯战线传来喜讯，由中国电信西藏公司建设的“37 献礼工程”日前全面竣工，这标志着西藏实现了乡乡通光缆。

8 月 22 日 全区扶贫调研推进工作电视电话会议召开。会议要求，全区各地市、各相关部门要切实增强对扶贫工作重要性的认识，切实把思想和行动统一到中央的精神上来，统一到区党委的安排部署上来，深入学习、贯彻落实习近平总书记和汪洋副总理有关扶贫工作的讲话精神及区党委相关会议精神，领会精神实质，把握核心要义，认真做到入心入脑，融会贯通；进一步增强责任感、紧迫感，加大工作力度，加强组织领导，切实摸清摸准摸实贫困人口数量、分布情况、致贫原因，统一数据、明确帮扶措施，为区党委、政府科学决策提供依据，为“十三五”时期全区贫困人口精准脱贫、全部脱贫打下坚实基础。

8月23日 西藏“饲草产业重大科技专项”获关键性突破。据《西藏日报》报道，自治区科技厅组织、中科院地理科学与资源研究所等单位共同推动的“饲草产业重大科技专项”实施5年来，已累计投入资金2677万元，实施区域涉及12个县，目前取得关键性突破。

8月24日—25日 中央第六次西藏工作座谈会在北京召开。中共中央总书记、国家主席、中央军委主席习近平出席会议并发表重要讲话。习近平强调，要以邓小平理论、“三个代表”重要思想、科学发展观为指导，坚持“四个全面”战略布局，坚持党的治藏方略，把维护祖国统一、加强民族团结作为工作的着眼点和着力点，坚定不移开展反分裂斗争，坚定不移促进经济社会发展，坚定不移保障和改善民生，坚定不移促进各民族交往交流交融，确保国家安全和长治久安，确保经济社会持续健康发展，确保各族人民物质文化生活水平不断提高，确保生态环境良好。

8月26日 自治区党委召开常委（扩大）会议，传达学习中央第六次西藏工作座谈会精神。会议强调，要把传达学习贯彻中央第六次西藏工作座谈会精神作为当前的一项重大政治任务，把以习近平同志为总书记的党中央的特殊关怀转化为强大动力，以习近平总书记的重要讲话精神为指导，坚决贯彻党的治藏方略，坚持依法治藏、富民兴藏、长期建藏、凝聚人心、夯实基础，在新的起点上推动西藏经济社会发展和长治久安。

8月27日 自治区党委发出通知，要求认真学习宣传贯彻中央第六次西藏工作座谈会精神，以习近平总书记重要讲话精神为指导推动长足发展长治久安。

8月29日 国电西藏尼洋河多布水电站举行投产发电仪式。国电西藏尼洋河多布水电站是国电集团为中央第六次西藏工作座谈会胜利召开、自治区成立50周年献上的一份厚礼，是国电集团和自治区深化战略合作、加快能源开发的重要成果。

9月6日 以俞正声为团长的中央代表团抵达拉萨，参加西藏自治区成立50周年庆祝活动，受到西藏各族干部群众和各界人士的热烈欢迎。

9月6日 自治区调研组在自治区扶贫农发办调研。调研组要求，必须立足西藏实际，切实把扶贫农发工作放在推进西藏经济社会持续健康发展、实现中华民族伟大复兴的大局中去认识，把握有利条件，认清困难挑战，强化使命担当，真正做到因势而动、应对有方。要突出扶贫农发工作重点，精准发力，在工作中始终坚持"三个弄清、五个扶持、三个到位"，确保取得实效。要强化领导，合力攻坚，发挥党政组织、行业部门和社会力量的作用，牢固树立一盘棋思想，打赢扶贫农发攻坚战。要加强自身建设，努力打造一支素质高、作风实、讲奉献的扶贫农发干部队伍，切实担负起新形势、新任务赋予的时代使命。

9月6日—7日 中央代表团成员亲切看望"组团式"援藏医疗人才，开展调研指导。

9月7日 "圆梦中国西藏华章——自治区成立50周年成就展"在西藏会展中心隆重开幕，庆祝自治区成立50周年文艺晚会《中国梦·雪山欢歌》举行，庆祝自治区成立50周年招待会举行。

9月8日 西藏自治区成立50周年庆祝大会在拉萨隆重举行。中共中央、全国人大常委会、国务院、全国政协、中央军委发来贺电。中共中央总书记、国家主席、中央军委主席习近平在贺匾上题词"加强民族团结建设美丽西藏"。中共中央政治局常委、全国政协主席、中央代表团团长俞正声出席大会，向西藏自治区赠送贺匾并发表重要讲话。中共中央政治局委员、国务院副总理、中央代表团副团长刘延东在庆祝大会上宣读了中共中央、全国人大常委会、国务院、全国政协、中央军委的贺电。中共中央政治局委员、中央统战部部长、中央代表团副团长孙春兰，中共中央书记处书记、全国政协副主席、中央代表团副团长杜青林，全国人大常委会副委员长、中央代表团副团长向巴平措，全国政协副主席、中央代表团副团长帕巴拉·格列朗杰，十届全国人大常委会副委员长、中央代表团副团长热地和代表团全体成员出席庆祝大会，并在主席台就座。西藏自治区党政军负责同志出席。

9月9日 拉林高等级公路建成段举行开通典礼。中共中央政治局常委、全国政协主席、中央代表团团长俞正声为公路建成段开通剪彩。全国政协副主席、中央代表团副团长帕巴拉·格列朗杰，十届全国人大常委会副委员长、中央代表团副团长热地及西藏自治区党委负责同志一同为公路建成段开通剪彩。拉萨至林芝高等级公路是西藏公路交通跨越式发展的标志性工程，公路起于林芝市真巴村，止于拉萨市柳梧新区，全长约409.2公里，双向四车道。

9月9日 自治区党委发出通知，要求认真学习贯彻俞正声主席在西藏自治区成立50周年庆祝大会上和在听取自治区党委政府工作汇报时的重要讲话精神。通知要求，全区各级各部门、各族干部群众要把学习贯彻俞正声主席在西藏自治区成立50周年庆祝大会上和在听取自治区党委政府工作汇报时的重要讲话精神作为当前和今后一个时期的一项重大政治任务，高度重视、迅速行动、抓好落实，不断开创西藏经济社会发展和长治久安的新局面。

9月9日 俞正声率中央代表团在拉萨看望慰问各族干部群众，与大家共同庆祝自治区成立50周年，并向拉萨市赠送习近平总书记题词“加强民族团结建设美丽西藏”贺匾。

9月10日—11日 俞正声率中央代表团在日喀则看望慰问各族干部群众，向日喀则市赠送习近平总书记题词“加强民族团结建设美丽西藏”贺匾，向扎什伦布寺赠送习近平总书记题词“加强民族团结建设美丽西藏”贺幛。

9月13日 水利部在拉萨召开第七次援藏工作会议。深入贯彻落实中央第六次西藏工作座谈会精神，全面总结“十二五”以来水利援藏工作，研究部署“十三五”水利援藏工作，进一步加大援藏工作力度，推动西藏水利改革发展再上新台阶。水利部、西藏自治区党委负责同志出席。

9月16日 全国检察机关藏汉“双语”培训基地和国家检察官学院西藏分院在西藏林芝揭牌。

9月16日 “冬游西藏”拉开序幕。为不断促进西藏淡季旅游发展，实现旅游业四季均衡发展目标，自治区确定2015年“冬游西藏”时间为2015年9月10日至2016年3月28日。

9月17日 全区新型城镇化工作推进会议召开。会议指出，全区各地（市）、县（区）相关部门一定要统一思想、提高认识，切实增强紧迫感和责任感，把自治区明确的新型城镇化试点，特色小城镇示范和乡镇周转房建设目标任务放在心上、抓在手上，大胆探索，用力探索，用力推动，充分发挥试点的示范带动作用，落实在行动和工作成效上。

9月21日 由中华环境保护基金会主办的“力士·绿哈达行动——一人一元一平米，青藏高原万亩植绿计划”大型环保公益活动及植草见证之旅在拉萨举行。

9月26日 自治区党委八届七次全会举行。自治区党委常委会主持会议。会议就《中共西藏自治区委员会关于贯彻落实中央第六次西藏工作座谈会精神、进一步推进西藏经济社会发展和长治久安的实施意见（讨论稿）》作了说明。会议对全区经济社会发展工作进行了部署。会议深入学习贯彻中央第六次西藏工作座谈会精神特别是习近平总书记重要讲话精神和李克强总理、俞正声主席的讲话精神，贯彻落实《中共中央关于进一步推进西藏经济社会发展和长治久安的意见》精神，贯彻落实习近平总书记“加强民族团结、建设美丽西藏”题词精神，审议通过了《中共西藏自治区委员会关于贯彻落实中央第六次西藏工作座谈会精神、进一步推进西藏经济社会发展和长治久安的实施意见》。

9 月 27 日　自治区隆重举行全区民族团结进步表彰大会。国家民委发来贺电，自治区党委负责同志出席会议并讲话。会议宣读了自治区党委、政府关于表彰 2015 年西藏自治区民族团结进步模范集体和模范个人的决定和国家民委的贺电。

9 月 28 日　第二届中国西藏旅游文化国际博览会隆重开幕。全国政协副主席帕巴拉·格列朗杰、十 届全国人大常委会副委员长热地应邀出席。国家旅游局、西藏自治区负责同志致辞。本届藏博会以“人间圣地·天上西藏”为主题，在首届藏博会的基础上，深入实施“西藏是面向南亚开放的重要通道，是重要的世界旅游目的地，是重要的中华民族特色文化保护地”发展战略，展示西藏独特的自然景观和人文魅力， 进一步推动西藏旅游文化产业大发展，打造西藏旅游文化升级版。

9 月 29 日　自治区工商局、国税局、质监局联合下发《西藏自治区实施“三证合一、一照一码”登记改革的公告》。

10 月 5 日　西藏市场主体呈现“井喷式”发展。据《西藏日报》报道，从 2014 年 3 月 10 日全面启动商事制度改革到 2015 年 8 月底，西藏新登记注册市场主体达到 5.84 万户，平均每天新注册约 110 户，呈现出“井喷式”的发展态势。

10 月 8 日 “中华环保世纪行——西藏行”活动启动。启动仪式要求，要深刻认识落实好西藏国家重点生态功能区的各项建设，切实保护好雪域高原的一草一木、山山水水，认识保护好“世界上最后一片净土”的重要意义，为实现“美丽中国——西藏梦”作出应有贡献。

10 月 13 日 由中国葛洲坝集团公司参建的西藏最大水电工程藏木水电站 6 号机组正式并网发电。这标志着在雅鲁藏布江干流上规划建设的首个水电站全面建成并投入商业运行。

10 月 15 日—16 日 全区五保集中供养和孤儿集中收养工作现场会召开。会议要求，各地（市）和区直各相关部门要认清形势，充分认识“双集中”工作的极端重要性；要增强责任感和紧迫感，千方百计、多措并举，确保“双集中”工作扎实推进，确保任务目标顺利实现；要在最后冲刺关头团结一心，努力拼搏，让这项利民惠民的“十件实事”之一全面落实，兑现自治区党委、政府对全区各族人民作出的庄严承诺。

10 月 17 日 西藏开展扶贫日宣传活动。

10 月 19 日 西藏自治区与中国电建签订战略合作协议。

10 月 22 日 西藏小微企业税收优惠实现全覆盖。2015 年以来，西藏不折不扣落实小微企业增值税优惠政策。上半年，全区累计享受小微企业增值税优惠政策的纳税人达 47565 户，减免税额 7575 万元，优惠政策覆盖面达 100%。

10 月 23 日 “电力天路”实现“藏电外送”逾 3 亿千瓦时。自 2015 年 6 月 1 日青藏直流系统功率成功实现反送带负荷、西藏藏中电网首次实现电力外送以来，至 10 月 23 日，青海电网已共计接纳藏中电网外送电量 3.19 亿千瓦时。

10 月 26 日 西藏推行官方兽医制度。为推进兽医工作法治化、正规化进程，西藏于今年正式在全区范围内推动官方兽医制度，并认定了全区首批官方兽医 915 人。

10 月 28 日 全区精准扶贫现场会在拉萨召开。会议强调，各地市在扶贫攻坚方面探索了许多好办法，要准确把握阶段性特征，立足实际，找准主攻方向，走出一条中国特色西藏特点的扶贫开发路子；要总结经验、推广典型，理清思路、明确目标，抓住重点、谋划开局，抓好“十二五”收官，抓好“十三五”开局，坚决打赢打好精准扶贫攻坚战，确保贫困人口到 2020 年如期全部脱贫，让全区各族群众早日过上幸福安康的新生活。

11 月 5 日 西藏打造财政补贴发放“绿色通道”。中国人民银行拉萨中心支行与日喀则市政府在岗巴县龙中乡举行了财政性补贴资金通过惠农卡直接发放活动暨启动仪式，标志着西藏财政性补贴资金通过惠农卡直接发放试点工作正式启动。

11 月 8 日 自治区政府召开常务会议研究部署精准扶贫脱贫工作。据《西藏日报》报道，自治区政府近日召开常务会议，听取全区扶贫开发工作情况汇报，研究部署深入推进精准扶贫脱贫工作；原则通过《西藏自治区旅游条例（修订草案）》。

11 月 18 日 中国科学院青藏高原所综合评估了西藏高原从过去 2000 年到未来 100 年的环境变化，总体结论是：西藏高原生态系统总体趋好。

11 月 26 日 全区 138 个乡镇被列入全国重点镇。“十二五”期间，全区组织实施了农村危房改造、开展传统村落及全国重点镇的申报工作，取得了一定成果，农牧民居住、生活条件得到显著改善，全区 138 个乡镇被列入全国重点镇。

12 月 6 日 “十二五”西藏贫困发生率下降近 17 个百分点。据《西藏日报》报道，全区贫困群众收入增长幅度高于全区农牧民平均收入增长幅度 3 个百分点，贫困人口为 69 万人，全区 41.42 万贫困群众稳步脱贫；贫困发生率由 2010 年的 49.62% 下降到 32.95%，贫困人口和贫困发生率明显下降。

12 月 9 日 自治区党委召开常委会议，传达学习中央扶贫开发工作会议精神。会议强调，要以习近平总书记的重要讲话精神为指导，紧密结合西藏实际，采取超常规举措，拿出过硬办法，深入实施精准扶贫、精准脱贫，积极贡献全国脱贫攻坚大局、造福全区各族群众。一是认识要到位；二是任务要明确；三是措施要落实；四是政策要用好；五是特点要体现；六是保障要有力。

12 月 12 日—13 日 自治区党委八届八次全会在拉萨举行。全会深入学习贯彻党的十八届五中全会和中央第六次西藏工作座谈会特别是习近平总书记重要讲话精神，听取和讨论自治区党委常委会所作的工作报告，审议通过了《中共西藏自治区委员会关于制定“十三五”时期国民经济和社会发展规划的建议》。会议就《中共西藏自治区委员会关于制定“十三五”时期国民经济和社会发展规划的建议（讨论稿）》向全会作了说明。

12 月 14 日 自治区党委八届八次会议通报，2015 年西藏粮食产量首次突破 100 万吨，达到 101 万吨，创历史新高。其中，青稞产量约 70 万吨，确保了西藏粮食安全。

12 月 17 日 全区农村基层党建工作座谈会召开。会议强调，全区各级党组织和广大党员干部要深入学习贯彻习近平总书记系列重要讲话精神、特别是关于农村基层党建工作的重要指示精神，按照全国农村基层党建工作座谈会及自治区党委八届七次、八次全会部署，肯定成绩、坚定信心，深刻认识存在的问题和差距，紧紧围绕维护祖国统一、加强民族团结这个着眼点和着力点，将加强农村基层党的建设与推进脱贫攻坚、建成小康社会紧密结合起来，与保障改善民生、不断凝聚人心紧密结合起来，与创新社会治理、推进长治久安紧密结合起来，乘势而上、破解难题，不断开创全区农村基层党建工作的新局面。

12 月 23 日 自治区政府办公厅印发《西藏自治区水污染防治行动计划工作方案》。《方案》确定了十个方面的行动计划，系统推进水生态保护、水资源管理和水污染防治。

12 月 24 日 西藏自治区人民政府与中国中铁股份有限公司在北京签署战略合作框架协议。

12 月 26 日 自治区人民政府下发《关于调整西藏自治区城镇居民大病保险政策的通知》。《通知》将现行的城镇居民大额补充医疗保险调整为城镇居民大病保险，2015 年总保费 1000 余万元，覆盖 27 万余人，筹资标准 37 元 / 人，逐步有效减轻大病患者就医负担。

12 月 29 日 西藏主电网覆盖 58 个县。西藏那曲地区比如县 110 千伏输变电工程正式投入运行，标志着西藏全面完成“十二五”期间主电网覆盖面积延伸至 58 个县的目标任务，由此雪域高原正式进入“大电网”时代。

二〇一六年

1月3日 西藏贷款余额首破2000亿元。据《西藏日报》报道，2015年以来，西藏辖区金融机构不断畅通特殊优惠政策传导渠道，在调整优化信贷结构的同时，增加有效信贷投入，西藏金融机构（本外币）各项贷款余额首次突破2000亿元大关，不良贷款率仅0.37%。

1月6日 西藏首个特色小城镇示范点开工建设。据《西藏日报》报道，山南地区贡嘎县杰德秀特色小城镇建设项目示范点开工建设，为全区特色小城镇建设起到了示范带头作用，拉开了全区20个特色小城镇示范点建设的序幕。

1月14日 西藏实施稳岗补贴稳定就业。据《西藏日报》报道，从2015年起，西藏实施失业保险稳定就业岗位补贴政策，通过使用失业保险基金对企业给予补贴，帮助企业减轻负担，稳定就业岗位。符合条件的企业，可按照企业及其职工上年度实际缴纳失业保险费总额的50%给予稳岗补贴。目前，首批196家企业将享受稳岗补贴。

1月14日 自治区设立脱贫攻坚指挥部。自治区党委召开八届区党委第150次常委会议，传达中央扶贫开发工作会议精神，特别是习近平总书记、李克强总理、汪洋副总理的重要讲话精神，研究西藏“十三五”扶贫开发工作及2016年扶贫开发工作要点，明确拟全面调整充实自治区扶贫开发领导小组，设立脱贫攻坚指挥部。

1月16日 甘肃首次向西藏送电。据《西藏日报》报道，甘肃电网和西藏电网近日正式签订外送电协议，2016年甘肃将向西藏电网送电 7 亿千瓦时，这是甘肃首次向西藏送电，实现了甘电进藏的重大突破。

1 月 18 日 西藏博物馆推进数字化建档。据《西藏日报》报道，西藏博物馆馆藏文物数字化建档工作进展顺利，首批万余件珍贵文物已顺利完成建档，后续工作正在有序进行中。此次数字化建档工作主要包括文物名称、类别、级别、年代、质地、外形尺寸、质量、完残程度、保存状态等 14 项基本指标，操作过程中，工作人员会根据文物分类统一拍照和编号，旨在全方位记录文物的“基因式信息”，完善可移动文物信息管理平台。

1 月 22 日 第六届“珠穆朗玛文学艺术奖”揭晓。经评审专家小组最终评定，大型组歌《极地放歌中国梦》、大型实景剧《文成公主》、韩书力“水墨艺术成就”3 项荣获第六届西藏“珠穆朗玛文学艺术奖”特别奖，另有 14 件作品荣获优秀作品奖，15 件作品荣获荣誉奖，充分反映了近年来西藏文艺创作水平。

1 月 23 日 自治区扶贫开发领导小组脱贫攻坚指挥部召开第一次会议，研究审议《中共西藏自治区委员会西藏自治区人民政府关于贯彻落实〈中共中央国务院关于打赢脱贫攻坚战的决定〉的实施意见》和《自治区“十三五”扶贫开发总体方案》等相关文件，分析了全区扶贫开发面临的形势，研究部署下一步工作。

1 月 25 日 西藏拟投资逾 2000 亿元基本消除交通瓶颈。据《西藏日报》报道，未来 5 年，西藏将争取完成投资 2388 亿元，积极打造以拉萨为中心的“3 小时综合交通圈”和“2 小时经济圈”，力争 2020 年全区公路总里程达到 11 万公里，基本消除交通运输对经济社会发展的瓶颈制约。

2 月 1 日 全区经济工作会议召开。会议指出，习近平总书记在中央经济工作会议上的重要讲话总揽全局、站位高远，思想深刻、清新朴实，具有很强的战略性、针对性、指导性，是推动经济持续健康发展的基本遵循和行动指南。我们要深刻领会习近平总书记关于当前国际国内经济形势、引领经济发展新常态、“五大发展理念”、今年经济工作总体要求和重点任务、加快推进改革开放、党领导经济工作重大原则的重要论述，切实把思想行动统一到以习近平同志为总书记的党中央的决策部署上来，统一到中央经济工作会议精神特别是习近平总书记的重要讲话精神上来。

2月2日 2015年西藏扶贫农发工作成果丰硕。据《西藏日报》报道，2015年西藏扶贫农发共落实投资23.93亿元，其中中央财政投资17.63亿元，预计完成投资建设17.46亿元，占总投资的72.9%，已完成“十二五”规划投资的154.63%。扶贫开发共落实投资16.75亿元，其中中央财政投资13.63亿元，已完成“十二五”规划投资的153.63%；农业综合开发共落实投资7.18亿元，其中中央财政投资4亿元，已完成“十二五”规划投资的156.94%。西藏扶贫农发工作主要呈现项目建设进度加快、简政放权深入推进、改革创新不断加大、发展能力明显提升、项目帮扶准度更高等特点。

2月2日 全区扶贫开发工作会议召开。会议指出，打赢脱贫攻坚战，是实现中华民族伟大复兴中国梦的首要前提，是与全国一道全面建成小康社会的关键之举，是实现西藏长治久安的重要保障。要充分认识打赢脱贫攻坚战的极端重要性，立足边疆民族地区实际，围绕解决好“扶持谁”“谁来扶”“怎么扶”“如何退”等重大问题，实施精准扶贫、精准脱贫，做到在精准施策上出实招、在精准推进上下实劲、在精准落地上见实效，加快全面建成小康社会步伐。一要摸清底子、瞄准对象。二要确定目标、明确任务。三要突出重点、抓住关键。四要精准脱贫、到户到人。五要把握特点、搞好结合。六要严格评估、有序退出。

2月4日 西藏至东北旅客列车首发。此趟旅客列车起点为拉萨站，终点为辽宁沈阳北站，将采取在北京西站进行接续乘车的方式运行，沿青藏铁路、兰青铁路、包兰铁路、太中银铁路、京广铁路等线路运行，穿越西藏、青海、甘肃、宁夏、陕西、山西、河北、北京和辽宁9省市自治区。此趟旅客列车开行后，将成为青藏高原首趟开往我国东北地区的旅客列车，对加强西藏与东北地区经济、文化、人文交流，改善沿线各族人民出行条件，增进民族团结具有重要意义。

2月11日 西藏“双集中”工作实现全覆盖。据《西藏日报》报道，目前，西藏63个五保集中供养服务中心项目除聂拉木县因地震影响未开工外，其余均已完工并实现集中供养；7个地（市）和自治区儿童福利院已全部投入使用，有意愿五保对象集中供养率和孤儿集中收养率双双实现100%。按现行政策规定，五保供养标准经费为年人均4400元，孤儿基本生活费为年人均12000元，这一标准还将继续提高。

2月15日 西藏五级公共文化服务体系全面形成。据《西藏日报》报道，截至2015年底，覆盖西藏自治区、地（市）、县、乡、村的五级公共文化服务体系全面形成，所有公共文化设施实现免费开放。目前西藏已建立农家书屋5451个，寺庙书屋1787个，实现农家书屋、寺庙书屋全覆盖。西藏广播电视综合人口覆盖率由2010年的89.2%增长至94.78%。西藏全区县民间艺术团数量达74个，比2010年增加56个，提前实现了“县县有民间艺术团”的目标。

2月18日 西藏制定“全民参保登记计划”工作方案。据《西藏日报》报道，根据《人力资源社会保障部关于实施“全民参保登记计划”的通知》，西藏制定“全民参保登记计划”工作方案，重点解决基本养老、基本医疗保险重复参保和漏保现象，力争到2017年底全区基本实现人人享有基本养老、基本医疗保障。

2月26日 西藏实现住院费用即时结报全覆盖。2015年底，全区所有乡镇卫生院实现了门诊费用当场核销，74 个县基本实现住院费用即时结报。“十二五”期间，全区医疗卫生机构从 2010 年的 1352 个增加到 2015 年的 1435 个；医院病床从 8838 张增加到 12200 张；卫生人员总数从 12269 人增长到 15831 人；每千人医疗机构床位从 2.94 张增加到 3.80 张，每千人卫生技术人员从 3.33 人增长到 4.12 人。

2 月 29 日 全区环境保护工作会议召开。会议强调，2016 年是“十三五”开局之年，也是西藏全面建成小康社会决胜阶段的第一年。希望全区环保系统继续牢牢守住生态环境保护底线，切实保护好西藏的一草一木、山山水水，保护好世界上最后一方净土，为中华民族子孙后代留下碧水蓝天，为筑牢国家生态安全屏障，加快生态文明建设作出新的更大贡献。

3 月 2 日 自治区党委政法工作会议在拉萨召开。会议深入贯彻落实党的十八大和十八届三中、四中、五中全会精神，贯彻落实中央第六次西藏工作座谈会、中央政法工作会议及一系列相关会议精神，贯彻落实区党委八届七次、八次全会精神，总结工作，分析形势，安排部署今年政法工作。

3 月 4 日 “十二五”全区城镇新增就业 16.9 万人。据《西藏日报》报道，“十二五”期间，全区实现城镇新增就业 16.9 万人，城镇失业登记率控制在 2.5% 以内，转移农牧区劳动力 467 万人次，实现劳务收入 108.8 亿元。其中，西藏籍高校毕业生实现全就业；各项社会保险参保人数达 278 万人次，是 2010 年的 1.6 倍，城乡社会保障水平大幅度提高; 全区专业技术人才达 7.3 万人，高技能人才达 2.3 万人，人才强区战略深入推进，人事人才配置进一步优化。

3 月 7 日 西藏森林资源面积和蓄积量双增长。据新华社消息，随着造林步伐加快和农牧民种树护林意识增强，近年来西藏森林资源面积和蓄积量实现了双增长，生态环境不断改善：西藏森林面积已达

1684.86 万公顷，森林覆盖率达 14.01%，十余年间增加 195 万公顷，森林蓄积量增长 10.21%。

3 月 7 日 青藏铁路发送旅客人次创历年春运新高。截至 3 月 3 日，为期 40 天的 2016 年春运落下帷幕，青藏铁路发送旅客 128.3 万人次，日均发送 3.2 万人次，同比增加 5.4 万人次，增幅为 4.4%，创青藏铁路春运旅客发送新记录，运输安全平稳有序。

3 月 10 日 金融业成西藏长足发展“加速器”。截至 2015 年末，西藏金融机构各项存款余额 3671.22 亿元，同比增加 581.21 亿元，增长 18.81%，高于全国各项存款增速 6.51 个百分点，增速居全国第一位。“十三五”期间，西藏将加大对重点领域和薄弱环节的信贷支持力度，设立西藏发展资金，引导更多金融资本、社会资本投向基础设施、“三农”和实体经济，保持贷款规模与西藏地区生产总值协调增长，为支持西藏经济社会发展提供更多金融支撑。

3 月 12 日 消费拉动西藏经济增长作用凸显。据《西藏日报》报道，“十二五”以来，全区社会消费品零售总额先后突破 200 亿元、300 亿元和 400 亿元大关，保持了 17% 以上的年均增速，消费在全区生产总值中的比重由“十一五”末的 35.5% 提高到“十二五”末的 39.8%，消费对经济增长的拉动作用显著增强。

3 月 12 日 西藏环境监测保障能力大幅提高。“十二五”期间西藏环境监测基础保障能力大幅提高，基本建成水、气、土壤环境质量监测网络。根据《西藏自治区智慧环保总体规划（2015—2020 年）》，西藏将搭建数字化、立体化、智能化和全覆盖的生态环境保护监管网络平台。

3 月 13 日 西藏农牧科技有效支撑增产增效。随着投资力度和科研能力逐年增强，西藏农牧科技发展水平进入“快车道”。数据显示，西藏“十二五”期间共实施 776 项、总投资达 6.72 亿元的科技创新与平台建设项目，取得42项科技成果，获20项专利，科技成果转化强力支撑起雪域高原农牧业增产增效和农牧民增收。

3月17日 西藏自治区与中国农业发展银行签署合作协议。自治区与中国农业发展银行在京举行座谈会，就金融支持西藏经济社会发展进行深入交流，并签署金融合作协议。双方将深化政银合作，不断加大信贷投放力度、积极服务西藏“三农”工作，有效发挥农业政策性支农的牵引和支撑作用，为西藏经济持续健康发展和社会大局持续和谐稳定作出贡献。

3月18日 西藏加快建设面向南亚开放重要通道。“一带一路”与西藏加快建设面向南亚开放重要通道咨询会18日在北京召开。会议围绕落实“一带一路”战略和国家“十三五”规划纲要，听取国家部委、咨询委员、专家学者对加快建设面向南亚开放重要通道的意见建议。建设面向南亚开放重要通道的总体思路是，依托地缘优势、资源优势和政策优势，以拉萨为中心，以日喀则为前沿，面向南亚，背靠陕甘宁青经济带和川渝经济圈，围绕培育环喜马拉雅经济合作带、参与孟中印缅经济走廊建设，全面促进西藏与周边地区基础设施互联互通、产业发展合作共赢、对外贸易提质增效，构建国家面向南亚开放的重要通道。

3月19日 西藏“十二五”接待游客6700多万人次。据新华社消息，西藏“十二五”期间累计接待国内外旅游者6789万人次，实现旅游收入874亿元。“十二五”期间，西藏旅游基础设施实现了历史性改善，同时围绕着“世界旅游目的地”这一重大战略定位和部署，举行一系列旅游节庆活动，积极打造旅游业升级版。

3月21日 西藏2016年规划12亿元发展通信业。根据自治区信息通信业“十三五”规划，西藏将着力发展移动广覆盖工程、宽带通信工程、传输网建设工程、数据通信及业务支撑网络建设工程、自治区电信网络信息安全综合技术管控平台、应急保障能力提升工程6项重点项目。这些重点项目总投资超过45亿元，2016年全区通信行业要力争完成投资12亿元。

3月26日 西藏开展针对高龄非遗传承人的抢救性记录工作，以全媒体形式系统记录传承人基因式信息，尽最大努力延续非遗历史文脉，确保优秀藏文化永世长存。

4月4日 西藏启动数字文化馆建设项目。为进一步提升公共文化服务能力，西藏启动数字文化馆建设项目。项目旨在通过数字软件平台及场馆互动体验等内容建设，打造公共文化服务“直通车”，促进优质藏文化资源交流共享。

4月5日 西藏启动新一轮农网改造升级。国网西藏电力有限公司召开新一轮农网改造升级工程启动会，标志着西藏新一轮农网改造升级工程正式启动。通过工程建设，西藏将完成约3300个小城镇和中心村农网改造升级任务，涉及7个地区（地级市）的66个县约162万人，占全区农牧民总人数的70%。到2020年，西藏主电网将进一步延伸到全区74个县的主要乡镇，覆盖全区人口的97%，使县域电网供电能力和服务水平明显提升，基本满足全面建成小康社会对农村电力的需求。

4月6日 西藏投资400亿元改善公路交通。自治区2016年第一批重点公路交通建设项目集中举行开工仪式，包括贡嘎机场至泽当专用公路新改建工程、日喀则机场至日喀则市专用公路新改建工程、“4·25”地震灾后交通恢复重建工程等，全区今年力争完成公路交通投资400亿元。

4月8日 全区农牧业工作会议召开。会议指出，“十三五”是全区农牧业大有作为的重要战略机遇期，全区农牧系统必须牢固树立和贯彻落实创新、协调、绿色、开放、共享的发展理念，要认清形势，增强农牧业发展的紧迫感和使命感，紧紧抓住“十三五”战略机遇期，坚持创新强农，培育农牧业发展新动力；坚持协调惠农，增强农牧业发展的整体性和协同性；坚持绿色兴农，增强可持续发展能力；坚持开放助农，提升农牧业发展质量效益；坚持共享富农，促使发展成果惠及广大农牧民，加快推进农牧业现代化。

4月9日 据《西藏日报》报道，2016年全区将易地扶贫搬迁2.5万人，对居住在“一方水土养不起一方人”地方的贫困人口实施易地扶贫搬迁，努力做到搬得出、稳得住、有事做、能致富，确保搬迁对象尽快脱贫，从根本上解决生计问题，确保搬迁贫困人口到2020年与全区各族人民一道步入全面小康社会。

4月13日 西藏出版文化产业园开工建设。西藏出版文化产业园一期工程开工仪式举行。西藏出版文化产业园建设项目被自治区党委列为重点扶持文化项目，被列入国家新闻出版广电总局“新闻出版改革发展项目库”。一期工程占地50亩，总建筑面积约3.5万平方米，总投资约1.7亿元，包括西藏音乐制播基地、西藏动漫基地、西藏文化企业孵化器等，将打造西藏演播厅、音乐主题酒吧一条街、休闲书店等多个文化体育项目。

4月18日 “组团式”教育人才援藏工作启动。“组团式”教育人才援藏工作启动仪式在拉萨举行。“组团式”教育援藏对于补上西藏教育短板、全面提升西藏双语教育教学质量、促进教育公平具有重要意义。

4月20日 西藏银行资产突破400亿元。据《西藏日报》报道，西藏银行成立以来，借助中央赋予西藏的特殊优惠金融政策，充分发挥地方商业银行“机制灵活、程序简便、服务优质、运营高效”的优势，服务地方经济社会发展的能力和自我发展能力增强，截至今年4月20日，全行资产规模突破400亿元，达428亿元。

4月22日 西藏实现“十三五”开局之年开门红。据《西藏日报》报道，全区生产总值完成238.54亿元，同比增长10.7%；全社会固定资产投资81.23亿元，增长22.3%，同比加快2.3个百分点；公共财政预算支出完成280.96亿元，增长27%；农村居民人均可支配收入增长12%。抓发展促改革的状态好，重点经济工作的成效好，产业发展的形势好，财政金融的支撑好，群众生活的提升好，改革开放的活力好，广大干部增强领导经济发展能力的态势好，实现了“十三五”开局之年的“开门红”。

4月23日 拉林铁路建设助力精准扶贫。自拉林铁路开工以来，紧紧围绕自治区“五位一体”大扶贫战略，着力在扶贫开发、转移就业等方面下功夫，积极通过生产扶贫、直接扶贫、产业扶贫助力脱贫攻坚。各标段共吸纳当地农牧民劳务工3000多人，租用车辆723台套。初步统计，仅2015年就增加当地农牧民收入约4200万元。

4月24日 《西藏自治区“十三五”时期国民经济和社会发展规划纲要》发布。《纲要》根据《中共西藏自治区委员会关于制定“十三五”时期国民经济和社会发展规划的建议》编制，共42章，主要阐明自治区战略意图，明确经济社会发展目标任务，体现各族群众意愿，引导市场主体行为，是未来五年经济社会发展的宏伟蓝图，是政府履行职责的重要依据，是全社会共同的行动纲领。

4月25日 自治区传达学习网络安全和信息化工作座谈会、全国宗教工作会议精神。会议指出，习近平总书记主持召开网络安全和信息化工作座谈会并发表重要讲话，充分体现了以习近平同志为总书记的党中央对网信事业的高度重视。全区各级各部门要认真学习领会，把握精神实质，深入贯彻落实，以新的发展理念统领全区网信事业发展。习近平总书记在全国宗教工作会议上的重要讲话，从党和国家事业发展全局的战略高度，科学分析了宗教工作面临的形势任务，明确提出了中国特色社会主义宗教理论，科学阐述了宗教工作的一系列重大理论和现实问题,是指导我们做好新形势下宗教工作的纲领性文献。

5月4日 自治区科学规划、统筹推进扶贫搬迁工作。按照全区易地扶贫搬迁建设项目要求，一要做好规划，统一规划基础设施、公用配套设施、扶贫搬迁、搬迁选址等；二要做好设计，广泛征求搬迁群众意见，统筹设计扶贫搬迁群众住房建设规模、标准和户型； 三要统筹好资金，抓紧研究资金的整合，有效落实配套资金和专项资金，确保资金使用效益；四要明确目标任务，强化责任落实，广大党员干部要把思想和行动统一到中央和区党委、政府的决策部署上来，齐心协力、众志成城，全力做好扶贫攻坚工作；五要尽早全面启动，抓紧落实，在规划可行、设计方案成熟的基础上，尽快全面启动易地扶贫搬迁工作。

5月7日 西藏投入50余亿元改善农村人居环境。据新华社消息，自2010年开始实施农村人居环境建设和环境综合整治工程以来，西藏将4898个行政村纳入实施范围，已累计投入56.98亿元，农村人居环境得到明显改善。

5月12日 全区各地各部门掀起“两学一做”热潮。按照党中央和区党委“两学一做”学习教育要求，全区各地各部门纷纷行动起来，组织开展系列学习动员会、辅导报告、专题讲座等，在广大党员干部中迅速掀起“学党章党规、学系列讲话，做合格党员”的热潮，以学习教育推动扎实工作，为全面建成小康社会献力。

5月14日 “电力天路”安全稳定运行5年。西部大开发重点项目——青藏联网工程投运5年来，经受住了高寒、低气压、大风沙等恶劣环境考验，安全稳定运行，已累计向西藏地区输送电量33.92亿千瓦时，相当于输送标准煤41.69万吨，减少二氧化碳排放103.93万吨。青藏联网工程已成为惠及青海、西藏两省区人民的“光明天路”。

5月17日　自治区开展旅游服务标准化建设。自治区政府办公厅就开展旅游服务标准化建设年活动下发通知。通知指出，旅游服务是旅游业的基础工程，也是评价旅游满意度的重要因素，推进旅游服务标准化对旅游产业健康持续发展具有重要作用。旅游服务标准化建设要围绕构建重要世界旅游目的地的目标，以旅游服务标准化提高旅游发展质量，培育壮大旅游产业，推动旅游转型升级。

5月18日　十余万件西藏可移动文物首获“国家级电子身份证”。据新华社消息，截至2016年5月，西藏已圆满完成对包括布达拉宫、罗布林卡、萨迦寺、西藏博物馆等在内的800余处重点文物保护单位可移动文物的数据采集、审核、验收、上报等数字化建档工作。十余万件西藏可移动文物首获“国家级电子身份证”，标志着西藏“国宝大调查”阶段性工作取得丰硕成果。

5月19日　自治区党委、人民政府印发《贯彻落实〈中共中央、国务院关于打赢脱贫攻坚战的决定〉的实施意见》。《意见》深刻阐述了打赢脱贫攻坚战的深刻意义,明确了打赢脱贫攻坚战的指导思想、总体要求、奋斗目标和基本原则，要求坚持做到“六个精准”“五个一批”“八个到位”。

5月28日　《西藏“十三五”电能替代规划》审核通过。由国网西藏电力有限公司编制的《西藏“十三五”电能替代规划》经评审原则通过，这标志着西藏首次在电能替代领域中取得了重要进展。该规划是自治区认真贯彻落实国家节能减排和大气污染防治治理有关要求,推进西藏生态安全屏障建设和积极倡导绿色电能替代的重要举措。

5月30日　西藏59部古籍入选第五批《国家珍贵古籍名录》。据新华社消息，899部第五批《国家珍贵古籍名录》和14家“全国古籍重点保护单位”日前公布。西藏自治区有100余家古籍收藏单位申报了400余部古籍，包括公共图书馆和寺庙，最终18家单位申报的59部古籍入选，成为这批名录一大亮点。下一步，古籍保护工作将继续推进古籍分级保护，开展古籍修复和数字化工作。

5月31日 落实2030年可持续发展议程国际研讨会举行。中国外交部与联合国驻华系统在林芝市共同举办2030年可持续发展议程国际研讨会。这是继2015年9月世界各国领导人在联合国发展峰会上一致通过《变革我们的世界：2030年可持续发展议程》之后，中国政府与联合国驻华系统之间共同启动后续落实行动的主要活动之一。2030年可持续发展议程涉及经济发展、社会进步、环境保护多个方面。坚持创新、协调、绿色、开放、共享的五大发展理念，是中国政府的基本国策。西藏自治区政府将按照国家的总体战略，响应联合国发展峰会达成的成果，积极推动西藏经济社会可持续发展。

6月3日 西藏建设首批特色小城镇示范点。据《西藏日报》报道，经自治区人民政府同意，自治区政府办公厅就全区首批20个特色小城镇示范点建设总体规划下达批复，标志着西藏特色小城镇示范点进入全面建设阶段。开展特色小城镇示范点建设是贯彻中央和自治区新型城镇化战略部署的具体实践，是促进经济发展的重要引擎，是不断缩小城乡差距的有力抓手，是不断提高农牧民物质文化生活水平的重要途径，是不断推进西藏社会文明进步的重要载体。

6月3日 西藏环境质量持续保持良好。2015年西藏自治区环境状况新闻发布会在拉萨举行，向社会公布2015年全区环境状况。发言人指出，2015年，西藏以推进生态文明建设为核心，以构建生态安全屏障为抓手，以建设美丽西藏为目标，以严格环境监管执法为手段，以加强环保能力建设为基础，主动适应经济新常态，全面推进生态环境保护、污染防治与辐射环境管理等各项工作，确保了全区环境质量持续保持在良好状态。

6月6日 特殊金融政策助力西藏发展。据《西藏日报》报道，人民银行拉萨中心支行、西藏银监局、西藏证监局、西藏保监局、外管西藏联合下发《关于贯彻〈金融支持西藏经济社会发展的意见〉的意见》，西藏辖区银行业金融机构将加强对基础设施、特色产业、生态环保等重点领域的信贷支持，详细安排部署“十三五”时期西藏贯彻落实特殊优惠金融政策各项工作。

6月12日 西藏严格标准选拔基层好干部。根据《关于认真做好市县乡领导班子换届工作的通知》和《中国共产党地方委员会工作条例》规定，今年以来，全区以市县乡领导班子换届为契机，坚持从严掌握、总体保持稳定，合理确定市县乡领导班子职数，选优配强市县乡领导班子，把中央第六次西藏工作座谈会政策落到实处，着力增强市县乡领导力量，激发基层干部队伍活力。

6月12日 西藏“订单式”培养免费医学生。据新华社消息，西藏从今年开始实施农牧区订单式定向免费医学生培养办法。免费医学毕业生到岗服务期间享有乡镇干部同等待遇，同时享有乡镇卫生专业技术人员生活补助，确保2025年之前实现每个乡镇卫生院至少有1名本科层次的全科医疗卫生人才，专业主要是临床医学、藏医学专业。

6月15日 全区医疗人才组团式援藏工作座谈会召开。会议指出，开展医疗人才组团式援藏，充分体现了以习近平同志为总书记的党中央对西藏各族干部群众的关心关怀，凝结了中组部、国家卫计委、人社部等中央和国家机关、援藏省市对西藏工作的鼎力支持，实现了对口支援西藏工作的创新，增强了西藏各族人民的福祉，彰显了社会主义制度的优越性。要带着感情、带着责任，切实把这一民生工程、民心工程、品牌工程抓紧抓好、抓出成效。

6月16日 青藏铁路累计运送旅客1.15亿人次。据新华社消息，截至2016年5月31日，青藏铁路开通10年间已累计运送旅客1.15亿人次，运送货物4.48亿吨。其中累计运送进出藏旅客1800.6万人次、进出藏货物 3192.7 万吨。自 2006 年 7 月青藏铁路全线通车运营以来，青藏铁路公司采取一系列科学严密的运输管理措施和现代化的技术设备，全面提升青藏铁路运营管理水平和服务保障能力，取得了显著的社会效益和经济效益，青藏铁路被沿线各族人民群众誉为政治线、经济线、生命线、团结线、生态线、幸福线，架起了“世界屋脊”通向世界的“金桥”。

6 月 19 日 我国将加快西藏清洁能源开发。“十三五”期间，在坚持生态优先的原则下，我国将加快推进西藏清洁能源开发，加速建设西藏内需水电项目，鼓励发展各种形式的太阳能，也鼓励有实力的企业因地制宜开发西藏丰富的地热资源，支持西藏打造国家清洁能源示范区。此举不仅可促进当地经济社会发展，还将增加国家清洁能源战略储备，为调整国家能源结构作出积极贡献。

6 月 20 日 全国侨务援藏工作会议召开。会议指出，西藏工作关系党和国家工作大局，做好侨务援藏工作是一项重要的政治任务。各级政府侨务部门要站在维护国家统一和民族团结的高度，增强做好侨务援藏工作的责任感和使命感。新形势下的侨务援藏工作，要充分调动和利用各地的侨务资源，根据受援地区的实际需求，着力支持西藏改善民生、发展教育、精准脱贫和对外宣传，团结广大海外藏胞，为西藏经济社会发展和长治久安贡献力量。

6 月 24 日 西藏商品交易中心成立。西藏商品交易中心在拉萨举行系统上线仪式。作为大宗商品交易平台和当地重点打造的招商引资市场化窗口，标志着西藏资本市场不断丰富，加速融入全国大市场。

6 月 27 日 自治区脱贫攻坚指挥部召开 2016 年全区脱贫攻坚摘帽县(区)座谈会,听取拉萨市城关区等 10 个今年脱贫攻坚摘帽县(区)的工作情况汇报。自治区扶贫办、财政厅等部门就所提问题进行了现场解答。

7月4日—8日 刘奇葆在西藏宣传思想文化系统考察调研。中共中央政治局委员、中央书记处书记、中宣部部长刘奇葆7月4日至8日深入西藏基层文化活动场所和新闻宣传单位，亲切看望宣传思想文化战线广大干部职工，考察指导宣传思想文化工作。他强调，要深入学习贯彻习近平总书记关于宣传思想文化工作的重要讲话精神，不断增强“四个意识”，进一步做好宣传思想文化工作，为西藏长足发展和长治久安提供强大精神动力和有力舆论支持。西藏自治区、中宣部、国家新闻出版广电总局、新华社负责同志等陪同调研。

7月5日 全国环保系统“十三五”对口援藏工作会议召开。会议指出，“十三五”时期是西藏与全国一道全面建成小康社会的决胜阶段，也是西藏推进绿色发展、加快构建国家生态安全屏障的关键时期。要举全国环保系统之力，强化政策、资金、人才、技术援藏等措施，突出抓好生态环境保护重点工作，不断提升西藏环境管理系统化、科学化、法治化、精细化、信息化水平，大力推进美丽西藏建设。

7月7日 全国工业和信息化系统援藏工作座谈会召开。会议指出，全国工业和信息化系统要结合“中国制造2025”和“互联网＋”行动计划的贯彻落实，全力支持西藏走新型工业化道路。要把加快特色优势产业发展作为富民兴藏的重要途径，把发展绿色工业作为建设高原生态安全屏障的重要环节，把加快通信基础设施建设作为西藏脱贫攻坚、全面建成小康社会的重要基石，为西藏经济社会长足发展和长治久安创造有利条件。

7月7日 2016·中国西藏发展论坛开幕。本次论坛主题为“西藏发展的新阶段——创新、协调、绿色、开放、共享”，论坛设有“创新发展：机遇与选择”“协调发展：传统与现代的接轨”“绿色发展：潜力与优势发挥”“开放发展：一带一路的新愿景”“共享发展：精准扶贫与民生改善”五个分议题。来自美国、英国、俄罗斯、西班牙等30余个国家和地区的130余位专家学者和相关人士参会。与会专家学者在拉萨、山南两地进行了实地参观考察。他们通过实地走访农户、参观精准扶贫搬迁点、产业园、教育城等地，了解西藏的民主改革、精准扶贫以及经济、教育、文化保护和生态环境保护情况等，切身感受西藏发展新阶段。

7月10日 全国农业援藏工作座谈会召开。会议指出，做好农业援藏工作，对于加快推进西藏农牧业发展、促进农牧民就业增收、全面建成小康社会、维护国家生态安全、确保长治久安具有重要意义。全国农业系统要进一步增强责任感和使命感，采取有效措施，加大支援力度，把党中央、国务院的要求和西藏人民的期盼转化为工作动力，为自治区农牧业转型升级作出新的更大贡献。

7月14日 西藏对3300个小城镇和中心村电网改造升级。据新华社消息，西藏确定将在明年底前完成3300个小城镇和中心村电网改造升级，涉及近九成县区，占农牧民总数70%，这对完善农牧区电网网架、助力脱贫攻坚具有重要支撑作用。

7月18日 多布杰成为西藏参加奥运田径项目第一人。2016里约奥运会中国体育代表团动员大会在人民大会堂举行，西藏著名中长跑运动员多布杰名列中国体育代表团田径大项马拉松项目名单。这是1988年射箭运动员多吉秋云参加汉城奥运会以来，时隔28年后西藏运动员第二次出征奥运会，也是第一次参加田径项目比赛。

7月24日 全区各族干部群众深入学习贯彻东西部扶贫协作座谈会精神。在我国开展东西部扶贫协作20周年、全国上下深入推进脱贫攻坚之际，7月20日，习近平总书记在银川主持召开东西部扶贫协作座谈会并发表重要讲话。连日来，全区各族干部群众认真学习贯彻习近平总书记在东西部扶贫协作座谈会上的重要讲话精神，纷纷表示，要结合自身工作实际，发挥东西部扶贫协作的优势，凝聚起打赢脱贫攻坚战的强大力量，确保西藏与全国同步全面建成小康社会。

7 月 28 日 全国文物援藏工作会议召开。会议指出，长期以来，国家文物局始终关心支持西藏工作，不断加大对西藏文物保护工作的支持力度，有力促进了西藏文物事业大发展。

7 月 28 日 西藏自治区人民政府与国家开发银行签署合作备忘录。根据协议，“十三五”时期，国开行将围绕西藏发展战略和重点，充分发挥“两基一支”领域的传统优势、“投、贷、债、租、证”综合金融服务优势以及总行各部门、各分行、子公司的援藏协同作用，拟牵头引导支持西藏社会融资总量 3000 亿元，全力支持西藏到 2020 年与全国一道全面建成小康社会。

8 月 4 日 325 位国内外藏学研究专家学者参加的第六届北京（国际）藏学研讨会落下帷幕。会议围绕“一带一路”与面向南亚开放重要通道建设、社会转型与变迁等 19 个专题进行了研讨。

8 月 7 日—13 日 国务院扶贫办赴藏调研脱贫攻坚工作。国务院扶贫办调研组深入西藏昌都、林芝、拉萨、日喀则四个市 13 个县，对易地扶贫搬迁、产业扶贫、金融扶贫工作等进行了为期 7 天的考察调研。8 月 13 日上午，调研组一行与自治区政府进行了座谈，充分肯定和评价西藏的脱贫攻坚工作。

8 月 12 日—13 日 俞正声在西藏调研。中共中央政治局常委、全国政协主席俞正声 8 月 12 日至 13 日到西藏昌都市调研。他深入企业、医院、乡村和藏传佛教寺庙，考察当地发展稳定情况。他指出，要坚持把改善民生、凝聚人心作为经济社会发展的出发点和落脚点，坚持生态保护第一、尊重群众意愿，着力加强水、电、路等基础设施建设，大力发展教育、医疗等社会事业，千方百计扩大就业、增加群众收入，进一步提高各族群众生活水平。他强调，要认真学习贯彻中央第六次西藏工作座谈会精神和习近平总书记系列重要讲话精神，坚持“五位一体”总体布局和“四个全面”战略布局，坚持党的治藏方略，把维护祖国统一、加强民族团结作为工作的着眼点和着力点，切实加快发展、改善民生，促进宗教和睦、社会和谐，推进西藏经济社会发展和长治久安。

8月18日 “网格化”管理筑牢西藏和谐根基。据《西藏日报》报道，从2011年起，西藏以“网格化”管理为单位，有效整合社区工作人员、村（居）委治保员、流动人口协管员、治安民警等力量，不断加强和创新社会管理，实现“解决问题一通到底、社情民意一传到顶”，经过近5年来的实践，织成了一张维护社会稳定、保障人民安全、处处方便群众的网络，为和谐社会筑牢根基。

8月24日 自治区藏医院迎来“百岁华诞”。自治区藏医院举行建院100周年庆典新闻发布会。自治区藏医院的前身是1916年斋康吉恰堪布和钦热诺布大师在拉萨创立的“门孜康”，即藏医历算院。目前，“门孜康”已被列入国务院第七批重点文物保护单位；已有各类藏医药人员近700人；完整保存藏医和天文历算等珍贵古籍582卷、藏医外治器械200多种；抢救整理藏医药历史文献800余种300余卷。自治区藏医院的发展形成了独具特色的藏医药学体系和深厚的文化内涵，是西藏经济社会各项事业发展的一个缩影。

8月28日 吴英杰任西藏自治区党委书记。自治区召开全区领导干部会议。中央组织部副部长姜信治出席会议并宣布中央决定：吴英杰同志任西藏自治区党委书记，陈全国同志不再担任西藏自治区党委书记、常委、委员职务。

8月31日 自治区党委八届九次全会在拉萨召开。自治区党委常委会主持会议。全会审查通过了《中共西藏自治区委员会关于召开中国共产党西藏自治区第九次代表大会的请示》，审议通过了《中共西藏自治区第八届委员会第九次全体会议关于召开中国共产党西藏自治区第九次代表大会的决议（草案）》。全会决定中国共产党西藏自治区第九次代表大会 11 月在拉萨召开。全会审议通过了《中国共产党西藏自治区第八届委员会第九次全体会议关于同意撤销那曲地区设立地级那曲市的建议的决定（草案）》。

9 月 7 日 西藏上调教育“三包”标准。据新华社消息，从今年秋季学期开始，西藏教育“三包”经费年生均从 3000 元上调至 3240 元。1985 年，西藏在实行免费教育的基础上，对农牧民子女实行了包吃、包住、包学习费用的“三包”政策。“三包”政策已经实现了由“选择性保障”到“覆盖性保障”的转变，已达到对农牧民子女及城镇困难家庭子女的 100% 覆盖。

9 月 10 日—17 日 由文化部、国家旅游局、西藏自治区人民政府共同主办的第三届中国西藏旅游文化国际博览会举行。第三届藏博会继续深化“人间圣地·天上西藏”主题，紧紧抓住国家“一带一路”战 略机遇，围绕“大旅游、大产业、大发展”，突出“高端、特色、精品”，全力打造西藏旅游升级版，努力建设重要的世界旅游目的地、重要的中华民族特色文化保护地和面向南亚开放的重要通道。本届藏博会签约项目 146 个、协议投资 1084.3 亿元，招商项目协议资金较上届增长 43.4%。

9 月 10 日 第五次全国文化系统对口支援西藏工作会议在拉萨召开。会议指出，“十三五”期间，文化部将实施对口支援西藏文化建设项目 60 多项，预计安排中央财政资金 10 亿元。当前文化援藏工作的重点任务是，以文化人才培养为支撑，通过公共文化服务体系建设改善文化民生，通过文化产业发展拉动群众就业增收，通过文化交流促进文化认同，全面推进西藏文化建设。

9 月 10 日—14 日 第三届中国唐卡艺术节举行。本届唐卡艺术节由“精品展”“交易展”“高端论坛”等活动组成，精品展延续到

10 月 10 日。海内外嘉宾共 300 余人参加，地域、流派覆盖面创历史新高。其中，精品展展出元代以来的 206 幅唐卡精品，备受社会各界关注。

9 月 12 日 第四次全国科技援藏工作座谈会和 2016 部区工作会商会议在拉萨召开。会议深入贯彻以习近平同志为总书记的党中央治边稳藏重要战略思想，认真贯彻落实中央第六次西藏工作座谈会和全国科技创新大会精神，总结交流“十二五”科技援藏经验，研究部署新时期科技援藏工作；签署《科技部、西藏自治区人民政府工作会商制度议定书》，明确今后几年部区协同推进科技创新发展的若干重要任务。全国政协副主席、科技部部长、中国科协主席万钢出席会议并讲话。

9 月 14 日 西藏自治区与国务院扶贫办、国家发改委、财政部易地扶贫搬迁联合调研组座谈。会议指出，实现西藏贫困群众如期脱贫，是自治区党委和政府肩负的重大政治责任。在下一步工作中，西藏将按照中央部署要求，坚持把扶贫开发与维护祖国统一、加强民族团结这个着眼点和着力点相结合，与做好反分裂斗争、维护国家安全这个工作核心相结合，与推动发展、改善民生、保护生态等重点工作相结合，高度重视、精准施策，主动强化责任、积极加强协作、切实督促落实、严格干部考核、找准脱贫载体，举全区之力坚决打赢脱贫攻坚战。

9 月 20 日 自治区党委推进全面深化改革。据《西藏日报》报道，2016 年以来，按照中央关于全面深化改革的统一部署，在自治区党委和改革领导小组的坚强领导下，各专项小组、各地各部门和区党委改革办认真贯彻落实习近平总书记系列重要讲话精神，在抓主体责任、督办协调、督察落实、完善机制、改革成效、巩固成果上下功夫，做了大量富有成效的工作，重要领域和关键环节改革取得新进展、新突破，全区改革工作呈现出蹄疾步稳、全面发力、质效提升的良好态势。

9 月 23 日—24 日 全国扶贫援藏工作会议召开。会议指出，要把党中央亲切关怀、全国人民无私支援与全区各族干部群众自力更生、艰苦奋斗紧密结合起来，在补齐基础设施建设短板上下更大功夫、在产业就业扶贫上下更大功夫、在易地扶贫搬迁上下更大功夫、在推进生态扶贫上下更大功夫、在守土固边兴边富民上下更大功夫、在层层压实工作责任上下更大功夫，充分发挥扶贫援藏干部的优势作用，坚定坚决地做到各项工作、各项资源、各方力量向脱贫攻坚聚集，确保脱贫攻坚工作有力有序有效。

9 月 29 日 全区民族团结进步表彰大会举行。会议宣读了《自治区党委、政府关于表彰 2016 年西藏自治区民族团结进步模范集体和模范个人的决定》。会议指出，西藏是边疆少数民族地区，党中央历来高度重视西藏工作，深切关怀各族人民。一定要把中央的特殊关怀转化为做好民族工作、促进民族团结的强大动力，牢牢把握中国特色解决民族问题的正确方向，进一步增强做好民族工作的责任感、使命感、紧迫感，发挥好方方面面的积极作用，汇聚起做好民族工作的强大合力，共同谱写好实现中华民族伟大复兴中国梦的西藏篇章。

10 月 2 日 西藏传统八大藏戏剧本编写完成。据新华社消息，《文成公主》等西藏传统八大藏戏剧本（藏文版）历时七年编写完成，结束了国家级“非遗”藏戏主要剧目无剧本的历史。新编写完成的八大藏戏剧本，详细描述了相关剧目中角色的唱词、唱腔、身段、剧情、场景以及人物情绪等内容，这些剧本将作为藏戏艺术基础读本走进西藏课堂。

10 月 5 日 西藏藏医药文化创意园开工建设。创意园占地 300 亩，总建筑面积约 25 万平方米，计划总投资 17 亿元，建设周期 5 年。项目建成后，将有力支持全区中小企业发展，通过创意、投资、商创路径，实现“文旅商产”有效融合，推动西藏旅游文化产业发展。

10 月 18 日　拉林铁路建设稳步推进。据《西藏日报》报道，拉林铁路自 2014 年 12 月开工建设以来，施工人员克服了地质复杂、高寒缺氧等困难，全力推进该段铁路建设。随着进入秋冬季节，低温等不利条件有所增加，但标段内工程建设进展顺利。

11 月 15 日　中国共产党西藏自治区第九次代表大会开幕。中国共产党西藏自治区第八届委员会向大会作了题为《坚定不移贯彻落实习近平总书记治边稳藏重要战略思想，奋力推进西藏长足发展和长治久安》的报告。报告共分为六个部分：一、过去五年的工作回顾；二、今后五年的工作思路；三、坚定不移维护社会稳定； 四、坚定不移促进经济社会发展；五、坚定不移建设美丽西藏；六、坚定不移加强党的建设。大会的主题是：高举中国特色社会主义伟大旗帜，深入贯彻以习近平同志为核心的党中央治国理政新理念新思想新战略，深入贯彻习近平总书记治边稳藏重要战略思想，坚持“五位一体”总体布局和“四个全面”战略布局， 牢固树立新发展理念，锐意进取、攻坚克难，在新的起点上奋力推进西藏长足发展和长治久安，为全面建成小康社会而奋斗。

11 月 25 日　自治区召开第五批驻村工作总结表彰暨第六批驻村工作动员大会。会议的主要任务是，深入贯彻落实习近平总书记系列重要讲话精神和治国理政新理念新思想新战略、特别是治边稳藏重要战略思想，总结第五批干部驻村工作，隆重表彰先进集体和先进个人，动员部署新一轮干部驻村工作。

11 月 27 日　西藏投入四十亿元改善义务教育薄弱学校基本办学条件。据《西藏日报》报道，2014 年以来，在区党委、政府的高度重视下和区教育厅、发改委等部门的密切配合下，全区全面改善贫困地区义务教育薄弱学校基本办学条件工作，利用中央下达资金共计

40.1 亿元，实施了校舍改造、设备配置和信息化建设。

11 月 28 日 西藏班（校）为西藏培养人才 3.6 万余名。据新华社消息，西藏班（校）举办 31 年来，累计完成招生 11 万余人，已为西藏培养输送中专以上人才 3.6 万余名，成为西藏教育的重要补充形式和西藏人才培养的重要基地。

11 月 28 日 全区群众安全感满意率高达 99.59%。自治区统计局、国家统计局西藏调查总队于 2016 年 10 月下旬至 11 月初在全区范围内针对不同年龄、不同职业、不同知识背景的群众开展了安全感调查。调查结果显示，2016 年全区群众安全感满意率高达 99.59%。

12 月 12 日 西藏构筑贫困地区健康安全屏障。自治区卫生计生委党组召开 2016 年健康扶贫工作推进会。会议指出，要进一步动员各方力量，采取有力措施，动态掌握贫困人口健康状况，落实各项保障政策，增强贫困人口防大病、兜底线能力，提升贫困人群医疗救治水平，帮助贫困人口走出贫病交加困境，努力构筑贫困地区健康安全屏障，让贫困人群少得病、晚得病、甚至不得病，为全区实现脱贫攻坚提供健康保障。

12 月 16 日 自治区脱贫攻坚指挥部召开 2016 年度第十六次会议，研究通过《西藏自治区“十三五” 易地扶贫搬迁规划》《西藏自治区脱贫攻坚规划》《西藏自治区“十三五”时期产业精准扶贫规划》《西藏自治区易地扶贫搬迁项目管理办法》和《西藏自治区易地扶贫搬迁指导意见》。

二〇一七年

1月1日 自治区脱贫攻坚指挥部设立自治区脱贫攻坚咨询电话。

1月1日 《西藏饮用天然水》团体标准正式实施。这标志着西藏“纯净、优质、特色、安全、放心”的饮用水有了自己的标准，标志着执行标准的“西藏好水”站在了国内包装饮用水的前列。

1月3日 自治区厕所革命工作领导小组会议召开。会议要求进一步贯彻落实习近平总书记关于厕所革命的重要批示和指示精神，补齐西藏社会文明和公共服务体系的短板，扎实推进厕所规划建设和管理工作。

1月3日 自治区扶贫开发领导小组脱贫攻坚指挥部召开2017年第一次会议，研究总结2016年脱贫攻坚工作和2017年脱贫攻坚工作要点。

1月6日 自治区调研组调研拉萨易地扶贫搬迁相关工作。调研组要求，一要抓好易地扶贫搬迁与扶贫产业建设相结合；二要抓好易地扶贫搬迁与农村小城镇建设相结合；三要抓好易地扶贫搬迁与贫困地区转移就业培训相结合；四要抓好易地扶贫搬迁与教育、医疗脱贫相结合；五要抓好易地扶贫搬迁与宣传教育引导相结合。

1月9日 自治区2016年脱贫攻坚成效第三方评估成果验收会召开 。会议听取了第三方评估报告并验收评估结果。

1月10日 自治区脱贫攻坚工作汇报会在林芝召开。国家脱贫攻坚考核组负责同志出席会议，并就国务院扶贫开发工作成效省际交叉考核工作提出要求。

1月18日 自治区党委、政府在拉萨召开全区农村工作会议，对当前和今后一个时期的农牧业农牧区工作进行全面部署。会议宣读了自治区党委、政府关于表彰2016年全区粮食生产先进县（区）的决定。

1月18日 全区环境保护工作电视电话会议召开。会议强调，各市地、各部门要准确把握形势，进一步增强做好环境保护工作的责任感和紧迫感。

1月19日 自治区党委、政府召开全区脱贫攻坚工作会议，深入贯彻落实习近平总书记关于扶贫工作的一系列重要讲话指示精神，贯彻落实东西部扶贫协作座谈会、全国扶贫开发工作会议精神，贯彻落实西藏自治区第九次党代会和西藏经济工作会议、西藏农村工作会议、自治区两会精神，全面总结西藏2016年脱贫攻坚工作，签订2017年脱贫攻坚责任书，安排部署2017年西藏脱贫攻坚各项工作。

1月19日 全区发展改革工作电视电话会议召开。会议对进一步做好发展和改革工作作了研究部署。

1月20日 全区扶贫农发工作会议召开。会议指出，2017年是脱贫攻坚落实年，区党委、政府坚持把脱贫攻坚作为头等重要大事和一号民生工程，对今年工作提出明确要求。

1月23日 自治区脱贫攻坚指挥部召开会议，传达学习国务院副总理汪洋在扶贫考核与评估工作座谈会上的重要讲话精神和自治区两会、区脱贫攻坚工作会议精神等，安排部署2017年第一季度全区脱贫工作。

2月1日 《西藏自治区通信设施建设与保护办法》正式实施。这标志着西藏通信设施的建设与保护走向法治化轨道。全面贯彻实施《办法》将进一步促进全区信息通信业健康快速发展，为西藏经济社会信息化、发展数字经济和全面建成小康社会作出积极贡献。

2月3日 自治区党委办公厅、政府办公厅印发《西藏自治区脱贫攻坚责任制实施细则》。《细则》明确了脱贫攻坚工作实行“自治区负总责、地市直管、县（区）落实、乡镇专干”的管理体制和“工作到村、扶贫到户”的工作机制。

2月5日 全区脱贫攻坚成效地市交叉考核工作会议召开。会议要求，要围绕目标责任，聚焦考核目标、强化考核责任、明确考核办法，把标准立起来，把规矩严起来，以精准考核将坚决打赢脱贫攻坚战的责任压实。要进一步严肃工作纪律、强化工作作风，推动各项任务措施精准落地，确保交叉考核取得实效。

2月6日 自治区政府召开常务会议，研究西藏“十三五”时期脱贫攻坚规划等事项。会议强调，西藏脱贫攻坚时间紧、任务重，更需要我们坚持弱鸟先飞，压实扶贫工作责任，确保工作的连续性、稳定性、持续性，防止短期化扶贫行为，坚决防止数字脱贫、虚假脱贫，确保脱贫工作取得实效。

2月8日 西藏353个乡镇完成农牧综合服务中心建设。

2月9日 全区农村土地制度改革工作部署会议召开。会议全面部署农村土地制度改革工作，重点推进农村土地（耕地）承包经营权确权登记颁证工作。

2月25日 自治区脱贫攻坚指挥部召开2017年第二次会议。就做好下一步工作，会议强调，一要打牢精准基础；二要强化产业扶贫；三要搞好易地扶贫搬迁；四要加大就业培训；五要强化组织建设；六要严格考核监督；七要发挥主体作用。

2月25日 自治区脱贫攻坚指挥部办公室召开2017年第三次会议。会议要求，要学习借鉴内地省市脱贫攻坚先进经验和做法，立足实际，坚持抓实产业建设、易地扶贫搬迁、就业培训、教育扶贫、健康扶贫、东西协作、责任落实、宣传引导等八项脱贫攻坚重点工作，确保2017年脱贫攻坚既定目标任务如期完成。

3月11日 自治区脱贫攻坚指挥部召开电视电话会议，传达学习习近平总书记在中央政治局第39次集体学习会上的重要讲话精神。

3月15日 自治区脱贫攻坚指挥部印发《西藏自治区“十三五”时期产业精准扶贫规划》《西藏自治区“十三五”建档立卡贫困人口易地扶贫搬迁规划》。

3月15日 自治区教育厅联合自治区财政厅、扶贫开发办公室、民政厅印发《西藏自治区建档立卡贫困家庭子女接受高等教育实施免费教育补助政策管理办法》，决定对西藏建档立卡大学生在校期间实行免费教育政策。

3月24日 西藏启动对口帮扶乡镇卫生院工作。自治区城市医院对口帮扶高海拔边远贫困地区乡镇卫生院启动会在拉萨召开，全面安排部署全区七家城市医院对口帮扶高海拔边远贫困地区乡镇卫生院工作。

3月26日 自治区党委办公厅印发《关于开展“讲党恩爱核心、讲团结爱祖国、讲贡献爱家园、讲文明爱生活”喜迎党的十九大主题教育实践活动总体方案》。

4月1日 自治区召开脱贫攻坚专题会，听取高寒地区贫困群众风湿病致贫现状及防治、羊八井易地扶贫搬迁总体方案、搬迁规划实施和工作进展情况，部署下一步工作。

4月1日 《西藏自治区人民政府关于大力开展植树造林推进国土绿化的决定》印发。《决定》要求，2017年起，宜造林地区要按“人均5棵树、消除无树户、消除无树村”要求，大力推进全民植树、全民造林，多种树、种好树、管好树，让大地山川绿起来，让人民群众生活环境美起来，进一步扩大全区绿色覆盖率和森林面积，以绿色和林木撑起美丽西藏，全面建成小康社会。

4月1日 自治区脱贫攻坚指挥部召开2017年第三次会议，传达学习习近平总书记近期对脱贫攻坚所作出的一系列新的重要指示精神，特别是中共中央政治局听取省级党委和政府脱贫攻坚工作成效考核情况汇报会议精神，分析当前形势，部署重点工作。

4月1日 自治区党委宣传部召开自治区文艺创作生产推进会，深入学习贯彻习近平总书记关于文艺工作的重要讲话精神，研究部署今年西藏文艺创作生产规划。

4月5日 自治区脱贫攻坚指挥部办公室召开2017年第四次会议，传达学习中央政治局听取省级党委和政府脱贫攻坚工作成效考核情况汇报会、自治区脱贫攻坚指挥部第三次会议精神，部署近期工作。

4月6日 藏中联网工程开工。这一工程标志着西藏500千伏电网主网架将初步形成，西藏电网也即将迈入超高压时代。

4月7日 自治区召开旅游文化产业专项推进组专题会，研究设立自治区旅游文化投融资平台相关事宜。

4月10日 自治区脱贫攻坚指挥部办公室召开金融支持产业扶贫工作座谈会。

4月11日 自治区研究部署对口援藏扶贫工作。自治区召开全区援藏领队脱贫攻坚工作座谈会，听取各市地援藏扶贫产业项目对接情况，研究讨论《关于深入贯彻落实东西部扶贫协作座谈会精神进一步提高对口援藏扶贫水平的意见》，部署下一步工作。

4月11日 自治区脱贫攻坚指挥部办公室召开会议，讨论并原则通过《西藏高海拔地区生态搬迁试点方案》。

4月16日 《西藏自治区基层藏医药服务能力提升工程“十三五”行动计划实施方案》发布。

4月16日 自治区脱贫攻坚指挥部召开2017年第四次电视电话会议，传达学习《中共中央办公厅国务院办公厅关于2016年省级党委和政府脱贫攻坚工作成效考核情况的通报》和九届区党委第 15 次常委会精神，总结了一季度脱贫攻坚工作成绩经验，安排部署下一步脱贫攻坚工作。

4 月 17 日 自治区全面推行河长制工作电视电话会议召开。会议强调，各地要坚决做到组织领导到位、责任落实到位、督查考核到位、宣传引导到位，真抓实干，攻坚克难，全面落实河长制各项任务，为构建国家重要的生态安全屏障和全国水生态文明建设作出新的更大贡献。

4 月 17 日 西藏文化共享工程五级服务网络基本建成。据《西藏日报》报道，截至目前，西藏已建成文化共享工程服务站点 1 个省级分中心、3 个市地级支中心、74 个县级支中心、697 个乡镇基层服务点，实现村级基层服务点全覆盖，西藏共享工程五级服务网络体系框架基本建成。

4 月 19 日 自治区脱贫攻坚指挥部召开 2017 年第五次会议，认真研究讨论《2017 年西藏自治区新增生态补偿脱贫岗位分配情况》和《边境小康示范村规划》。

4 月 20 日 自治区脱贫攻坚指挥部召开 2017 年第六次会议，传达学习习近平总书记在中共中央政治局召开会议审议《关于 2016 年省级党委和政府扶贫开发工作成效考核情况的汇报》时的重要讲话精神，安排部署当前精准脱贫攻坚工作。

4 月 24 日 自治区政府召开专题会议，研究在全区范围内开展村邮站建设有关事宜。

4 月 26 日 自治区脱贫攻坚指挥部召开 2017 年第七次会议，专题研究低保对象退出低保后的补助政策、新增 20 万个生态补偿岗位分配、新增 20 亿产业发展基金整合等问题。

4 月 26 日—4 月 27 日 全区集体林权制度改革培训会召开。培训会对《关于全面推进集体林权制度改革的意见》《关于完善集体林权制度的意见》等文件作了政策解读，介绍了浙江省集体林权制度改革的经验和做法，为西藏下一步集体林权制度改革工作的开展提供了政策依据和经验借鉴。

4月29日 全区村级组织活动场所标准化建设工作现场会召开。会议强调，村级组织活动场所是基层党组织建设的基础性工程，要进一步增强政治自觉，以强烈的政治担当大力推进村级组织活动场所标准化建设，规划上要科学合理适度超前，投入上要整合资源统筹推进，建设上要量力而行稳步实施，质量上要绝对过硬万无一失，管理上要保证作用充分发挥。

5月2日 西藏自治区人民政府与国家发改委委派的四川省易地扶贫搬迁工作成效考核抽查检查组座谈。会议指出，易地扶贫搬迁是脱贫攻坚的重中之重，是西藏深度贫困地区贫困人口最彻底、最有效的脱贫措施，是全面建成小康社会的关键举措。实施易地扶贫搬迁是全面打赢脱贫攻坚战的关键举措，是建设好重要的生态安全屏障的必然要求，是精准扶贫、精准脱贫的有力抓手。

5月6日 2017年全区产业精准扶贫推进会议召开。会议强调，各级各部门一要统一思想，提高认识；二要理清发展思路，把握关键环节；三要明确责任、创新机制、强化措施；四要加强领导、强化协作，因地制宜、分类施策，以产业扶贫工作的优异成绩迎接党的十九大胜利召开。

5月11日 全区推进“两学一做”学习教育常态化制度化工作座谈会在拉萨召开。会议强调，要更加紧密地团结在以习近平同志为核心的党中央周围，以高度的政治自觉和饱满的政治热情，不忘初心、继续前进，扎扎实实做好“两学一做”学习教育常态化制度化工作，用学习教育的新成效推进长足发展和长治久安，以优异成绩迎接党的十九大胜利召开。

5月11日 自治区本级环保督察机制建立。自治区环境保护督察工作动员会议在拉萨召开，对今年自治区本级环保督察目标任务、督察程序、督察实效等重点工作进行部署，标志着自治区本级环保督察机制全面建立，三年一轮的全区“环保巡视”正式抛锚起航。

5月12日 自治区政府召开专题会议，研究《关于实施高海拔地区乡镇卫生院专业技术人员特殊岗位奖励补贴的办法（试行）》相关事宜。

5月12日 西藏山南市治沙生态扶贫项目在扎囊县桑耶镇正式启动。这标志着雅鲁藏布江山南段北岸综合保护开发迈出实质性步伐。

5月12日 自治区大气水土壤污染防治工作领导小组召开第一次会议，审议新修订的《西藏自治区环境保护条例》《西藏自治区生态环境保护“十三五”规划》（送审稿）、《西藏自治区突发环境事件应急预案》《西藏自治区土壤污染状况详查实施方案》，通报了全区大气、水、土壤污染防治行动计划工作情况。

5月12日 自治区脱贫攻坚指挥部召开2017年第八次会议讨论研究《西藏自治区边境地区小康示范村建设规划（2017—2020）》（送审稿），充实完善相关内容，使规划更科学、更精准、有创新。

5月12日 亿利山南沙漠经济扶贫项目启动。项目总周期为30年，建设期为8年，即2017—2024年；运营期为27年，即2020—2046年，项目总投资约40亿元，项目总周期可实现生态价值约51.5亿元、经营收入约159.8亿元。

5月14日 西藏首个区域医疗联合体挂牌成立。联合体的成立旨在促进西藏卫生计生事业全面健康发展，推进西藏公共卫生服务资源纵向联合，加快城乡一体化服务体系建设进程，推进建设包虫病防治项目。

5月15日 自治区政府召开专题会，研究西藏博物馆改扩建工程相关事宜。

5月15日 自治区召开西藏非公经济发展座谈会。会议希望西藏民营企业家感恩党的政策、珍惜好的时代，筑牢“爱国”基石，抓住“创新”核心，强化“守法诚信”规矩，持续保持“亲”“清”的政商关系，弘扬企业家精神，发挥企业家示范作用。

5月15日 西藏首次自治区级环境保护督察工作全面启动。

5月17日 自治区脱贫攻坚指挥部召开2017年第九次会议，传达学习国务院扶贫办部分省区扶贫办主任座谈会精神，安排部署近期重点工作。

5月19日 全区新一轮农网改造升级工程协调推进电视电话会议召开。会议全面安排部署了西藏新一轮农村电网改造升级工作，确保全区农网改造升级工程顺利推进。

5月19日—5月20日 国务院九部门实行最严格水资源管理制度。考核组第五检查组组长郭孟卓带队考核西藏水资源管理工作。检查组要求，要进一步贯彻落实习近平总书记关于水安全的重要讲话精神，切实提高环境和资源高效利用意识，贯彻落实好河长制，用好、护好、管好水土，力争在水资源费征收上实现新突破，推动西藏水资源管理和保护工作再上新台阶。

5月24日 国家开发银行开发性金融支持西藏脱贫攻坚地方干部研讨班在拉萨举办。

5月25日 自治区财政厅与自治区卫生计生委联合出台《关于高海拔地区乡镇卫生院专业技术人员特殊岗位奖励补贴办法》（试行）。

5月30日 金融支持产业脱贫和基础设施建设座谈会在自治区扶贫办召开。会议研究讨论了当前扶贫贷款中存在的问题和困难，提出破解对策，进一步规范扶贫贷款程序。

6月6日 自治区政府召开专题会，研究西藏口岸建设和边境贸易发展问题。

6月9日 自治区政府召开常务会议，听取“央企助力富民兴藏”活动筹备工作开展情况汇报，研究促进西藏慈善事业和特困人员救助供养、城乡最低生活保障实施办法，研究并原则同意《西藏自治区环境保护条例（修订草案）》等。

6月11日 自治区脱贫攻坚指挥部办公室召开2017年第六次会议，传达学习中央、自治区脱贫攻坚工作精神，听取区脱贫攻坚指挥部11个组的工作开展情况汇报，安排部署近期工作。

6月12日 自治区脱贫攻坚指挥部办公室召开2017年第七次会议，传达学习中央和自治区近期相关工作指示精神，听取七市地对口援藏扶贫工作衔接情况汇报，部署下一步工作。

6月13日 “央企助力富民兴藏”会议暨战略合作签约仪式举行。会议强调，全区各级各部门要积极配合、靠前服务，确保“央企助力富民兴藏”活动圆满成功、取得实效。一要提高思想认识。二要加强组织领导。三要完善对接机制。四要强化服务跟踪。五要营造良好环境。

6月17日 第二次青藏高原综合科学考察启动暨江湖源综合科学考察出发仪式在拉萨举行。第二次青藏高原综合科学考察由中国科学院牵头，联合相关研究单位和高等院校、自治区相关单位等参加，将开展江湖源综合科学考察、河湖源综合科学考察、中巴走廊综合科学考察、南亚通道综合科学考察。

6月17日 自治区政府召开常务会议，研究边境地区小康示范村建设规划，安排部署全区脱贫攻坚工作。会议强调，各级各部门要认真贯彻习近平总书记扶贫开发战略思想，按照自治区第九次党代会的决策部署，确定的脱贫目标任务，始终坚持以人民为中心的发展思想，正确处理好“十三对关系”，深入开展脱贫攻坚各项工作。

6月18日 自治区党委召开常委会会议，研究边境地区小康村建设、全区脱贫攻坚工作、对口援藏扶贫工作、法律援助工作。

6月19日 全区推进“两学一做”学习教育常态化制度化工作座谈会在拉萨召开。会议强调，第一要深化认识；第二要以标准化推进学习教育常态化制度化；第三要聚焦重点难点推动学习教育出亮点；第四要加强经常性督导检查促进工作落实；第五要加大宣传报道力度营造良好氛围。

6月21日 自治区脱贫攻坚指挥部召开2017年第八次会议，传达学习6月18日自治区党委常委会会议精神，解读《西藏自治区生态搬迁试点方案》，安排部署下一步生态搬迁工作。

6月22日 全区村（居）组织换届选举工作电视电话会议在拉萨召开。

6月25日 中国共产党西藏自治区第九届委员会第二次全体会议在拉萨召开。自治区党委常委会主持会议，并向全会作了《关于西藏自治区出席党的十九大代表候选人预备人选有关情况的说明》。全会经过充分酝酿，投票确定了西藏自治区出席党的十九大代表候选人预备人选；审议通过了《关于召开中国共产党西藏自治区代表会议的决议》，决定于6月下旬在拉萨召开中国共产党西藏自治区代表会议，选举西藏自治区出席中国共产党第十九次全国代表大会代表。

6月26日 中组部、国家卫计委在拉萨召开医疗人才组团式援藏工作推进会，对做好下一步医疗人才组团式援藏工作作出安排部署

6月26日 经自治区政府同意，西藏自治区政府办公厅印发《西藏自治区水电矿产资源开发资产收益扶贫改革试点实施方案》。

6月27日 自治区党委召开常委会会议，传达学习习近平总书记在深度贫困地区脱贫攻坚座谈会上的重要讲话精神等。会议强调要以

习近平总书记在深度贫困地区脱贫攻坚座谈会上的重要讲话精神为指导，坚定信心、抢抓机遇，齐心协力、攻坚克难，加快推进西藏深度贫困地区脱贫攻坚。

6月28日 自治区党委、政府在拉萨召开深度贫困地区脱贫攻坚动员暨脱贫攻坚成效考核表彰大会，传达学习习近平总书记在深度贫困地区脱贫攻坚座谈会上的重要讲话精神，宣读自治区党委、政府关于表彰2016年度脱贫攻坚成效突出地市的决定。

6月28日 自治区脱贫攻坚指挥部召开2017年第十次会议。会议强调，要深入学习贯彻落实习近平总书记扶贫开发重要战略思想和在深度贫困地区脱贫攻坚座谈会上的重要讲话精神，认真落实自治区深度贫困地区脱贫攻坚动员暨脱贫攻坚成效考核表彰大会工作部署，凝聚合力、明确目标任务分工，严格落实责任，精准打赢深度贫困地区脱贫攻坚战。

6月28日 自治区产业建设领导小组召开会议，听取工作进展情况汇报，安排部署下一步工作。会议强调，要深入贯彻落实习近平总书记系列重要讲话精神和治国理政新理念新思想新战略，按照区党委、政府的决策部署，以供给侧结构性改革为主线，扎实推动西藏特色产业建设，激发经济发展内生动力。

6月29日 自治区脱贫攻坚指挥部办公室召开2017年第九次会议会议，传达学习中央、自治区关于深度贫困地区脱贫攻坚工作的重要会议精神，自治区有关部门作了表态发言，部署下一步重点工作。

6月30日 文化科技众创空间正式开馆。文化科技众创空间由自治区科技厅与武汉理工大学共同创建，它的开馆标志着西藏文化与科技融合工作全面启动。

7月2日 西藏世界第三极国家公园（色林错片区）有关项目工作专题会议召开。会议研究完善了西藏世界第三极国家公园项目组织机构事宜，各承建单位就完善《西藏世界第三极国家公园总体规划》提出意见。

7月4日 自治区政府办公厅印发《西藏自治区生态搬迁试点方案》，决定对居住在海拔 4500 米以上地区、生态功能区、高海拔地区患风湿病群众实施生态搬迁。

7月6日 全区深度贫困乡（镇）脱贫攻坚座谈会召开。会议深入贯彻落实中央、自治区脱贫攻坚的重大决策部署和有关重要会议精神，进行脱贫乡镇和深度贫困乡（镇）工作经验交流和问题分析，部署下一步工作。

7月6日 自治区工商联“百企帮百村”精准扶贫行动推进座谈会召开。会议强调，要提高认识，凝聚共识，形成“百企帮百村”精准扶贫强大合力，采取更加有效的举措，开展更加有力的工作。

7月10日 自治区纪委印发《关于进一步推进扶贫领域监督执纪问责工作的意见》。《意见》指出，做好扶贫领域监督执纪问责工作，必须把纪律和规矩挺在前面，落实责任、突出重点，精准发力、加强监督，从严执纪、强化问责，以零容忍的态度快查严处扶贫领域不正之风和腐败问题，释放强烈信号，形成强力震慑。

7月12日 2017 年自治区扶贫开发和灾后恢复重建资金监督检查领导小组第二次会议召开 。

7月9日—7月14日 国务院扶贫开发领导小组脱贫攻坚督查巡查组向西藏反馈督查意见，听取西藏脱贫攻坚工作情况汇报。

7月15日—7月18日 教育部工作组在西藏调研。工作组强调，教育部将进一步加大支持力度,推动西藏自治区教育事业再上新台阶。一是将双语教育抓得更有针对性。二是将职业教育这一主线抓得更牢靠。三是将高等教育的应用型道路走得更深入。

7月19日 全区草业、奶业、牦牛、绵羊四大产业发展推进会在拉萨举行。

7 月 20 日 自治区政府新闻办公室召开《西藏自治区“十三五”时期文化发展规划》新闻发布会。《规划》从 2014 年启动，全面贯彻落实中央有关会议精神，着眼西藏“十三五”文化发展，符合全区文化发展实际，为西藏文化事业和文化产业发展指明了方向。

7 月 21 日 全区农业标准化工作现场会在日喀则召开。七市地质监部门汇聚一堂，交流先进经验，探索以标准化手段挖掘农牧业发展潜力，激发农牧业农牧区发展活力，推进农牧产业结构优化升级，加快农牧区全面建成小康社会步伐、脱贫攻坚任务圆满完成。

7 月 26 日 自治区脱贫攻坚指挥部办公室召开 2017 年第十次会议。

7 月 28 日 全区重点贫困县脱贫攻坚座谈会在日喀则市南木林县召开，研究部署重点贫困县脱贫攻坚工作。

7 月 28 日 全区边境地区小康村建设动员部署电视电话会议召开。

8 月 3 日 自治区政府召开生态保护红线划定工作专题会议，听取西藏生态保护红线划定工作进展情况汇报，安排部署下一步工作。

8 月 3 日 自治区召开深化对口援藏扶贫工作会议筹备工作协调会。

8 月 4 日 《中共西藏自治区委员会西藏自治区人民政府关于进一步加强对口援藏扶贫工作的意见》印发。

8 月 4 日 自治区脱贫攻坚指挥部办公室召开 2017 年第十一次会议，传达学习自治区党委第 25 次常委会和 2017 年上半年全区经济运行情况通报暨经济工作部署电视电话会议精神，通报全区脱贫攻坚工作相关情况，总结分析当前形势，安排部署下一步工作。

8 月 4 日 中组部、国家卫计委、教育部在拉萨召开医疗人才“组团式”支援工作推进会，总结工作中的好做法、好经验，研究解决存在的困难、问题，安排部署下一步工作。

8 月 4 日 自治区党委办公厅、政府办公厅印发《西藏自治区生态文明建设目标评价考核办法（试行）》。《办法》明确，今后全区七市地党委和政府（行署）生态文明建设目标实行年度评价、五年考核机制，考核结果向社会公布，并作为各市地党政领导班子和领导干部综合考核评价、干部奖惩任免的重要依据。

8 月 5 日 自治区人民政府印发《西藏自治区“十三五”旅游业发展规划》。《规划》从发展背景、发展思路和目标、主要任务、旅游业系统工程、保障措施等 5 个篇章，深入分析了建设高原和民族特色世界旅游目的地发展形势和有利条件，明确了旅游业发展目标任务和保障措施，以推进旅游供给侧改革为主线，以提高发展质量和效益为中心，为推进西藏经济社会持续快速健康发展提供重要支撑。

8 月 7 日 深化对口援藏扶贫工作会议在拉萨隆重召开。

8 月 7 日 国务院扶贫办工作组深入拉萨市、山南市调研脱贫攻坚工作。工作组强调，西藏在全国脱贫攻坚中具有特殊的地位和特别的意义，要切实以习近平总书记扶贫开发和治边稳藏重要战略思想为指导，贯彻落实深化对口援藏扶贫工作会议精神，按照自治区党委、政府的安排部署，聚焦精准，突出重点，整合资源、严格考核，用“绣花”的功夫和创新的精神统筹推进脱贫攻坚各项工作。

8 月 11 日 自治区脱贫攻坚指挥部办公室召开 2017 年 第十二次会议。

8 月 12 日 《西藏自治区人民政府关于大力开展植树造林推进国土绿化的决定》印发。《决定》明确，计划用 3 年时间，每年造林 100 万亩以上，在海拔 4300 米以下宜造林地区，消除“无林乡镇、无林村组、无绿院落、无林农户、种树空白”。

8 月 14 日 西藏贫困残疾人脱贫攻坚步伐蹄疾步稳。据《西藏日报》报道，截至目前，全区 2.23 万余名残疾人纳入建档立卡范围，积极实施农牧区残疾人实用技术培训项目，落实资金 1030.5 万元，培训贫困残疾人 5874 名。

8 月 15 日 中央第六环境保护督察组督察西藏自治区工作动员会在拉萨召开。中央第六环境保护督察组组长、自治区党委主要负责同志分别讲话。

8 月 15 日 西藏自治区人力资源和社会保障厅、西藏自治区发展与改革委员会联合印发《西藏自治区贯彻落实〈国务院“十三五”促进就业规划〉的实施意见》。

8 月 19 日 习近平致信祝贺第二次青藏高原综合科学考察研究启动。第二次青藏高原综合科学考察研究启动出发仪式在拉萨隆重举行。中共中央总书记、国家主席、中央军委主席习近平发来贺信，向参加科学考察的全体科研人员、青年学生和保障人员表示热烈的祝贺和诚挚的问候。中共中央政治局委员、国务院副总理刘延东在启动仪式上宣读了习近平总书记的贺信，发表讲话，宣布科学考察研究启动并向科考队员授旗。西藏自治区、中国科学院、青海省负责同志在启动仪式上发言。

8 月 19 日 首届西藏文化外宣创意产品交易展开幕。

8 月 18 日—8 月 21 日 中共中央政治局委员、国务院副总理刘延东在西藏考察调研。刘延东强调，要深入贯彻落实习近平总书记系列重要讲话精神，贯彻落实中央第六次西藏工作座谈会精神，坚持以人民为中心的发展思想，牢牢把握改善民生、凝聚人心这个出发点和落脚点，突出重点、立足实际、加强创新，不断开创西藏医疗卫生教育文化科技事业新局面，以优异成绩迎接党的十九大胜利召开。

8 月 30 日 自治区人社厅、财政厅等部门联合发布《西藏自治区高校毕业生市场就业补贴政策实施细则（试行）》，就区内企业就业补贴、区外就业补贴以及一次性求职补贴，从补贴对象、补贴项目及标准、申报材料和程序等进行详细规范。

8月31日 央企助力富民兴藏”合作项目落实工作推进会在拉萨召开。会议强调，要深入贯彻落实“央企助力富民兴藏”会议精神，进一步做好央企与地方之间的对接沟通、跟进服务，坚持问题导向和目标导向，深化央地合作，实现共赢发展，确保合作项目尽快落地实施，早日造福西藏各族人民。

8月31日 全区脱贫攻坚指挥部召开2017年第十一次会议，传达学习全国东西部扶贫协作经验交流会精神，听取指挥部各成员单位工作汇报。

9月1日 自治区领导与国务院扶贫办调研组就藏鸡产业发展进行座谈。会议强调，西藏的农牧业特色产业发展要因地制宜，宜大则大、宜精则精，要在提高产品附加值上下功夫，要与脱贫攻坚、增收致富有机结合起来，走绿色、精品、高端发展之路。

9月2日 自治区“四好农村路”建设工作领导小组召开第一次会议，安排部署西藏“四好农村路”建设相关工作。

9月3日 农业部农业人才组团式援藏调研工作座谈会在拉萨召开。会议要求，要学习借鉴教育、医疗人才组团式援藏的成功经验和做法，突出行业性、地域性、季节性特点，以农牧业生产、产业发展、生态保护、农村改革、人才培养为重点，尽快拿出农业组团式援藏工作方案，加紧对接中央部委， 争取早实施、早见效，为促进西藏现代农牧业发展、全面建成小康社会贡献力量。

9月4日 自治区扶贫开发工作领导小组召开全体会议，深入学习贯彻落实习近平总书记关于扶贫开发的重要战略思想特别是总书记在深度贫困地区脱贫攻坚座谈会上的重要讲话精神，传达学习东西部扶贫协作经验交流会精神，研究解决西藏脱贫攻坚工作中存在的困难和问题，安排部署下一步工作。

9月7日 自治区脱贫攻坚指挥部办公室召开2017年第十三次会议，研究今年扶贫日各项活动筹备情况。

9月8日 全国旅游援藏工作会在林芝召开。会议深入贯彻以习近平同志为核心的党中央治边稳藏重要战略思想，贯彻落实中央第六次西藏工作座谈会精神，总结成绩、交流经验，部署新时期旅游援藏工作。

9月8日 自治区脱贫攻坚指挥部召开2017年第十二次会议，深入学习贯彻自治区扶贫开发领导小组2017年第一次会议精神，对全区脱贫攻坚工作进行再安排、再推进，确保年度脱贫目标任务全面完成。

9月8日 西藏在全国率先建立边民补贴制度。自治区政府新闻办召开的新闻发布会发布，五年来西藏在资金财政方面实现广覆盖，尽最大可能为城乡居民提供更多民生保障服务，在全国率先建立边民补贴制度。

9月11日 西藏深度贫困地区抓党建促脱贫攻坚工作经验交流暨地市、县区党委组织部长座谈会召开。会议强调，要锐意进取、开拓创新，深入推进抓党建促脱贫攻坚工作，扎实做好当前组织工作各项重点任务，以优异成绩迎接党的十九大胜利召开。

9月12日 全区农村土地制度改革工作阶段性总结暨推进工作电视电话会议在拉萨召开。会议对当前全区农村土地制度改革工作进行总结，通报各地工作进展情况，对下一步工作进行了再安排再部署。

9月13日 自治区脱贫攻坚指挥部办公室召开2017年第十四次会议，听取各地市脱贫攻坚工作开展情况汇报，研究部署脱贫攻坚近期重点工作。

9月15日 对口支援西藏和四省藏区工作会议在拉萨召开。会议深入贯彻落实中央关于西藏工作决策部署，总结前一时期对口援藏工作，分析研判形势，研究下一阶段工作。

9 月 13 日—9 月 14 日 2017 年全区脱贫摘帽工作推进现场会在日喀则市举行。会议通报了 2017 年 25 个拟脱贫摘帽县（区）脱贫摘帽措施材料审核点评情况，对全区脱贫攻坚工作进行再安排、再推进，确保今年脱贫摘帽工作决战决胜。

9 月 22 日 自治区脱贫攻坚指挥部办公室召开 2017 年第十五次会议，研究讨论西藏自治区《深度贫困地区脱贫攻坚实施方案》《扶贫项目认定管理暂行办法》《脱贫攻坚责任追究暂行办法》《产业精准扶贫精准考核办法》等。

9 月 27 日 自治区党委、政府召开全区城市工作会议。

9 月 28 日 自治区党委、政府在拉萨隆重召开全区民族团结进步表彰大会，宣读了自治区党委、政府关于表彰 2017 年西藏自治区民族团结进步模范集体和模范个人的决定。

9 月 28 日 全国深度贫困地区脱贫攻坚电视电话会议西藏分会场会议召开。会议就贯彻落实全国深度贫困地区脱贫攻坚电视电话会议精神、全力推进西藏深度贫困地区脱贫攻坚工作强调，要建立精准识别工作责任制，自下而上逐级审核，科学合理确定深度贫困县乡村和深度贫困人口。要谋划在前、科学规划，与“十项提升工程”结合起来，在项目规划和储备上下功夫，重点破题基础设施瓶颈制约，着力解决公共服务“最后一公里”问题。要树立和强化“大扶贫”理念，加强组织领导，注重资源整合，把精兵强将派到深度贫困地区“打硬仗”，勇于攻坚，敢于上阵，决战决胜。

9 月 29 日 由自治区脱贫攻坚指挥部办公室、区党委宣传部、区扶贫办、区新闻出版广电局共同主办的西藏自治区 2017 年脱贫攻坚知识竞赛决赛举行。

9 月 30 日 自治区脱贫攻坚指挥部办公室召开 2017 年第十六次

会议，传达学习汪洋副总理在9月28日全国深度贫困地区脱贫攻坚电视电话会议上的重要讲话精神和《中共中央办公厅、国务院办公厅印发〈关于支持深度贫困地区脱贫攻坚的实施意见〉的通知》《关于对巴青县扶贫领域有关问题及70名责任人责任追究情况通报》，并听取全区深度贫困县认定情况。

10月9日 自治区党委召开常委会议，研究昌都三岩片区贫困群众易地扶贫搬迁有关事宜和西藏易地扶贫搬迁群众户籍管理有关事宜，安排部署相关工作。

10月11日 自治区党委宣传部召开专题会议，对喜迎党的十九大西藏宣传思想文化工作进行再动员再安排再部署。

10月11日 自治区2017年感动西藏“扶贫十大优秀人物”颁奖活动举办。

10月22日 全区金融助推脱贫攻坚电视电话会议在拉萨召开，就金融精准扶贫面临的问题进行研究部署。

10月25日 自治区脱贫攻坚指挥部办公室组织召开专题会议，研究羊八井镇风湿患者集中安置点村委会组建事宜。

10月28日 中共中央总书记、国家主席、中央军委主席习近平给西藏隆子县玉麦乡牧民卓嘎、央宗姐妹回信。习近平在信中说，在海拔3600多米、每年大雪封山半年多的边境高原上，你们父女两代人几十年如一日，默默守护着祖国的领土，这种精神令人钦佩。我向你们、向所有长期为守边固边忠诚奉献的同志，表示崇高的敬意和衷心的感谢。习近平指出，有国才能有家，没有国境的安宁，就没有万家的平安。祖国疆域上的一草一木，我们都要看好守好。希望你们继续传承爱国守边的精神，带动更多牧民群众像格桑花一样扎根在雪域边陲，做神圣国土的守护者、幸福家园的建设者。习近平表示，党的十九大刚刚召开，党将带领各族群众创造更加美好的生活。在大家的共同努力下，玉麦这个曾经的“三人乡”，一定能建成幸福、美丽的小康乡，乡亲们的日子也一定会越过越红火！

10 月 29 日　自治区人民政府印发《关于批准拉萨市城关区、日喀则市亚东县、昌都市卡若区、林芝市巴宜区、山南市乃东区退出贫困县（区）的批复》。

10 月 31 日　自治区脱贫攻坚指挥部召开 2017 年第十三次会议，研究讨论西藏自治区《深度贫困县乡村认定请示》《关于支持深度贫困地区脱贫攻坚的实施意见》《关于西藏向深度贫困地区脱贫攻坚的汇报提纲》等。

10 月 31 日　自治区脱贫攻坚指挥部办公室召开 2017 年第十七次会议，传达学习党的十九大精神和九届区党委第 37、38 次常委会精神及自治区传达贯彻党的十九大精神领导干部大会精神，研究讨论《国务院扶贫办关于 2016 年贫困县退出评估检查等情况的复函》和西藏脱贫攻坚相关政策。

11 月 1 日　自治区举行新闻发布会，正式向社会宣布：城关区、亚东县、乃东区、巴宜区、卡若区五个贫困县（区）脱贫。

11 月 3 日　自治区城乡规划委员会召开第一次会议。会议强调，要深入学习领会贯彻党的十九大精神，坚持以习近平新时代中国特色社会主义思想为指引，牢固树立新发展理念，坚持以人民为中心，抓紧抓好城乡规划工作，不断推动城乡区域统筹协调发展。

11 月 4 日　全区重点产业扶贫项目点评会召开。会议强调，各级各部门要高举习近平新时代中国特色社会主义思想伟大旗帜，坚持以党的十九大精神统一思想和行动，贯彻落实区党委、政府精准脱贫的重要部署，全力推进产业发展，坚决打赢脱贫攻坚战。

11 月 6 日—11 月 7 日　自治区党委九届三次全会在拉萨举行。自治区党委常委会主持会议，会议听取和讨论了自治区党委常委会工作报告，审议通过了《中共西藏自治区委员会关于不忘初心牢记使命高举习近平新时代中国特色社会主义思想伟大旗帜决胜全面建成小康社会加快全面建设社会主义现代化西藏的意见》。

11月7日　自治区脱贫攻坚指挥部召开专题会议，听取各市地、自治区各相关部门脱贫攻坚重点产业扶贫项目工作及深度贫困地区“十项提升”工程项目安排情况汇报，推动脱贫攻坚工作向纵深发展，确保年度脱贫目标任务全面完成。

11月8日　全区脱贫攻坚经验交流展在拉萨开幕。

11月8日　昌都“三岩”片区易地搬迁工作协调会在拉萨召开，汇报了“三岩”片区易地扶贫搬迁实施方案和政策建议。各参会部门发表意见并讨论，安排部署“三岩”片区易地扶贫搬迁近期工作。

11月10日　自治区政府召开专题会议，研究讨论《中共西藏自治区委员会西藏自治区人民政府关于加快推进旅游文化产业发展的意见（代拟稿）》。

11月15日　自治区脱贫攻坚指挥部办公室召开2017年第十九次会议会议，总结脱贫攻坚工作推进情况，安排部署年底重点工作。

11月28日　自治区党委召开常委会会议，听取《关于向汪洋同志汇报我区深度贫困地区脱贫攻坚情况及后续事宜的请示》，安排部署相关工作。

11月30日　国家卫生计生委在北京召开医疗人才组团式援藏工作长效机制对接会，研究讨论《关于建立健全医疗人才组团式援藏工作长效机制的意见》和《医疗人才组团式对口支援协议书》。

11月30日　全区2017年脱贫攻坚工作成效交叉考核会在拉萨召开。

12月1日　自治区脱贫攻坚指挥部办公室召开2017年第二十次会议。

12 月 7 日　自治区召开推进脱贫攻坚工作电视电话会议。会议强调，要高度重视，精准聚焦，强化责任，全力补齐脱贫攻坚短板。

12 月 8 日　自治区党委、政府召开全区边境工作会议，通过《中共西藏自治区委员会、西藏自治区人民政府、西藏军区关于加快边境地区发展的意见》。

12 月 8 日　国道 349 线泽当至贡嘎机场段高等级公路建成通车运营，拉萨与山南实现全程高等级公路连接。

12 月 9 日　自治区党委召开常委会会议，传达学习《中共中央纪委办公厅印发〈关于 2018 年至 2020 年开展扶贫领域腐败和作风问题专项治理的工作方案〉的通知》精神，研究了自治区脱贫攻坚指挥部《西藏自治区深度贫困地区脱贫攻坚实施方案（2018—2020 年）》，安排部署相关工作。

12 月 13 日　全区深度贫困地市和县区脱贫攻坚工作汇报会召开，专题研究部署深度贫困地区脱贫攻坚工作。会议强调，要聚焦突出问题、精准施策发力、严明责任纪律，坚决打赢深度贫困地区脱贫攻坚战这场硬仗中的硬仗。

12 月 14 日　自治区脱贫攻坚指挥部办公室召开 2017 年第二十一次会议，研究昌都“三岩”片区跨地整体易地扶贫搬迁实施方案，安排部署相关工作，切实加快推进“三岩”片区易地扶贫搬迁工作。

12 月 20 日　自治区政府召开专题会议研究全区民政扶贫金融工作，研究全区加强困境儿童分类保障、处置非法集资举报奖励、扶贫项目认定管理和保险业助推脱贫攻坚工作。

12 月 20 日　西藏现已完成近 300 万人的包虫病筛查工作，实现目标人群筛查全覆盖。

12 月 28 日　自治区党委召开专题会议，贯彻落实自治区党委常委会议精神，研究部署、加快推进全区易地扶贫搬迁和自发易地扶贫搬迁群众户口迁移工作。

12 月 30 日 自治区党委召开常委会会议，传达学习全国扶贫开发工作会议、全国组织部长会议精神，研究西藏贯彻落实意见，分析 2017 年全区经济运行和财政预算执行情况，研究 2018 年经济工作和财政预算工作。

二〇一八年

1月1日　《西藏自治区实施〈中华人民共和国妇女权益保障法〉办法》正式施行。新修订的《西藏自治区实施〈中华人民共和国妇女权益保障法〉办法》于2018年1月1日起正式施行。该办法共九章四十八条，从妇女政治权利、文化教育权益、劳动和社会保障权益、财产权益、人身权利、婚姻家庭权益六个方面做出具体规定。

1月2日　全区经济工作会议召开。会议指出，今年经济社会发展任务十分繁重，要坚决贯彻习近平新时代中国特色社会主义经济思想，坚持目标导向和问题导向，统筹兼顾、突出重点、全面推进。一是要持续促进有效投资；二是要坚决打好脱贫攻坚战；三是要着力发展特色优势产业；四是要大力实施乡村振兴战略和区域协调发展战略；五是要提高保障和改善民生水平；六是要加快推进美丽西藏建设；七是要进一步增强发展活力。

1月10日　全区粮食再获丰收。据《西藏日报》报道，2017年西藏狠抓粮食特别是青稞生产安全。根据各市地、县区农牧部门实地测产统计结果、农户调查情况以及自治区农业技术部门赴重点市地理论、实际测产情况看，2017年粮食丰收已成定局，预计粮食总产量达到103.7万吨，平均亩产377.58公斤，同比分别增加1.3万吨、4.54公斤。

1月11日　西藏包虫病患者治疗全免费。西藏2017年完成包虫病手术治疗1300余例，患者筛查及治疗所需的全部费用均由财政支付，避免患者“因病致贫”。

1月21日 西藏退耕还林还草惠及近20万名农牧民。据新华社消息，自2015年启动新一轮退耕还林还草工程以来，西藏已完成退耕还林还草17万亩，累计落实资金1.63亿元，惠及农牧民群众近20万人次，其中建档立卡贫困户13463户65021人。绿水青山正成为西藏不少农牧民脱贫致富的“靠山”。

1月25日 西藏农村居民人均可支配收入过万。2017年，西藏农村居民人均可支配收入突破万元，达到10330元，增长13.6%。近年来，西藏将保障和改善民生放在更加突出的位置，不断加大支农资金的投入力度。依托大量优惠政策，西藏农牧区的生产生活条件得到大幅改善，农牧业基础地位显著加强。

1月26日 西藏经济连续25年保持两位数增长。自治区十一届人大一次会议发布消息，西藏2017年全区生产总值达1310.6亿元，同比增长10%，连续25年保持两位数增长。地区生产总值增速连续五年居全国第三，年均增长10.8%，高于全国平均水平近4个百分点，西藏经济实现高速度高质量发展。

1月27日 西藏交通条件全面改善。自治区《政府工作报告》指出，党的十八大以来，随着国家加大基础设施投入力度，西藏基本建成以公路、铁路、航空、管道为主的综合交通运输体系。拉萨至贡嘎机场、日喀则至日喀则机场、贡嘎机场至泽当、拉萨至林芝高等级公路建成通车，高等级公路通车里程由2012年的37公里增加到660公里。截至2017年底，全区公路通车总里程达到9万公里。青藏铁路拉日段通车运营，川藏铁路拉林段加快推进，川藏、滇藏以及口岸铁路等纳入国家“十三五”及中长期铁路网规划，铁路事业进入快速发展阶段。截至2017年底，铁路运营总里程达到954公里。

1月28日 西藏累计接待游客超2500万人次。自治区十一届人大一次会议发布消息，2017年西藏全年接待国内外游客2561.4万人次，实现旅游收入 379.4 亿元，同比分别增长 10.6% 和 14.7%，西藏旅游业迎来快速大发展。

2 月 1 日 促销联盟组团推销大美西藏。西藏成立“冬游西藏·共享地球第三极”促销联盟，并在拉萨举行首场联合促销发布会，联盟宣布从 2 月 1 日至 4 月 30 日，联盟所属景区、宾馆饭店和旅行社全部免费或降价促销。开展“冬游西藏·共享地球第三极”活动，对于补齐短板，打造全域全时旅游，推动经济高质量发展具有重大意义。

2 月 1 日 自治区监察委员会正式挂牌成立。至此，西藏区、市、县三级监察委员会组建工作全面完成，共划转检察机关政法专项编制 590 个，309 名转隶干部已全部到岗，标志着西藏深化国家监察体制改革试点工作取得重要阶段性成效。

2 月 2 日 全区农村工作会议召开。会议主要任务是，高举习近平新时代中国特色社会主义思想伟大旗帜，深入贯彻落实党的十九大、十九届二中全会和中央经济工作会议、中央农村工作会议精神，总结过去五年特别是 2017 年的“三农”工作，分析农牧业农牧区形势，部署实施乡村振兴战略，坚决打赢脱贫攻坚战，更好推进新时代西藏“三农”工作。

2 月 12 日 西藏力争“十三五”末所有乡镇和建制村通公路。来自全区交通运输工作会议消息，“十三五”期间，西藏将深入实施农村公路通达通畅项目，力争“十三五”末实现所有乡镇、建制村通公路，100% 乡镇和 80% 建制村通硬化路，具备条件自然村全部通公路。2018 年，西藏将着力落实区域发展战略和乡村振兴战略，加快“边境地区小康村”公路、进村入户公路、易地扶贫搬迁安置点道路建设，重点支持深度贫困地区农村公路建设，逐步启动 13 个乡镇，1152 个建制村通硬化路项目，为到 2019 年实现“100% 乡镇和 80% 建制村通硬化路”打下坚实基础。

2月13日 据《西藏日报》报道，《西藏自治区2017年国民经济和社会发展计划执行情况与2018年国民经济和社会发展计划草案报告》发布，总体看，全区经济呈现出“稳中有进、进中向好、好中趋优”的发展态势，主要经济指标完成较好。2018年经济社会发展的主要任务和措施是深入贯彻落实习近平新时代中国特色社会主义经济思想，转变经济发展方式，始终坚持创新协调绿色开放共享的新发展理念，始终坚持着眼建设现代化经济体系这个战略目标，始终坚持稳中求进、进中求好、补齐短板工作总基调，始终坚持处理好“十三对关系”这个根本方法，努力走出一条具有中国特色、西藏特点的高质量发展路子。

2月27日 西藏脱贫攻坚实现阶段性转变。据《西藏日报》报道，2013年以来的五年，是西藏有史以来，各级党委、政府对脱贫攻坚重视程度最高、投入力度最大、动员范围最广、贫困群众得到实惠最多的五年。五年间，西藏贫困人口由86万下降到了2017年底的33万人，减少了53万人，贫困发生率由32.33%下降到了12.4%。2016年被国家评为“综合评价好”的8个省区之一。2017年，西藏再创佳绩，全区贫困农牧民人均可支配收入增幅达16%，减贫15万人，1705个贫困村居退出，25个县区达到脱贫摘帽标准。

3月1日 西藏力推生态环境问题彻底整改。按照中央第六环保督察组督察西藏自治区情况反馈要求，自治区落实了省级领导挂帅督办责任。在具体操作上，实行领导包案负责制，严格落实个体推进责任，确保每个问题的整改工作都有部门专抓、有人员专管，做到整改任务不完成不放过、交办清单不销号不放过、责任问题不追究不放过，确保通过重大问题整改、重大责任追究，带动整体整改成效，提升环境保护水平。

3月5日 党委军民融合发展委员会办公室专题会议召开。会议的主要任务是以习近平新时代中国特色社会主义思想为指导，全面贯彻党的十九大精神，深入贯彻习近平总书记军民融合发展的重要战略思想，按照区党委军民融合发展委员会第一次全体会议部署要求，研究讨论《西藏自治区“十三五”军民融合发展规划（送审稿）》，总结 2017 年工作，安排部署下一步工作。

3 月 8 日　西藏大学入选“部省合建”高校。据《西藏日报》报道，教育部在京召开支持和提升中西部高等教育发展座谈会，部署启动“部省合建”工作。会议强调，要通过“部省合建”这一新的机制和模式，在尚无教育部直属高校的省份，按“一省一校”原则，重点支持西藏大学在内的 14 所高校建设。

3 月 8 日　西藏代表团举行全体会议并向中外媒体开放。十三届全国人大一次会议西藏代表团举行全体会议，根据大会安排，本次会议向中外媒体开放，来自人民日报、新华社、中央电视台、法新社、香港明报等 48 家境内外媒体的 89 名记者前来采访。

3 月 17 日　西藏首创环境保护县域考核。为切实守护好碧水蓝天，西藏首创环境保护县域考核，5 年来累计落实各类生态补偿资金 254.34 亿元。作为国家重要的生态安全屏障，过去 5 年西藏先后修订制定出台生态文明建设和环境保护法规制度 60 多件，首创环境保护县域考核，兑现考核奖励资金 2.26 亿元，约谈 15 个考核不合格县、区主要负责人。

3 月 19 日　西藏动员部署投资和项目建设工作。全区投资和项目建设工作动员部署电视电话会议召开。会议指出，投资和项目建设是稳定经济增长的关键之举，是破解基础设施瓶颈制约的根本途径，是保障改善民生的重要载体，是推进绿色发展的必然要求。各级各部门要把思想和行动统一到区党委、政府的决策部署上来，以处理好“十三对关系”为根本方法，不断深化投资拉动增长的重要性认识，坚定信心、鼓足干劲，敢于担当、主动作为，全力以赴确保全年目标任务的完成。

3 月 23 日　西藏部署今年旅游精准扶贫工作。全区旅游精准扶贫部署会议召开，指出，2018 年自治区将从全力推进乡村旅游、加强旅游精品景区建设、夯实基础设施建设、着力推进“旅游 +”、深入实施企业帮扶、强化旅游市场推广、加强培训等七个方面做好旅游精准扶贫工作。

3 月 27 日　自治区政府召开常务会议，研究部署兴边富民行动、产业发展等重点工作，研究落实兴边富民行动、军民深度融合、科技创新、产业发展、对外开放、农牧区人居环境整治等事宜。会议强调，要全面贯彻落实习近平新时代中国特色社会主义思想和习近平总书记治边稳藏重要战略思想，全面贯彻“神圣国土守护者、幸福家园建设者”战略，深入实施兴边富民行动，推进军民融合深度发展，解决好边境地区发展不平衡不充分的问题，不断改善群众的生产生活条件，教育引导各族干部群众像格桑花一样扎根在雪域边陲，看好守好祖国疆域上的一草一木，绝不让一寸领土从伟大祖国分割出去。

4 月 6 日　西藏加快打造面向南亚国际物流枢纽。据新华社消息，“十三五”期间，西藏将加速补齐物流发展短板，打造“一核、三轴、三区、四中心”的物流产业发展格局，到 2020 年以构建现代物流综合交通网络、搭建功能齐全的物流信息平台、建成综合物流园区（中心）、重点推出冷链物流产业、培育重点物流企业为目标，基本建成功能齐全、业态融合的物流服务体系，明显提高流通效率、降低物流成本，加快打造面向南亚的国际物流枢纽。

4 月 7 日　全区交通路网加速布局。全区交通运输工作会议发布消息，过去 5 年，西藏新增公路通车里程 24145 公里，年均增加 4830 公里，交通运输固定资产投资累计完成 1465.95 亿元，年均增长

47.3%，基本形成了系统、完整的交通运输发展规划体系，为西藏长足发展和长治久安提供了有力支撑。

4月7日 川藏铁路拉林线全线铺架通道第一隧道——嘎拉山隧道顺利贯通。嘎拉山隧道位于拉萨市曲水县才纳乡，是川藏铁路拉萨至林芝段的第一座隧道，也是拉林线的重难点和工期控制性工程，全长4373米，最大埋深674米，平均海拔3600米。该隧道顺利贯通标志着拉林铁路建设自此进入了一个新阶段。

4月9日 西藏产业扶贫助民增收。据新华社消息，西藏坚持立足资源和比较优势，全区2017年共落实到位产业扶贫资金124.2亿元，其中自治区统筹安排产业发展资金60亿元，撬动金融信贷19.1亿元，吸纳社会资金约38亿元。一年中完成投资106.2亿元，累计开工建设产业扶贫项目1195个，直接带动脱贫6.9万人。

4月9日 西藏实现286种“大病”治疗不出藏。据《西藏日报》报道，近年来西藏加快推进分级诊疗制度建设，医疗卫生条件不断改善，目前已实现286种“大病”治疗不出藏、1824种“中病”不出市地就能治疗，县级医院能治疗一些常见易发的“小病”。

4月10日 自治区推进口岸建设和边境贸易发展。自治区口岸建设和边境贸易发展领导小组会议召开。会议认真研究口岸建设和边境贸易发展工作，要求紧密围绕“一带一路”建设，着力构建面向南亚开放的重要通道，积极稳妥推进口岸建设和边境贸易发展。

4月15日—17日 北京市代表团在藏考察扶贫援藏工作。北京市委、市政府始终高度重视对口支援拉萨工作，站在党和国家工作全局的高度，不断创新工作机制，加大援藏力度，大力支援拉萨脱贫攻坚、基础设施建设、教育医疗人才组团式援藏等各项工作，为拉萨经济社会发展作出了重要贡献。一批又一批北京援藏干部继承和弘扬“老西藏精神”“两路”精神，全身心致力于拉萨经济社会发展，用实际行动践行了对党的绝对忠诚。

4 月 21 日 西藏力争三年内所有乡镇和建制村通公路。据新华社消息，未来三年，西藏将深入实施农村公路通达通畅项目，力争“十三五”末实现所有乡镇、建制村通公路，具备条件自然村全部通公路。

5 月 2 日 西藏工业经济增速持续位居全国第一。据《西藏日报》报道，自 2018 年初以来，全区工业经济承接 2017 年全年增速第一的良好发展形势，持续呈现出平稳较快发展的良好趋势。1—2 月，规模以上工业增加值累计增长 14.3%，比全国平均高出 7.1 个百分点，增速位居全国第一。

5 月 6 日 西藏实施一批“红色遗迹”保护利用项目。为不断改善西藏革命文物保护状况，进一步加大“红色遗迹”保护利用，2018—2019 年，西藏将重点实施阿里分工委旧址、中央人民政府驻藏代表办公处旧址、江孜宗山抗英遗址、波密扎木中心县委红楼等保护展示利用项目。

5 月 8 日 西藏藏医学院获批博士学位授予单位。经国务院学位委员会第三十四次会议批准，西藏藏医学院获批博士学位授予单位，中医学（藏医）获批一级学科博士学位授权点，标志着西藏藏医学院实现了博士学位授予单位和一级学科博士点“零”的突破，形成了藏医学士、硕士、博士完整的学位授权体系，实现了藏医药学办学史上学科建设和学位教育发展的重大突破，对藏医药学的科学发展具有里程碑的意义。

5 月 24 日 西藏脱贫攻坚再创佳绩。国务院办公厅发出通报，西藏作为 2017 年脱贫攻坚成效“综合评价好”的省区，受到督查激励。据悉，2017 年西藏贫困农牧民收入增幅达到 16%，减贫 15 万人，贫困人口下降到 33 万人，贫困发生率下降到 12.4%；1705 个贫困村（居）

脱贫退出，25 个贫困县（区）达到摘帽标准，脱贫攻坚再创佳绩，各项工作进展更加有序、有力、有效。

5 月 29 日 自治区党委国家安全协调小组召开专题会议。会议强调，要牢固树立总体国家安全观，深入学习贯彻十九届中央国家安全委员会第一次会议精神，按照习近平总书记和党中央的决策部署，认真落实党委（党组）国家安全责任制，坚决推进新时代西藏长足发展和长治久安，坚决维护祖国统一、国家安全，努力谱写好中华民族伟大复兴中国梦的西藏篇章。

6 月 1 日 《2017 年西藏自治区环境状况公报》发布。《公报》以借力中央环境保护督察为契机，以构筑国家生态安全屏障为抓手，从环保改革、环保督察、生态保护、污染防治等方面，介绍了西藏环境保护工作取得的新成效。

6 月 4 日 西藏成立气象专家智囊团。西藏自治区气象科学技术委员会成立并正式开展工作。来自气象、科技领域的 16 名专家成为气象科技委的智囊团成员，旨在为西藏气象科技事业发展提供咨询意见和专业技术支持，提高气象现代化发展水平，增强服务地方经济发展能力。

6 月 5 日 自治区人民政府与中央民族大学在拉萨签订战略合作框架协议。根据协议，双方将在人才培养、教育科研等领域开展全面战略合作，结合西藏实际和需求，全力推动工作落实，积极服务于国家战略，积极服务于少数民族和民族地区发展，为西藏长足发展和长治久安贡献智慧和力量。

6 月 7 日 西藏大力推广种植青稞良种。“喜玛拉 22 号”青稞高产品种推广情况新闻发布会召开。据了解，西藏将大力推广“喜玛拉 22 号”青稞高产品种，今年全区共落实推广种植面积 83.91 万亩，2019 年将达到全区青稞种植总面积的 50% 以上，成为全区青稞第一主导品种，2020 年种植面积将达到青稞种植总面积的 60% 以上。

6 月 9 日 第 18 批赴藏博士服务团考察乡村振兴战略。中组部、团中央第 18 批赴藏博士服务团赴拉萨市柳梧新区达东村和达孜县纯净生态农牧民种植专业合作社，考察西藏乡村振兴战略推进、现代生态农业大棚种植产业基地建设等情况，为西藏经济社会发展建言献策、贡献力量。

6 月 14 日 西藏文化旅游创意园区列入首批 13 个国家文化出口基地。在 14 日上午杭州举办的国家文化出口基地推进会上，西藏文化旅游创意园区正式获得“国家文化出口基地”称号，成为首批 13 个国家文化出口基地之一。

6 月 28 日 西藏天然饮用水产业健康快速发展。据《西藏日报》报道，近年来，全区天然饮用水产业产业规模不断壮大。2017 年，全区天然饮用水产量近 80 万吨，工业总产值达到 15.79 亿元。今年 1—4 月份，全区共生产包装饮用水 10.64 万吨，实现销量 10.74 万吨，实现工业产值 3 亿元。通过坚持规划引领，加强品牌培育，强化战略合作，突出环保绿色理念，助力精准脱贫攻坚，“西藏好水”整体影响力和知名度不断扩大。

6 月 28 日 全区深化党政机构改革动员部署会议在拉萨召开。会议全面贯彻落实党的十九大和十九届二中、三中全会精神，贯彻落实习近平总书记关于全面深化党和国家机构改革的重要思想和治边稳藏重要战略思想，按照中央深化地方机构改革推进会要求，对全区党政机构改革工作进行动员部署。

6 月 30 日 西藏全面建立河长制。自中央作出全面推行河长制重大决策部署以来，自治区党委、政府高度重视，切实提高政治站位，认真践行新发展理念，把全面推行河长制工作作为事关国家重要生态安全屏障建设。自治区总河长办公室对全区 7 地（市）全面建立河长制工作进行了验收，各地（市）均达到“四个到位”总体要求，标志着西藏已全面建立河长制。

7月3日 《2017年中国共产党西藏自治区党内统计公报》发布。截至2017年12月31日，全区党员总数为36.4万名，比上年净增1.8万名，增幅为5.3%。全区现有党的基层组织1.9万多个，比上年增加2600多个，增幅为15.8%。其中，基层党委1500多个，总支部900多个，支部1.7万个。

7月3日—6日 湖南省党政代表团在藏考察对口支援工作，就深入贯彻落实习近平新时代中国特色社会主义思想和习近平总书记治边稳藏重要战略思想、中央关于西藏工作的决策部署，进一步做好湖南对口支援西藏工作进行实地考察调研、进行座谈，共商对口援藏大计。

7月16日—18日 安徽省党政代表团在藏对接对口援建工作。为深入贯彻习近平总书记治边稳藏重要战略思想，落实中央第六次西藏工作座谈会精神，安徽省党政代表团深入拉萨和山南市，慰问援藏干部人才，对接对口援建工作。

7月19日 国务院新闻办公室发布《青藏高原生态文明建设状况》白皮书。《青藏高原生态文明建设状况》分为生态文明制度逐步健全、生态保育成效显著、环境质量持续稳定等六个部分。白皮书指出，青藏高原生态文明建设，对推动高原可持续发展、促进中国和全球生态环境保护有着十分重要的影响。中国共产党和中国政府坚持生态保护第一，将保护好青藏高原生态作为关系中华民族生存和发展的大事。目前，青藏高原生态文明制度逐步健全，生态保育成效明显，环境质量稳定良好，绿色产业稳步发展，科技支撑体系基本建立，生态文化逐渐形成，青藏高原生态文明建设示范作用正在显现。

7月19日 西藏强力推动藏猪产业发展。据《西藏日报》报道，近年来，自治区在以往推进高原特色产业发展的基础上，结合脱贫攻坚，把藏猪产业列为西藏高原特色七大重点产业之一，加强顶层设计，高位强力推动，藏猪产业快速发展，成效明显，态势喜人，迈上了新的台阶。

7 月 21 日 全区网络安全和信息化工作会议召开。会议坚持以习近平新时代中国特色社会主义思想为指导，深入贯彻党的十九大和十九届二中、三中全会以及中央第六次西藏工作座谈会精神，贯彻习近平总书记网络强国和治边稳藏重要战略思想，落实全国网络安全和信息化工作会议精神，总结工作、分析形势，对新时代全区网信工作进行部署。

7 月 22 日 自治区第十二届运动会暨第四届民族传统体育运动会在拉萨开幕。本届运动会是西藏历史上规模最大、设项最全、参赛人数最多的综合性运动会。1200 多名运动员将参加 21 个大项、92 个小项的激烈角逐和 1 个表演项目的精彩展示。

7 月 23 日—25 日 湖北省党政代表团在藏考察对口支援工作。湖北省党政代表团深入拉萨市和山南市，实地考察指导对口支援工作，看望援藏干部人才，共商两省区合作发展大计。

7 月 25 日—27 日 李克强在西藏考察。中共中央政治局常委、国务院总理李克强在西藏自治区党委、政府主要负责同志陪同下，在林芝、山南、拉萨考察经济社会发展，向西藏各族人民送上祝福。李克强指出，脱贫攻坚、富民兴藏重在发展，要以习近平新时代中国特色社会主义思想为指导，贯彻落实党中央、国务院部署，立足西藏实际，在可持续发展中实现民生不断改善。李克强充分肯定西藏近年来各项事业取得的成就，希望西藏在以习近平同志为核心的党中央坚强领导下，坚持党的治藏方略，推动富民兴藏，维护祖国统一，加强民族团结，促进西藏经济社会发展和长治久安。

7 月 27 日—29 日 国务院扶贫办调研产业扶贫工作。国务院扶贫办调研组赴藏调研，先后调研山南市泽贴尔残疾人培训就业中心、村级光伏电站、甲玛乡酸奶加工合作社、拉萨市当雄县净土牧场、羊八井镇彩渠塘村精准扶贫风湿患者集中搬迁安置点、堆龙德庆区波玛村易地扶贫搬迁民俗旅游可持续发展项目、天麦力健康品有限公司，并召开座谈会，听取了西藏青稞、牦牛产业扶贫工作汇报。

7月30日—8月2日 浙江省代表团深入拉萨市和那曲市，实地考察指导对口支援工作，看望援藏干部人才，共商两省区合作发展大计。

8月1日 自治区乡村振兴战略规划完成初稿编制。自治区乡村振兴战略规划编制工作召开推进会，听取总体规划和各专项规划编制工作进展情况汇报。目前，自治区乡村振兴战略规划完成初稿编制，取得阶段性成果。

8月3日 上半年西藏边民互市贸易大幅增长。据《西藏日报》报道，今年上半年，在“兴边富民”等国家扶持政策带动下，西藏边民互市贸易迎来大幅增长，货物总值达1595.15万元，同比增长1.3倍。其中，亚东中印乃堆拉边贸通道实现边民互市贸易总值728.32万元。

8月3日 全区生态环境保护大会召开。会议深入学习贯彻习近平生态文明思想和全国生态环境保护大会精神，总结党的十八大以来西藏生态环境保护工作，分析西藏生态文明建设面临的新形势新任务，对加强生态环境保护、打好污染防治攻坚战作出部署，动员全区上下一起动手，加快推进美丽西藏建设，筑牢国家生态安全屏障。

8月8日 西藏重点水利工程建设顺利推进。据《西藏日报》报道，2018年全区重大水利工程建设目标任务包括全面完成旁多水利枢纽、雅砻水库和江北灌区建设任务，加快实施拉洛工程、湘河工程、卓于水库等项目建设，推进“十三五”规划确定的重大项目和中型水库项目前期工作。目前各项重大水利工程建设进展顺利，力争开工建设宗通卡水利枢纽、帕古水库、康卓水库等工程，全面推进水利基础设施网络建设。

8月24日—26日 汪洋在西藏调研。中共中央政治局常委、全国政协主席汪洋来到昌都、拉萨，深入易地扶贫搬迁新村、草原牧区、产业园区、宗教场所，了解西藏经济社会发展、脱贫攻坚、寺庙管理等情况。他强调，要以习近平新时代中国特色社会主义思想为指导，认真贯彻党的治藏方略和西藏工作原则，紧紧围绕维护祖国统一、加强民族团结这个着眼点和着力点，牢牢把握改善民生、凝聚人心这个出发点和落脚点，推进精准扶贫和精准脱贫，加快全面建成小康社会步伐，积极构筑生态安全屏障，大力促进民族团结，加强和创新寺庙管理，深入开展反分裂斗争，努力实现西藏繁荣发展和长治久安。

9月5日 第二次青藏科考研究首期成果报告会与论坛举行。会议指出，第二次青藏科考队围绕西藏经济社会高质量发展，着力解决青藏高原资源环境承载力、灾害风险、绿色发展途径等方面的问题，为西藏国家生态安全屏障建设、资源保护和绿色发展贡献力量。

9月5日 国务院扶贫开发领导小组赴西藏督查组听取自治区脱贫攻坚和整改落实情况工作汇报。会议指出，全区各级各部门要深刻认识做好西藏脱贫攻坚工作既是经济问题、也是民族问题、更是政治问题，坚持高海拔搬迁与适度规模集中、生态环境保护相结合，短期脱贫与长远发展相结合，脱贫攻坚与乡村振兴相结合，物质文明和精神文明相结合。要以这次督查工作为契机，举一反三，进一步提高工作水平，确保如期实现脱贫目标。

9月6日 西藏自治区与国务院国资委座谈，就中央企业支援西藏各项工作进行深入交流。

9月7日 由文化和旅游部、西藏自治区人民政府共同主办的第四届中国西藏旅游文化国际博览会开幕。全国人大常委会副委员长武维华，尼泊尔联邦民主共和国众议院议长克里希纳·巴哈杜尔·马哈拉，十届全国人大常委会副委员长热地，十二届全国人大常委会副委员长向巴平措和蒙古国乌兰巴托市议长阿玛尔赛汗等应邀出席。本届藏博会以“畅游新西藏·守护第三极”为主题，在拉萨设主会场，林芝设分会场，旨在聚四海之气、借八方之力，全力打造西藏旅游升级版，共同守护地球第三极，努力把一个多姿多彩的社会主义新西藏展现给全世界。

9月7日 工商联系统对口援藏工作座谈会暨精准扶贫西藏行在拉萨举行。双方将在发展扶贫产业、解决就业问题、补齐发展短板、加强科技扶贫、开展人才扶贫等方面开展合作，并签署了《全国工商联与西藏自治区人民政府战略合作框架协议》。17 个对口援藏省市工商联与 7 市地工商联签订对口支援合作协议，举行精准扶贫和公益项目捐赠仪式。

9月11日 第四届藏博会签约项目投资逾 540 亿元。第四届藏博会在拉萨落下帷幕。本届藏博会招商引资取得丰硕成果，共签约合同项目 108 个，总投资达 540.82 亿元。其中，投资额度 50 亿元以上项目 1 个，投资额度 10 亿元以上项目 17 个，投资额度 1 亿元以上项目 66 个；投资亿元以上项目达 79%，平均每个项目投资规模达 5 亿元。这说明签约企业非常看好西藏的发展空间和市场前景，为西藏经济社会发展注入新动能。

9月23日 西藏首届中国农民丰收节主会场活动在拉萨市林周县松盘乡松盘村举行。农民丰收节将成为西藏高原特色农产品展示展销的重要平台，成为休闲农业和乡村旅游的推介平台，成为西藏展示农牧业农牧区发展成就、农牧民生产生活变化、传统农耕文明和游牧文化的综合性平台。

10月1日 全区 25 个贫困县（区）脱贫摘帽。自治区举行 2017

年贫困县脱贫摘帽工作情况新闻发布会，宣布林周县等25个贫困县实现脱贫摘帽。2016年至2017年全区累计减少贫困人口29.7万人、贫困村退出2713个、贫困县摘帽30个，贫困发生率从2015年底的25.2%下降到2017年底的7.9%，贫困群众人均可支配收入保持16%的增长幅度，西藏实现有史以来贫困县大规模减少，连续两年被中央确定为扶贫开发工作“综合评价好”的省区之一。

10月10月 川藏铁路规划建设全面启动。中共中央总书记、国家主席、中央军委主席、中央财经委员会主任习近平主持召开中央财经委员会第三次会议，研究提高我国自然灾害防治能力和川藏铁路规划建设问题。会议强调，规划建设川藏铁路，是促进民族团结、维护国家统一、巩固边疆稳定的需要，是促进西藏经济社会发展的需要，是贯彻落实党中央治藏方略的重大举措。要把握好科学规划、技术支撑、保护生态、安全可靠的总体思路，加强统一领导，加强项目前期工作，加强建设运营资金保障，发扬“两路”精神和青藏铁路精神，高起点高标准高质量推进工程规划建设。

10月11日—14日 西藏全力开展金沙江堰塞湖抢险救灾。11日，西藏昌都市江达县波罗乡与四川甘孜州白玉县交界处发生山体滑坡，造成金沙江断流并形成堰塞湖。12日下午，堰塞湖蓄水量约2亿立方米，堰塞湖受威胁范围已达到30多公里。西藏立即启动应急救援机制，截至12日18时，10个乡13637名受威胁群众全部转移至安全地带，并全力做好转移群众安置安抚工作。截至14日10时，川藏交界金沙江山体滑坡堰塞湖入库和出库流量达到平衡，总体趋于正常，对四川甘孜州和西藏昌都市的安全威胁基本解除。

10月14日 西藏建设628个边境小康村。据《人民日报》报道，为从根本上改善边境地区生产生活条件，让边境地区群众安心扎根雪域边陲，西藏自治区实施主题为“神圣国土守护者、幸福家园建设者”

的乡村振兴工程，计划到 2020 年，将全区 628 个边境村基本建成设施完善、产业兴旺、生态良好、宜居宜业的富裕文明小康村。

10 月 15 日 中共中央总书记、国家主席、中央军委主席习近平 15 日致信祝贺西藏民族大学建校 60 周年，向全校广大师生员工和校友致以热烈的祝贺。习近平总书记在贺信中指出，西藏民族大学建校以来，贯彻党的教育方针，坚持正确办学方向，坚持立德树人，为党和人民、为西藏各项事业发展培养了一大批优秀干部和专业技术人才。西藏民族大学 60 年来取得的成绩，是在党的领导下西藏各项事业蓬勃发展、西藏各族人民生活不断改善的生动体现。习近平总书记强调，站在新的历史起点上，希望你们全面贯彻落实新时代中国特色社会主义思想和党的十九大精神，紧紧围绕培养什么样的人、怎么培养人、为谁培养人这一根本问题，培育和弘扬社会主义核心价值观，提高教育教学水平，贯彻党的民族政策和宗教政策，加强民族团结进步教育，传承中华优秀传统文化，自觉维护民族团结，全面推进学校各项工作，努力培养德智体美劳全面发展的社会主义建设者和接班人，为推动西藏经济社会发展，为实现“两个一百年”奋斗目标、实现中华民族伟大复兴的中国梦作出新的更大贡献。

10 月 19 日 中宣部授予卓嘎、央宗姐妹“时代楷模”称号。为深入学习贯彻习近平总书记给西藏自治区山南市隆子县玉麦乡牧民卓嘎、央宗姐妹重要回信精神，在回信发表一周年之际，中宣部 19 日向全社会宣传发布卓嘎、央宗姐妹的先进事迹，授予她们“时代楷模”称号。2017 年 10 月 28 日，习近平总书记给卓嘎、央宗姐妹回信，高度评价她们父女两代接力为国守边的行为，感谢长期为守边固边忠诚奉献的同志，勉励广大农牧民群众扎根雪域边陲，做神圣国土的守护者、幸福家园的建设者。

10 月 29 日 自治区党委九届四次全会在拉萨举行，传达学习中央有关精神，审议通过《关于西藏自治区机构改革的实施意见》。会议要求，各级党委、政府要把抓改革举措落地作为政治责任，加大统的力度、明确改的章法、把握工作方法、做好人的工作，确保机构改革有组织有步骤有纪律推进、各项任务按时保质完成。

11月1日 自治区科学做好“十三五”规划实施。自治区召开政府专题会议，研究讨论《西藏自治区“十三五”时期国民经济和社会发展规划纲要实施中期评估报告》（送审稿）。

11月3日 下午，昌都市江达县波罗乡原“10·11”山体滑坡点发生再次滑坡，形成堰塞湖。

11月4日 九届自治区党委脱贫攻坚专项巡视进驻工作全部完成。从10月30日起，九届自治区党委脱贫攻坚专项巡视的9个巡视组陆续进驻各被巡视地区和单位，至11月4日进驻工作全部完成。巡视期间，巡视组将围绕落实党中央脱贫攻坚方针政策、落实党委（党组）脱贫攻坚主体责任、落实纪委监委（纪检监察组）监督责任和有关职能部门监管责任、落实对脱贫攻坚过程中各类监督检查发现问题整改以及党员干部执行脱贫攻坚工作纪律及要求等开展监督检查。

11月8日 全区宣传思想工作会议在拉萨召开。会议的主要任务是，坚持以习近平新时代中国特色社会主义思想和党的十九大精神为指导，深入贯彻落实习近平总书记关于宣传思想工作和治边稳藏的重要论述，按照全国宣传思想工作会议的要求，分析研究西藏宣传思想工作面临的形势任务，安排部署当前和今后一个时期的工作，进一步凝聚起全区各族干部群众的磅礴力量，为推进新时代长足发展和长治久安提供更加有力的思想保证、文化支撑和精神动力。

11月12日 自治区数字文化馆平台在自治区群艺馆启动。这是西藏首个开通运行的数字文化馆平台，填补了西藏文化馆系统无数字化平台的空白。“西藏自治区数字文化馆平台”将推出“一站式”公共文化云服务，将突破西藏传统公共文化服务时空局限，为文化援藏扶贫以及提升西藏群众文化幸福感开启新路径,在全国具有示范意义。

11月14日 自治区党委、政府在拉萨召开全区民族团结进步表彰大会，隆重表彰全区民族团结进步模范集体和模范个人。会议宣读了自治区党委、政府关于表彰2018年西藏自治区民族团结进步模范集体和模范个人的决定和国家民委贺电。会议强调，要坚持以习近平新时代中国特色社会主义思想和党的十九大精神为指导，深入贯彻落实总书记关于民族工作和治边稳藏的重要论述，坚定不移走中国特色解决民族问题的正确道路，锐意进取、拼搏创新、苦干实干，继续把西藏民族团结进步事业全面推向前进，为推进新时代西藏长足发展和长治久安作出新的更大贡献。

11月15日 自治区民营企业座谈会召开。会议强调，要树牢“四个意识”，坚定“四个自信”，坚定坚决地做到“两个维护”，用心学习领会习近平总书记关于民营经济的重要论述，认真贯彻落实习近平总书记在民营企业座谈会上的重要讲话精神，按照自治区第九次党代会和区党委九届三次全会、全区第二次非公有制经济发展大会的部署，坚持“两个毫不动摇”“三个没有变”，大力实施集约发展、创新转型、政策扶持、融资服务、招商引资、全民创业、素质提升、环境优化“八大工程”，推动民营经济快发展大发展。

11月22日—23日 自治区党政代表团赴京回访参观考察。西藏党政代表团赴京与北京市委、市政府领导同志进行座谈，回访参观考察项目，亲切看望援藏干部代表，充分表达全区330多万各族人民对北京长期以来给予西藏特殊支持的感激之情。大家畅叙友情、共商援藏大计，携手推动各项工作再上新台阶。

11月23日 藏中电力联网工程投运。经过20个月的艰苦建设，世界上平均海拔最高、施工条件最复杂的超高压电网工程——藏中电力联网工程建成投运。这是继青藏电力联网、川藏电力联网工程之后，雪域高原再添的一条电力天路。

12 月 12 日 西藏自治区医院项目在拉萨市堆龙德庆区乃琼镇岗德林村正式开工建设。据悉，该项目规划设置床位 1499 张，规划占地面积 400 亩，总建筑面积约 27 万平方米，计划 2021 年底建成并投入试运行。

12 月 27 日 全区综治工作（平安建设）暨“先进双联户”创建活动表彰大会在拉萨召开。会议坚持以习近平新时代中国特色社会主义思想为指导，深入学习贯彻党的十九大和十九届二中、三中全会精神，贯彻落实自治区第九次党代会和区党委九届三次、四次全会精神，全面总结一年来西藏综治工作（平安建设）和“先进双联户”创建经验，表彰先进典型，就加快社会治理现代化，建设更高水平的平安西藏作出部署。

二〇一九年

1月3日 自治区党委九届五次全会在拉萨举行。自治区党委常委会主持会议，听取和讨论了自治区党委常委会工作报告。

1月4日—1月5日 自治区党委经济工作会议在拉萨召开。会议以习近平新时代中国特色社会主义思想为指导，贯彻落实党的十九大和十九届二中、三中全会以及中央经济工作会议、中央第六次西藏工作座谈会精神，总结2018年经济工作，分析当前经济形势，研究部署今年经济工作。

1月9日 自治区脱贫攻坚指挥部印发《西藏自治区牦牛产业扶贫发展行动方案（2018—2020年）》《西藏自治区青稞产业扶贫发展行动方案（2018—2020年）》。

1月10日 自治区脱贫攻坚指挥部召开第一次会议，研究《2018年度脱贫攻坚表彰奖励方案》。

1月12日 中央统战部、中央宣传部、国家民委联合下发《关于向“时代楷模”卓嘎、央宗姐妹学习的通知》。

1月16日 西藏实现建制村直接通邮率100%。据《西藏日报》报道，截至2018年底，全区5467个建制村实现直接通邮，每周投递频次达到3次，实现了建制村直接通邮100%的目标。

1月18日 自治区党委农村工作暨脱贫攻坚工作会议在拉萨召开。会议传达学习了习近平总书记关于做好“三农”工作的重要指示和中央农村工作会议、全国扶贫开发工作会议精神。自治区党委、政府与七地（市）委、行署（政府）签订了 2019 年度脱贫攻坚目标责任书。会议还宣读了关于表彰 2018 年度全区农牧民增收先进地（市）、青稞产业先进县（区）、肉奶产业先进县（区）和农牧民专业合作社先进示范社的决定，通报了 2018 年度全区脱贫攻坚成效考核评估情况。

1 月 18 日 自治区脱贫攻坚指挥部办公室印发《进一步规范和加强脱贫攻坚产业扶贫项目管理的意见》。

1 月 19 日 中央第三巡视组向自治区党委反馈脱贫攻坚专项巡视意见。

1 月 19 日 自治区脱贫攻坚指挥部召开 2019 年第二次专题会议，传达学习中央第三巡视组关于对西藏自治区开展脱贫攻坚专项巡视的反馈意见会精神，安排部署整改落实工作。

1 月 22 日 自治区政府召开专题会议，研究西藏城镇低收入家庭生活保障、放开养老服务市场等民政工作和昌都江达、林芝加拉村山体滑坡灾损评估有关事宜。

1 月 24 日 自治区政府召开专题会议，研究讨论垃圾减量化处理、“厕所革命”项目运维及城镇供暖等相关工作。

1 月 24 日 自治区脱贫攻坚指挥部召开第三次会议，研究《中共西藏自治区委员会关于落实中央脱贫攻坚专项巡视反馈意见的整改方案（讨论稿）》。

1 月 25 日 拉萨市城乡规划建设委员会召开第二十五次会议，对拉萨市一批重点项目规划进行审查，明确当前和今后一个时期做好规划工作的重要原则，进一步提升拉萨城乡规划建设工作水平。

1 月 25 日 全区扫黑除恶打非治乱扫黄打非专项斗争视频会议召开。会议传达学习了全国扫黑除恶专项斗争视频会议精神，总结工作、分析形势、部署任务，推动全区“三个专项斗争”向纵深发展。

1月26日 自治区党委农工办与自治区农业农村厅组织召开全区开展村庄清洁行动电视电话会议，深入学习贯彻习近平总书记关于改善农村人居环境的重要指示精神，深入推进农村人居环境整治村庄清洁行动，部署安排下一步具体工作。

1月28日 自治区政府召开常务会议，研究促进民营经济高质量发展和推进创新创业中心建设工作，决定表彰2018年度自治区科学技术奖杰出贡献奖和获奖项目（人员）。

1月29日 自治区人民政府印发《关于批准定日县等25个县（区）退出贫困县（区）的批复》，批准日喀则市定日县、桑珠孜区、昂仁县、岗巴县、仁布县、仲巴县，山南市隆子县、浪卡子县、扎囊县、贡嘎县、措美县，林芝市朗县、墨脱县、察隅县，昌都市江达县、洛隆县、边坝县，那曲市嘉黎县、索县、安多县、聂荣县、班戈县，阿里地区日土县、札达县、普兰县等2018年度25个计划摘帽县贫困（区）退出。

2月1日 自治区党委落实中央第三巡视组脱贫攻坚专项巡视反馈意见整改工作动员会在拉萨召开。会议强调，要坚持以习近平新时代中国特色社会主义思想为指导，敢于担当、勇于作为，以最坚决的态度、最扎实的作风、最严格的要求、最有力的举措，用心用情用力、从严从实从细完成好中央巡视反馈意见整改任务，推动西藏脱贫攻坚工作不断取得新成效，以优异成绩回报习近平总书记和党中央的关心关怀。

2月3日 自治区党委农村工作领导小组召开会议，学习贯彻《中共中央国务院关于坚持农业农村优先发展做好“三农”工作的若干意见》精神，部署西藏“三农”工作。

2月14日 自治区党委召开常委会会议，传达学习习近平总书记关于扶贫工作的重要论述和《中共中央国务院关于打赢脱贫攻坚战三年行动计划的指导意见》，研究西藏贯彻落实意见；听取西藏落实中央第三巡视组脱贫攻坚专项巡视反馈意见整改进展情况汇报，研究下一步整改工作。

2月20日 脱贫攻坚专项巡视整改基层党建整改组专题推进会议召开。会议指出，打赢脱贫攻坚战是以习近平同志为核心的党中央作出的重大决策部署，是我们党向人民立下的军令状。西藏是全国唯一的全域集中连片深度贫困地区，脱贫攻坚任务十分艰巨，要深入学习贯彻习近平总书记关于扶贫工作的重要论述，进一步提高政治站位，对标整改要求，聚焦突出问题，从严从实从细抓好中央巡视反馈问题整改。

2月20日 自治区脱贫攻坚专项巡视整改工作领导小组办公室召开第一次会议。

2月23日 自治区脱贫攻坚专项巡视整改工作领导小组办公室召开第二次会议。

2月24日 自治区政府召开常务会议，研究关于坚持农业农村优先发展扎实完成全面建成小康社会硬任务的意见、打赢蓝天保卫战实施方案、今年重点项目建设计划、西藏第三次全国国土调查工作等事宜。

2月27日 全区消除“无树单位”和提质增绿行动安排部署会议召开。会议贯彻落实自治区党委、政府相关决定，自治区林业和草原局负责同志宣读了相关实施方案。

2月27日 自治区卫生健康委印发《关于明确建档立卡贫困人口农牧区医疗制度住院费用报销比例的通知》。

2月27日 自治区脱贫攻坚专项巡视整改工作领导小组政策落实整改组工作部署会议召开。会议听取了相关部门落实中央第三巡视组脱贫攻坚专项巡视问题整改工作筹备、制订整改方案、研究整改措施、

工作进展等情况的汇报，研究下一步整改的任务分工、具体措施和时限要求等

2月28日 自治区脱贫攻坚指挥部召开2019年第五次专题会议，研究2016年以来各类巡视监督检查发现的扶贫领域问题整改情况，听取七市地整改情况汇报，安排部署下一步工作。

3月1日 自治区政府召开专题会议，听取牵头负责的脱贫攻坚整改任务进展情况，推进各项整改举措落实落地。

3月6日 2019年全区生态环境保护工作会议召开，总结2018年工作，分析当前生态环境保护面临的形势，安排部署2019年重点工作。

3月7日 自治区脱贫攻坚专项巡视整改工作领导小组办公室召开第三次会议。会议强调，要以习近平新时代中国特色社会主义思想为指导，全面贯彻落实习近平总书记关于脱贫攻坚专项巡视的重要指示精神，牢固树立不抓整改就是对人民不负责的思想，从严从实从细完成好中央巡视反馈意见整改工作，确保脱贫攻坚成果经得起历史、实践和人民的检验。

3月13日 自治区脱贫攻坚专项巡视整改工作领导小组办公室召开会议，传达学习习近平总书记参加十三届全国人大二次会议甘肃、河南代表团审议时的重要讲话精神，通报西藏产业扶贫巡视整改工作进展情况，对下一步工作再安排再部署。

3月18日 自治区党委宣传部印发《关于进一步加强全区脱贫攻坚宣传教育工作的意见》。

3月19日 “1+7”医院“师傅带徒弟”工作座谈会召开，总结工作，分析问题，研究解决办法，推动医疗人才“组团式”援藏工作深入开展。

3月20日 自治区卫生健康委员会、自治区扶贫开发办公室、自治区医疗保障局联合印发《关于修订健康扶贫政策文件的通知》。

3月21日 由自治区党委宣传部牵头，自治区文化厅、财政厅具体参与起草的《西藏自治区人民政府办公厅关于加强县（区）艺术团建设管理的意见》正式颁布实施。

3月21日 自治区人民政府印发《西藏自治区2019—2020年农牧民培训和转移就业行动方案的通知》。

3月22日 全区“四讲四爱”群众教育实践活动动员部署会在拉萨召开。会议深入贯彻落实习近平新时代中国特色社会主义思想特别是习近平总书记关于宣传思想工作的重要论述，传达学习自治区党委关于“四讲四爱”群众教育实践活动的批示精神，总结主要成果和基本经验，动员部署今年各项活动任务，不断把教育实践活动引向深入。

3月22日 自治区脱贫攻坚指挥部召开第六次专题会议，研究《西藏自治区本级扶贫捐赠管理暂行办法（讨论稿）》，推动扶贫捐赠资金管理使用规范化、制度化，更好地助力脱贫攻坚。

3月24日 自治区卫生健康委员会制订下发《西藏自治区母婴安全行动计划实施方案（2019—2020年）》《西藏自治区健康儿童行动计划实施方案（2019—2020年）》。

3月25日 自治区脱贫攻坚指挥部印发《关于印发〈西藏自治区脱贫攻坚指挥部强化脱贫攻坚日常监管工作制度〉的通知》。

3月25日 自治区生态文明建设年度评价工作专题会议召开，通报2017年度生态文明建设评价结果，就下一步绿色发展评价工作进行安排部署。

3月26日 自治区脱贫攻坚指挥部召开第七次会议，传达学习全国扶贫办主任座谈会精神，研究制定西藏脱贫攻坚监督员管理办法。

3月26日 自治区教育厅、财政厅、扶贫开发办公室、民政厅联合印发《西藏自治区建档立卡贫困家庭子女接受高等教育实施免费教育补助政策管理办法》《自治区脱贫攻坚政策宣传手册》。

3月27日 国务院新闻办公室举行新闻发布会发布《伟大的跨越：西藏民主改革60年》白皮书。

3月29日 以“守正创新繁荣创作”为主题的自治区文艺座谈会在林芝召开。

3月29日 自治区脱贫攻坚指挥部印发《西藏自治区脱贫攻坚责任追究暂行办法》《西藏自治区脱贫攻坚监督员管理办法》《2019年度全区脱贫攻坚宣传工作方案》。

3月30日 自治区人民政府印发《西藏自治区人民政府办公厅关于修改脱贫攻坚部分政策措施的通知》《西藏自治区人民政府关于修改西藏自治区“十三五”时期脱贫攻坚规划（2016—2020年）的决定》。

3月31日 西藏深度贫困地区电网建设工程启动。据《西藏日报》报道，2019年西藏深度贫困地区电网建设工程总投资53亿元，计划新建35千伏及以上变电站66座，输电线路约3200公里，变电容量达30万千伏安；新建或改造10千伏及以下输电线路约3800公里。

4月1日 自治区政府召开专题会议，听取4个边境市地和各专项组关于自治区边境地区小康村建设工作情况汇报，对下一阶段的边境地区小康村建设工作进行安排部署。

4月1日 生态环境部赴藏调研组与自治区生态环境厅、扶贫开发办公室、交通运输厅等单位进行座谈。会议要求，要坚持扶贫开发与生态保护并重，在习近平新时代中国特色社会主义思想的指引下，继续认真贯彻落实党中央脱贫攻坚决策部署，增强“四个意识”、坚定“四个自信”、做到“两个维护”，坚持以人民为中心的发展理念，坚持精准扶贫精准脱贫方略，继续推动西藏脱贫攻坚取得新进展。

4月2日 自治区政府召开专题会议，研究山南江北新区高海拔生态搬迁相关事宜。

4月3日 全区教育大会在拉萨召开 。会议强调，要坚持以习近平新时代中国特色社会主义思想为指导，深入学习贯彻党的十九大和十九届二中、三中全会以及中央第六次西藏工作座谈会、全国教育大会精神，全面贯彻习近平总书记关于治边稳藏的重要论述和一系列重要指示批示精神特别是致西藏民族大学建校 60 周年贺信精神，紧紧围绕“五位一体”总体布局和“四个全面”战略布局，坚持优先发展教育事业，紧扣培养什么人、怎样培养人、为谁培养人这一根本任务，全面贯彻党的教育方针，全面加强党对教育工作的领导，尊重教育规律和人才成长规律，坚持改革创新，以凝聚人心、完善人格、开发人力、培育人才、造福人民为工作目标，加快推进教育现代化、建设教育强区、办好人民满意的教育，努力培养德智体美劳全面发展的社会主义建设者和接班人。

4 月 3 日　全面推行河湖长制工作专题会议召开。会议听取了自治区总河长办公室（水利厅）关于河湖长制工作开展情况汇报，研究讨论 2018 年度河湖长制工作考核方案，并对河湖长制下一步工作进行安排部署。

4 月 3 日　“培根铸魂守正创新”文化工作座谈会在拉萨召开，就贯彻落实习近平总书记今年在看望文艺界社科界政协委员时的重要讲话精神，做好今年全区文化文艺工作提出要求。

4 月 4 日　自治区脱贫攻坚指挥部印发《西藏自治区脱贫攻坚指挥部 2019 年贫困县退出专项评估检查工作方案》和《关于印发西藏自治区脱贫攻坚统筹整合资金使用负面清单》。

4 月 8 日　自治区“三岩”片区跨市整体易地扶贫搬迁领导小组召开 2019 年第一次会议，总结 2018 年“三岩”片区跨市整体易地扶贫搬迁工作，听取情况汇报，安排部署下步工作，进一步统一思想认识，细化实化工作措施，确保保质保量完成搬迁任务。

4 月 9 日　自治区脱贫攻坚指挥部印发《开展“比学赶帮超”竞

赛激发贫困群众内生动力活动实施方案》。

4月9日 自治区党委召开常委会会议，研究《西藏自治区乡村振兴战略总体规划（2018—2022年）》和6个专项规划，以及《西藏自治区青联改革方案》《关于实施革命文物保护利用工程（2018—2022年）》等，听取《关于赴京参加“3·28”主题活动的情况报告》，安排部署西藏极高海拔地区生态搬迁等工作。

4月10日 自治区党委常委班子召开脱贫攻坚巡视整改专题民主生活会。

4月10日 自治区召开极高海拔地区生态搬迁工作领导小组会议。会议强调，要坚持以习近平新时代中国特色社会主义思想为指导，深入贯彻落实习近平总书记关于治边稳藏的重要论述和一系列重要指示批示精神，全面贯彻落实自治区党委常委会会议精神和自治区党委领导要求，以处理好“十三对关系”为根本方法，着力践行以人民为中心的发展思想，用心用情合力推进试点工作。

4月13日—14日 人力资源社会保障部工作组赴藏调研西藏就业和技能扶贫等工作情况。

4月18日 自治区脱贫攻坚指挥部召开2019年第八次会议暨第一季度工作调度会议，深入贯彻落实习近平总书记关于扶贫工作的重要论述，贯彻落实习近平总书记在重庆主持召开的解决“两不愁三保障”突出问题座谈会上的重要讲话和给云南省贡山县独龙江乡群众的回信精神，贯彻落实区党委关于做好脱贫攻坚和扶贫专项巡视整改各项工作部署要求，研究审定脱贫攻坚相关政策性文件，听取第一季度脱贫攻坚工作汇报，安排部署下一步工作。

4月22日 自治区脱贫攻坚指挥部召开2019年第九次专题会议，研究扶贫标准和享受生态补偿脱贫岗位低收入群众认定标准有关事宜。

4 月 22 日 自治区政府召开专题会议，研究统筹生态岗位开展农村垃圾治理行动方案事宜，切实提高方案的针对性和可行性。

4 月 23 日 自治区召开座谈会，专题研究解决全区 19 个计划摘帽贫困县（区）的脱贫攻坚问题。会议强调，坚决打赢脱贫攻坚战是习近平总书记和党中央交给我们的一项光荣而神圣的重大政治任务。我们要树牢“四个意识”、坚定“四个自信”，深入学习领会习近平总书记关于扶贫工作重要论述特别是在重庆脱贫攻坚座谈会上的重要讲话精神，按照习近平总书记在中央政治局会议和中央财经委第四次会议上关于脱贫攻坚工作的部署要求，扭住“两不愁三保障”目标，提高政治站位、坚持精准方略、强化责任担当、巩固脱贫成果、加强作风建设，以钉钉子精神抓好各项任务落实，用打赢脱贫攻坚战的实际行动坚决维护习近平总书记核心地位、维护党中央权威和集中统一领导。

4 月 23 日 自治区纪委监委召开全区扶贫领域监督执纪问责工作座谈会。会议指出，全区各级纪检监察机关要牢固树立“四个意识”、践行“两个维护”，坚持以习近平新时代中国特色社会主义思想为指导，学懂弄通做实习近平总书记关于扶贫工作的重要论述，提高政治站位，把准“再监督”的职责定位，坚持把全面从严治党要求贯穿脱贫攻坚全过程，推动扶贫领域腐败和作风问题专项治理工作向纵深发展。

4 月 28 日 自治区信息产业发展领导小组召开 2019 年第二次会议，听取领导小组第一次会议精神贯彻落实情况，部署下一步“互联网 + 政务服务”等重点工作。

4 月 28 日 自治区召开脱贫攻坚指挥部会议，对在落实脱贫攻坚责任、政策、工作方面存在突出问题的 3 个县、17 家定点扶贫单位进行集中约谈，进一步压实责任，确保西藏如期实现脱贫摘帽。

4月28日 自治区政府召开专题会，研究全区农牧民转移就业和保障农民工工资支付工作等相关事宜。

4月29日 自治区政府召开常务会议，传达学习全国解决“两不愁三保障”突出问题和考核整改工作电视电话会议精神，对解决“两不愁三保障”突出问题和考核整改、做好经济工作、深入推进扫黑除恶打非治乱专项斗争等进行再安排、再部署。

5月5日 中共中央政治局常委、全国政协主席汪洋来到北京西藏文化博物馆，参观“废奴丰碑——西藏民主改革60周年特展”。汪洋强调，西藏今天的大好局面来之不易，务必倍加珍惜。要坚持中国共产党领导，坚持社会主义制度，坚持民族区域自治制度，在习近平新时代中国特色社会主义思想指引下，不断开创西藏繁荣发展和长治久安的新局面，使雪域高原更加安定祥和、各族人民更加幸福安康。

5月8日 全区扶贫办主任座谈会召开，传达学习全国扶贫办座谈会精神和全国易地扶贫搬迁现场会会议精神，研究推进全区及19个未摘帽县脱贫攻坚工作。

5月13日 全区“百企帮百村”精准脱贫行动推进工作电视电话会议召开，深入学习贯彻习近平总书记关于扶贫工作的重要论述，贯彻落实区党委关于脱贫攻坚的决策部署，动员部署下一步工作。

5月20日 《中共西藏自治区委员会关于脱贫攻坚专项巡视整改进展情况的通报》发布。

5月20日 自治区脱贫攻坚指挥部召开第十次会议，深入学习贯彻习近平总书记在解决“两不愁三保障”突出问题座谈会上的重要讲话精神，研究讨论有关事项，部署下一步工作。

5月20日 自治区脱贫攻坚指挥部召开第十一次会议，传达审计署赴藏开展重大政策措施扶贫政策落实和资金管理使用情况审计工作有关情况和要求，安排部署相关工作。

5月20日 自治区扶贫开发工作领导小组印发《西藏自治区扶贫开发工作领导小组关于2018年脱贫攻坚成效考核发现问题的整改方案》。

5月26日 西藏脱贫成效连续3年获国务院办公厅表扬。据《西藏日报》报道，《国务院办公厅关于对2018年落实有关重大政策措施真抓实干成效明显地方予以督查激励的通报》近日印发，《通报》指出，西藏等10省区在2018年脱贫攻坚成效考核中，被认定为完成年度计划、减贫成效显著、综合评价好的地方，国家将在中央财政专项扶贫资金分配中给予一定奖励。这是西藏脱贫攻坚成效考核连续第3年获国务院办公厅点名表扬激励。

5月27日 自治区三岩片区跨市整体易地扶贫搬迁专题推进会召开。

5月28日 自治区脱贫攻坚专项巡视整改工作领导小组办公室召开会议，传达学习习近平总书记在解决“两不愁三保障”突出问题座谈会上的重要讲话精神、2018年脱贫攻坚成效考核情况的通报精神，对下一阶段脱贫攻坚专项巡视整改工作进行调度安排。

5月30日 自治区脱贫攻坚指挥部召开第十二次会议，专题研究“三岩”片区跨市整体易地扶贫搬迁推进工作。

6月5日 西藏初步建立生态监测站网。据新华社消息，《西藏生态安全屏障保护与建设规划（2008—2030年）》确定的生态监测工程已基本建成，西藏生态安全屏障生态监测站网已初步建立，为西藏生态安全屏障功能评价和生态安全屏障构建成效评估提供技术和数据支撑。

6月6日 自治区城乡规划建设委员会第二次会议召开。会议强调，要深入贯彻落实习近平总书记关于城市规划建设工作的重要指示精神，牢固树立新发展理念，坚持以人民为中心的发展思想，抓好城乡规划工作，不断推动城乡区域统筹协调发展。

6月6日 自治区脱贫攻坚指挥部召开第十三次会议，听取2019年19个计划摘帽县中的5个代表县脱贫攻坚和拉萨市脱贫攻坚巩固提升工作汇报，安排部署下一步工作。

6月10日 自治区脱贫攻坚指挥部印发《西藏自治区2019年脱贫攻坚工作要点》。

6月11日 中央扫黑除恶第十三督导组召开督导西藏自治区工作动员会。

6月13日 自治区党委办公厅、政府办公厅联合印发《关于巩固提升脱贫攻坚成果的指导意见》。

6月14日 “2019·中国西藏发展论坛”在拉萨开幕。国家主席习近平发来贺信，向论坛开幕表示祝贺。开幕式上宣读了习近平主席贺信并致辞。

6月16日 西藏自治区河谷经济建设与青稞牦牛扶贫产业发展座谈会在拉萨举行。国务院扶贫办、西藏自治区、国家开发银行、中国农业发展银行负责同志等出席。

6月17日 自治区深度贫困地区脱贫攻坚现场推进暨深化对口援藏扶贫工作会议在林芝召开。

6月19日 2019年医疗人才组团式援藏与三级医院对口帮扶西藏县级医院工作会在拉萨召开。

6月19日 自治区人民政府印发《关于探索建立涉农资金统筹整合长效机制的实施意见》。

6月21日 自治区脱贫攻坚指挥部召开2019年第十四次会议，专题研究全区生态补偿脱贫岗位低收入群众标准认定相关事宜。会议认为,生态补偿脱贫是目前全区脱贫攻坚成效最显著的扶贫措施之一，是实现生态保护与富民利民、拓宽低收入群众增收渠道的有效手段。

6月21日 农业农村部、中央农办调研组与自治区人民政府进行座谈，就“三农”及有关工作交换意见。

7月1日 自治区党委办公厅、政府办公厅印发《西藏自治区隆重庆祝中华人民共和国成立70周年广泛组织开展“我和我的祖国”群众性主题宣传教育活动工作方案》。

7月4日 自治区政府召开常务会议，研究城镇职工医疗保障待遇、教育督导工作、新时期产业工人队伍建设、企业权益保护、政务数据资源共享和电子证照管理工作等事宜。

7月7日 自治区极高海拔地区生态搬迁工作领导小组召开专题会，研究部署下一步工作。会议强调，要坚持以习近平新时代中国特色社会主义思想为指导，切实把思想和行动统一到党中央的决策部署上来，按照区党委工作安排，着力践行以人民为中心的发展思想，抢抓机遇，积极稳妥推进搬迁试点工作，以实际行动回报以习近平同志为核心的党中央的关心关爱。

7月9日 中央第10指导组听取西藏主题教育情况汇报。

7月10日 自治区政府召开专题会议，研究审议《西藏自治区数字经济发展规划（2019—2025年）》。

7月11日 全区推进垃圾分类工作电视电话会议在拉萨召开，启动西藏地级城市生活垃圾分类工作。

7月11日 深度贫困地区金融精准扶贫工作推进会在拉萨召开。

7月14日 西藏初步建立湿地保护体系。据新华社消息，近年来，西藏不断推动湿地保护体系建设，目前已初步形成以自然保护区为主体，国家湿地公园、国际重要湿地和国家重要湿地等多种方式的湿地保护体系。

7月15日 自治区政府召开专题会，听取西藏新时代文明实践中心试点工作情况，研究西藏新时代文明实践中心建设事宜。

7 月 16 日 自治区脱贫攻坚指挥部印发《关于印发进一步规范生态补偿脱贫岗位管理工作的补充通知》。

7 月 23 日 西藏首次发放“三品一标”认证补助。据《西藏日报》报道，自治区“三品一标”认证补助首次发放仪式在拉萨举行，标志着西藏“三品一标”认证工作迈出了新的步伐，为助力西藏品牌农业发展，加快推进乡村产业振兴奠定了良好基础。

7 月 23 日 全区高校毕业生和农牧民转移就业工作现场推进会在日喀则市仁布县召开 。

7 月 24 日 自治区召开为基层减负工作推进会，总结今年以来西藏为基层减负工作，研究分析当前存在问题，安排部署下一阶段工作。

7 月 25 日 西藏出台《培育发展科技型企业行动方案》。

7 月 26 日 全国人大农委赴藏开展脱贫攻坚调研座谈会在拉萨召开。

7 月 26 日 自治区党委“不忘初心、牢记使命”主题教育领导小组办公室召开会议，传达学习习近平总书记在内蒙古考察并指导开展“不忘初心、牢记使命”主题教育时的重要讲话精神等中央部署要求，研究推进主题教育工作。

8 月 1 日 自治区脱贫攻坚指挥部召开专题会议，听取解决“两不愁三保障”突出问题调研情况汇报，安排部署下一步工作。

8 月 2 日 自治区脱贫攻坚指挥部召开 2019 年第二季度调度会，传达学习《国务院扶贫办关于印发〈2019 年脱贫攻坚督查巡查工作方案〉的通知》《关于开展易地扶贫搬迁工程质量安全集中排查工作的通知》等文件精神，通报自治区脱贫攻坚指挥部开展“不忘初心、牢记使命”主题教育调研发现的问题和与脱贫攻坚统筹整合资金预算执行情况有关问题，听取各市（地）上半年脱贫攻坚工作汇报。

8 月 3 日 自治区高校毕业生就业创业工作领导小组会议召开，

贯彻落实国务院总理李克强在国务院常务会议上关于加大力度落实就业优先政策、持续保持比较充分的就业的讲话精神，听取高校毕业生就业创业工作情况汇报，研究部署下一步工作。

8月6日 中央扫黑除恶第13督导组督导西藏自治区情况反馈会在拉萨召开，传达学习全国扫黑除恶专项斗争第七次领导小组会议精神，通报督导情况。

8月8日 西藏今年计划从高校毕业生中招聘5399名乡村振兴（社区工作）专干。据《西藏日报》报道，经自治区党委、政府同意，西藏决定近期从参加全区2019年第一、二批公开考录公务员（事业单位工作人员）但未被录用的高校毕业生中，招聘5399名乡村振兴（社区工作）专干，乡村振兴（社区工作）专干聘期3年（含试用期3个月），不属于机关事业单位在编人员，享受基本工资、绩效考核奖励和保险等待遇。

8月12日 自治区政府召开专题会议，就西藏扶贫开发暂行条例，听取区直各相关单位修改完善建议，部署下一步工作。

8月13日 自治区农村人居环境整治工作领导小组召开会议，传达学习全国农村人居环境整治暨“厕所革命”现场会和自治区主要领导批示精神，研究西藏农村人居环境整治工作。

8月13日 自治区促进中小企业发展工作领导小组召开会议，研究支持中小企业和民营经济发展的政策措施。会议审议了《西藏自治区关于进一步促进民营企业发展的政策措施》《西藏自治区贯彻落实〈关于促进中小企业健康发展的指导意见〉实施方案》及相关配套文件。

8月14日 中央“不忘初心、牢记使命”主题教育第10指导组在拉萨听取西藏主题教育情况汇报，对西藏主题教育下步工作提出指导建议意见。

8月19日 西藏脱贫攻坚取得关键决定性进展。自脱贫攻坚战打响以来，西藏贫困人口已从59万人减少到15万人；贫困县（区）数量从74个减少到19个，摘帽总数居全国首位；贫困发生率从25.2%降至5.6%。今年，西藏提出，要在年内争取消除绝对贫困，实现剩余15万贫困人口脱贫和19个贫困县区摘帽，2020年全面巩固提升脱贫攻坚成果，保证贫困县有序退出。

8月19日 全区易地扶贫搬迁工作电视电话会议召开，分析研判当前存在的问题，部署下一步工作。

8月20日 中央广播电视总台“心连心”艺术团赴西藏慰问演出。

8月21日 特色旅游精品展销及电子商务进农村工作电视电话会议召开，对做好西藏会展中心特色旅游精品展销工作进行具体部署，就全区电子商务进农村综合示范工作推进情进行分析，研究下一步重点工作。

8月21日 “不忘初心牢记使命”决胜脱贫攻坚相声小品电视晚会圆满播出。

8月21日 自治区党委召开专题会议，贯彻自治区党委关于“三岩”片区整体易地扶贫搬迁的指示精神，研究关于加强流动人口服务管理工作的若干措施。

8月19日—8月21日 中共中央政治局常委、全国政协主席汪洋在西藏调研。他强调，当前脱贫攻坚进入决战决胜关键阶段，最要紧的是防止工作松懈、防止思想滑坡。要贯彻落实党的治藏方略和党中央关于脱贫攻坚的决策部署，认真学习领会习近平总书记在解决“两不愁三保障”突出问题座谈会上的重要讲话精神，发扬连续作战、越战越勇的作风，统一思想认识，狠抓工作落实，确保高质量打赢脱贫攻坚战，确保西藏各族群众同全国人民一道实现全面小康。

8月23日 第一批“不忘初心、牢记使命”主题教育情况通报暨测评会召开。会议向广大党员干部群众及社会各界人士代表，通报自治区党委、人大、政府、政协四大班子及全区第一批主题教育进展情况，并进行满意度测评。

8 月 25 日 自治区政府召开全区农牧民转移就业工作电视电话会议，安排部署下一阶段农牧民培训、转移就业工作。

8 月 25 日 自治区调研组前往拉萨市羊八井镇，调研易地扶贫搬迁群众骨关节疾病防治现状及存在的困难。

8 月 27 日 自治区调研组前往达孜区德庆镇、达孜区唐嘎乡、林周县卡孜乡白朗村、墨竹工卡县嘎则新区等，实地了解扶贫产业和易地扶贫搬迁、三岩片区搬迁工作推进情况。

9 月 2 日 自治区扶贫开发工作领导小组召开会议，深入贯彻习近平总书记关于扶贫工作和治边稳藏的重要论述，贯彻落实全国政协主席汪洋在藏调研期间的重要讲话精神，围绕坚决打赢脱贫攻坚战、巩固脱贫成果、提升脱贫质量进行再部署再强调。

9 月 5 日 中组部和国家卫生健康委员会在拉萨共同召开医疗人才组团式援藏工作推进会，总结医疗人才组团式援藏阶段工作，分析形势，研究问题，聚焦如何提升西藏医疗卫生水平和人民健康水平、更好推进工作开展。

9 月 7 日 “2019 网络扶贫手机”捐赠公益项目西藏启动仪式在拉萨举行，为西藏建档立卡贫困人口捐赠网络扶贫手机 7500 部。

9 月 3 日—9 月 9 日 住房和城乡建设部、共青团中央组成联合督查组对西藏 2018 年脱贫攻坚成效考核发现问题整改等情况开展了督查，并在拉萨召开督查意见反馈会 。

9 月 9 日 自治区党委九届六次全会在拉萨举行。自治区党委常委会主持会议。自治区党委常委会向全会作工作报告，安排部署下一步工作。中央第十指导组就西藏“不忘初心、牢记使命”主题教育提出具体要求。

9 月 10 日 自治区政府召开专题会议，研究西藏极高海拔生态搬迁配套政策、山南森布日安置点等工作，部署下一步任务。

9 月 11 日 自治区脱贫攻坚指挥部召开 2019 年第十七次会议，传达国务院扶贫开发领导小组 2019 年脱贫攻坚督查组反馈问题情况，通报 2016 年以来各类脱贫攻坚巡视、督查、检查、审计等发现问题整改情况，安排近期工作。

9 月 11 日 自治区政府与农业农村部农村人居环境整治工作调研组座谈。

9 月 12 日 国务院新闻办公室在北京举行庆祝中华人民共和国成立 70 周年西藏专场新闻发布会。

9 月 16 日 西藏贫困县摘帽考核培训班开班。

9 月 17 日 阿里与藏中电网联网工程开工动员大会在拉萨召开。这标志着阿里与藏中电网联网工程揭开了全面开工建设的大幕。

9 月 20 日 自治区脱贫攻坚指挥部召开 2019 年第十八次会议，推动全区进一步加快中央扶贫专项资金和自治区整合资金支付进度，安排近期重点工作。

9 月 22 日 自治区民族事务委员会组织七市（地）民委、21 个边境县民宗局及 9 个民族乡在拉萨召开全区民委系统脱贫攻坚工作暨边境地区和人口较少民族乡脱贫攻坚工作推进交流会。

9 月 25 日 自治区召开促进中小企业发展工作领导小组会议，贯彻落实全区经济运行分析调度会议精神，专题听取工业经济运行情况，协调解决重点矿业企业生产经营困难问题，紧盯落实全年规上工业增加值增长 10% 的目标，安排部署下步工作。

9 月 27 日 自治区脱贫攻坚指挥部召开 2019 年第十九次会议，通报全区中央财政专项扶贫资金统筹使用、易地扶贫搬迁建设入住和信息系统精准录入等相关情况，查摆脱贫攻坚工作中存在的突出问题，安排部署近期重点工作。

9 月 29 日 西藏自治区庆祝中华人民共和国成立 70 周年大会暨群众联欢活动在拉萨布达拉宫广场隆重举行。

10 月 1 日 从 10 月 1 日起，由自治区党委宣传部、自治区农业农村厅指导和协调的央视精准扶贫项目公益广告在中央广播电视总台陆续播出。

10 月 4 日 自治区党委、人民政府印发《西藏自治区中长期青年发展规划（2018—2025 年）》。这是西藏民主改革 60 周年、自治区人民政府成立 54 周年以来以自治区党委、政府名义下发的首个西藏青年发展规划，充分体现了党委、政府对全区 14—35 周岁青年的特殊关怀，饱含了深切期望。

10 月 10 日 自治区党委宣传部印发《关于深入学习习近平总书记在全国民族团结进步表彰大会和庆祝中华人民共和国成立 70 周年大会上重要讲话精神的通知》。

10 月 10 日 自治区脱贫攻坚指挥部召开 2019 年第三季度调度会，深入学习习近平总书记关于扶贫开发工作的重要论述和全国深度贫困地区脱贫攻坚督导推进会议精神和自治区党委常委会会议精神，抓关键、补短板、破难题，高质量推进脱贫攻坚工作，努力夺取脱贫攻坚全面胜利。

10 月 10 日 2019 年产业扶贫工作推进会召开，传达学习全国产业扶贫工作推进会精神，听取全区产业精准扶贫工作推进情况，分析研究西藏产业扶贫工作存在的问题，安排部署下一阶段扶贫产业工作。

10 月 10 日 自治区边境地区小康村建设工作专题会召开，听取边境小康村建设进展情况，研究解决存在的困难和问题，对边境小康村建设工作进行再推进再部署。

10 月 11 日　自治区党委召开专题会议，听取农牧区群众文化体育活动开展情况，研究部署相关工作。

10 月 11 日—13 日　中共中央政治局委员、国务院扶贫开发领导小组组长胡春华在西藏自治区调研脱贫攻坚工作。他强调，要深入贯彻习近平总书记关于扶贫工作的重要论述，按照党中央、国务院决策部署，咬定目标、一鼓作气，以“三区三州”为重点加快攻克深度贫困堡垒，确保不漏一村、不落一人，坚决如期全面打赢脱贫攻坚战。

10 月 14 日　全区农牧区饮水安全工作电视电话会议召开。

10 月 15 日　全区旅游产业发展大会在拉萨召开，全面总结西藏旅游产业发展经验，研究部署加快推进旅游产业发展工作。

10 月 15 日　自治区政府召开专题会，研究城乡居民基本养老保险、高校毕业生就业创业补贴政策、西藏技师学院建设等相关事宜。

10 月 15 日　由国家文化和旅游部、西藏自治区人民政府共同主办的“三区三州”旅游大环线暨西藏旅游推介活动在拉萨举行。

10 月 16 日　全区产业扶贫成果展在拉萨举行。

10 月 16 日　全区旅游产业发展总结大会在拉萨召开。

10 月 23 日　生态环保部西南督察局与自治区对接第二轮中央生态环保督察工作座谈会召开。

10 月 23 日　自治区牦牛扶贫产业专题会议召开，研究部署相关工作。

10 月 24 日　全国脱贫攻坚先进事迹巡回报告会在拉萨举行，传达学习习近平总书记在第六个国家扶贫日到来之际对脱贫攻坚工作作出的重要指示精神、李克强总理的批示精神。

10 月 25 日　自治区农牧民增收工作专题会召开，要求狠抓综合措施落实，确保全年农牧民增收 13% 以上，为明年农牧民增收工作打下坚实基础。

10月25日 全区农牧业产业发展及品牌工作座谈会在拉萨举行。会议强调，要深入贯彻落实习近平总书记关于治边稳藏的重要论述，按照自治区党委、政府工作安排和自治区党委主要领导指示要求，以深化供给侧结构性改革为主线，正确处理好“十三对关系”，坚持政府引导、强化市场导向，加快推进高原特色农牧业产业及品牌建设。

10月28日 自治区党委宣传部，自治区人社厅、财政厅、文化厅联合下发《关于加强县（区）艺术团建设管理的实施细则》。

10月28日 自治区政府召开专题会，就全区“厕所革命”项目建设运维工作进行再安排再部署。

10月28日 自治区妇女儿童综合服务中心建设项目奠基仪式在拉萨市柳梧新区举行。

10月31日 自治区脱贫攻坚指挥部召开专题会议，传达学习全国扶贫办主任座谈会精神，通报全区建档立卡信息系统、项目库建设存在问题，研究部署当前和今后重点工作。

11月7日 全区信息产业发展领导小组召开会议，传达学习习近平总书记在中央政治局第十八次集体学习时的重要讲话精神，对加快推进全区“互联网＋政务服务”工作进行再部署。

11月8日 西藏提前实现贫困乡镇自动气象站全覆盖。据《西藏日报》报道，西藏490个精准扶贫自动气象站全部建成并成功运行，连同之前建好的195个乡镇自动气象站，提前实现全区685个贫困乡镇自动气象站全覆盖，为提升贫困地区气象灾害监测预报预警能力，综合防灾减灾、助力脱贫攻坚等方面提供有力支撑。

11月11日 自治区党委政协工作会议暨庆祝自治区政协成立60周年大会隆重举行。全国政协向大会发来贺电。

11月12日 自治区政府召开专题会议，研究讨论城乡融合发展体制机制和政策体系相关文件。

11 月 12 日　自治区脱贫攻坚指挥部召开第二十次专题会议，研究《关于贯彻落实国务院扶贫办等部委与西藏自治区联合召开的西藏河谷经济建设和青稞、牦牛、文化旅游扶贫产业发展座谈会精神的实施意见》，安排部署下一步工作。

11 月 13 日　学习贯彻党的十九届四中全会精神中央宣讲团报告会在拉萨举行。中央宣讲团成员作宣讲报告。

11 月 14 日　中央扫黑除恶第十三督导组“回头看”情况反馈会在拉萨召开。中央督导组通报“回头看”情况。

11 月 15 日　自治区两新组织党建工作座谈会召开，听取两新组织组织覆盖、工作覆盖和开展“不忘初心、牢记使命”主题教育情况，部署下一步工作。

11 月 20 日　自治区纪委监委召开 2019 年第二次扶贫领域腐败和作风问题专项治理工作例会。

11 月 21 日　中尼铁路日喀则至吉隆段可行性研究工作启动会在日喀则市吉隆县召开。西藏自治区、国家发展改革委、外交部、国家铁路局、中国国家铁路集团有限公司、国家电网公司等有关方面同志参加启动会。

11 月 22 日　自治区召开 2019 年省级党委政府脱贫攻坚成效考核动员部署会，安排部署中央脱贫攻坚专项巡视“回头看”和自治区省级党委政府脱贫攻坚成效考核准备工作。

11 月 26 日　自治区“十三五”重大民生项目——山南市贡嘎县森布日极高海拔生态搬迁安置点一期工程全面通电。这一工程将为 1708 户、5537 名居住在极高海拔地区农牧民群众顺利搬迁入住提供用电保障。

11 月 27 日　自治区脱贫攻坚指挥部召开专题会议，听取近期西藏脱贫攻坚重点工作的进展情况，对下一步任务进行再安排再部署。

12 月 1 日　自治区扶贫开发领导小组会议召开，研究审议扶贫资金项目有关事项。

12 月 4 日　自治区农电体制改革工作领导小组电视电话会议召开，研究西藏关于全部取消县级电网企业“代管体制”有关事项，安排部署相关工作。

12 月 7 日　自治区人民政府印发《关于批准谢通门县等 19 个县（区）退出贫困县（区）的批复》。经自治区人民政府研究，批准日喀则市谢通门县、江孜县、萨迦县、萨嘎县、拉孜县、南木林县，昌都市八宿县、左贡县、芒康县、贡觉县、察雅县，那曲市色尼区、巴宿县、尼玛县、双湖县、申扎县，阿里地区措勤县、改则县、革吉县等 2019 年 19 个计划摘帽贫困县（区）退出。

12 月 17 日　全区电子商务进农村综合示范阶段总结暨整区推进动员电视电话会议召开。会议指出，各级各部门要切实提高政治站位，正确认识开展综合示范工作重大意义，认识到抓综合示范就是抓扶贫、抓产业、抓供给、抓就业，及时总结有益经验，并向全区推广。

12 月 18 日　自治区人民政府正式批复同意设立自治区级日喀则经济开发区。

12 月 21 日　自治区人民政府正式批复同意设立林芝经济开发区。

12 月 23 日　西藏自治区脱贫攻坚指挥部发布《关于 2019 年 19 个县（区）退出贫困县（区）的公告》。经自治区人民政府研究，批准日喀则市谢通门县、江孜县、萨迦县、萨嘎县、拉孜县、南木林县，昌都市八宿县、左贡县、芒康县、贡觉县、察雅县，那曲市色尼区、巴青县、尼玛县、双湖县、申扎县，阿里地区措勤县、改则县、革吉县共 19 个县（区）退出贫困县（区）。

12 月 25 日　中央第三巡视组对西藏开展脱贫攻坚专项巡视“回头看”。 中央第三巡视组与脱贫攻坚成效省际交叉考核工作组同步进驻开展工作。

12 月 26 日—12 月 27 日 自治区党委九届七次全会暨区党委经济工作会议在拉萨举行。会议认真学习贯彻党的十九届四中全会精神和中央经济工作会议决策部署，听取自治区党委常委会工作报告，审议通过了《中共西藏自治区委员会深入贯彻〈中共中央关于坚持和完善中国特色社会主义制度、推进国家治理体系和治理能力现代化若干重大问题的决定〉的实施意见》，总结 2019 年经济工作，分析当前经济形势，部署 2020 年经济工作。会议由自治区党委常委会主持。

12 月 30 日 自治区文学艺术界联合会第六次代表大会在拉萨召开。会议号召广大文艺工作者要牢记服务人民初心、勇担培根铸魂使命，奋力谱写文艺发展新篇章，为推进新时代西藏长足发展和长治久安凝聚强大精神力量。

二〇二〇年

1月3日　西藏藏医药大学与西藏民族大学合作共建。据《西藏日报》报道，为深化西藏藏医药大学与西藏民族大学的协同发展与共建共享，两校举行了共建合作协议签订仪式。合作共建协议包含队伍建设、学科建设、人才培养、科学研究等五个方面16项内容，实现双方互帮互助、协同发展，有效发挥高校功能。

1月11日　《西藏自治区民族团结进步模范区创建条例》在自治区十一届人大三次会议第五次全体会议上全票通过。《条例》将于2020年5月1日起实施，这标志着西藏民族团结进步模范区创建工作进入规范化、法治化轨道。《条例》共8章48条，包括总则、工作职责、社会协同、宣传教育、创建表彰、组织保障、法律责任、附则，将西藏行之有效的民族团结进步宣传教育实践成果上升为法规条文。

1月12日　自治区边防委员会会议在拉萨召开。会议强调，要立足西藏主要矛盾和特殊矛盾的变与不变，牢牢把握改善民生、凝聚人心这个出发点和落脚点，继承弘扬优良传统，大力实施以“神圣国土守护者、幸福家园建设者”为主题的乡村振兴战略，立足当前、着眼长远，加快边境小康村建设、壮大兴边富民产业、强化军警民联防，确保边疆巩固边疆发展和边境安全。

1月12日　2019年全区交通运输系统落实投资391亿元。2019年以来，西藏交通运输系统坚持以习近平新时代中国特色社会主义思想为指导，全面贯彻落实中央和自治区一系列会议精神，有效投资稳中有进，落实年度投资 391 亿元，超计划 44.81%。“十三五”累计落实中央投资已突破千亿大关。

1 月 14 日 西藏科技对农牧业贡献率突破 50%。2019 年，西藏采取以奖代补、贷款贴息、项目补助等方式支持科技创新和科技项目实施，全年财政科技支出达到 10 亿元以上，财政科技投入、高新技术企业研发投入分别增长 23% 和 19%，科技对农牧业贡献率达到 51%。

1 月 16 日 全区脱贫攻坚工作会议召开。会议强调，要以习近平新时代中国特色社会主义思想为指导，深入学习领会习近平总书记关于扶贫工作的重要论述，深刻认识做好今年脱贫攻坚工作的极端重要性，坚定信心、扎实工作，切实巩固提升好脱贫攻坚成果，确保如期全面建成小康社会。

1 月 17 日 自治区党委农村工作会议召开。会议全面总结 2019 年“三农”工作，分析当前形势和挑战，聚焦全面建成小康社会和巩固提高脱贫攻坚成果，补齐全面小康“三农”短板，研究部署 2020 年农牧业农牧区工作。

1 月 20 日 2019 年全区实现地区生产总值超 1600 亿元。2019 年全区经济运行情况新闻发布会在拉萨召开。经国家统计局统一核算，2019 年，全区实现地区生产总值 1697.82 亿元，增长 8.1%，增速位居全国第二。2019 年西藏农村居民人均可支配收入达到 12951 元，增长 13.1%，城镇居民人均可支配收入达到 37410 元，增长 10.7%，增速均位列全国第一。其中，农牧民人均可支配收入实现持续 17 年两位数增长。

1 月 21 日 全区交通运输工作会议召开。2020 年全区交通运输工作会议发布消息，2019 年全区交通运输系统助力脱贫攻坚成效显著。安排实施 203 个易地扶贫搬迁项目，建设里程 415.3 公里，投资

10.39 亿元，解决了 203 个安置点通畅问题。

1 月 21 日—22 日 自治区党政代表团在四川省学习调研。四川·西藏两省区工作座谈会上，双方畅叙情谊、协商合作，携手推动两省区繁荣发展。

1 月 23 日 《西藏自治区新型冠状病毒感染的肺炎疫情联防联控工作方案》下发。按照《方案》，西藏成立了由自治区主要领导任组长的自治区新型冠状病毒感染的肺炎疫情联防联控工作领导小组，全面加强对全区疫情防控的领导。据悉，西藏将通过联防联控，进一步把好民航、铁路、公路等进藏关口，重点做好来自湖北省武汉方向人员的筛查、检测工作，进一步完善应急预案，强化物资保障，实行“日报告”“零报告”制度，确保疫情第一时间发现、第一时间报告、第一时间处置。

1 月 25 日 西藏军区举行首届“固边稳藏十大标兵”颁奖仪式。西藏军区组织首届“固边稳藏十大标兵”评选表彰活动，旨在深入学习贯彻习近平强军思想，坚决实现习近平总书记治边稳藏战略意图，进一步激励官兵矢志扎根边疆、乐于牺牲奉献， 争做大力弘扬“老西藏精神”“两路”精神的时代新人，发挥荣誉价值引领作用。

2 月 1 日 西藏疫情防控工作有力有序推进。截至 2020 年 2 月 1 日 12 时，西藏确诊新型冠状病毒感染的肺炎 1 例，没有危重症和死亡病例，密切接触者正在接受医学隔离观察。自新型冠状病毒感染的肺炎疫情发生以来，为全面做好疫情防控工作，自治区党委、政府主要领导亲自挂帅，第一时间成立了疫情应对工作领导小组、医疗救治专家组、预防控制专家组和组团式援藏专家指导组，形成了一级抓一级、层层抓落实的工作举措，构建了全区上下齐抓共管的工作格局，为做好疫情防治奠定了坚实的领导基础。

2 月 8 日 西藏自治区与国务院联防联控机制工作指导组座谈，

就进一步扎实做好西藏疫情防控工作交换意见。会议指出，西藏自治区要按照中央部署要求，立足当前、着眼长远，进一步把中央制定的工作方案抓实抓细，确保工作措施严格规范，坚决打赢疫情防控阻击战。

2月12日 西藏首例新冠肺炎患者治愈出院。经自治区级定点医疗机构——自治区第三人民医院医护人员18天的精心诊治和护理，专家组评估认为符合国家卫生健康委最新的新冠肺炎确诊病例解除隔离和出院标准，2月12日下午，西藏首例新冠肺炎患者治愈出院。这是迄今为止，西藏唯一一例确诊的新冠肺炎患者。

2月14日 西藏首次大批量捐赠湖北的抗疫物资启运。这批物资包括50吨牦牛肉、1826吨天然矿泉水，价值850万元。西藏在做好自身疫情防控的同时，积极筹集物资驰援湖北，以实际行动支持湖北省抗击疫情与回报对口援藏之情，这批近两千吨承载着高原人民深情厚谊的爱心生活物资，预计19日到达湖北黄石、十堰市。

2月16日 西藏为驰援湖北省的疾控人员送行。为积极响应国家卫生健康委员会号召，西藏紧急抽调3名疾控人员赴湖北省开展流行病学调查及排查工作。16日晚，西藏自治区为出征人员送行，勉励他们要增强“四个意识”、坚定“四个自信”，认真贯彻落实习近平总书记和党中央、国务院决策部署，按照自治区党委、政府统一安排，用实际行动做到“两个维护”。

2月16日 自治区脱贫攻坚指挥部办公室印发《关于做好新冠肺炎疫情防控期间脱贫攻坚工作的通知》。《通知》指出，2020年是全面建成小康社会的收官之年、决战脱贫攻坚之年，做好今年的脱贫攻坚工作极其特殊、极为重要。突如其来的新冠肺炎疫情为巩固脱贫攻坚成果带来了新的困难和挑战。要补齐短板，建立健全脱贫动态监测和返贫预警机制，切实巩固脱贫攻坚成果，坚决打赢疫情防控阻击战。

2月23日 习近平回信勉励在首钢医院实习的西藏大学医学院学生。在藏历新年来临之际，中共中央总书记、国家主席、中央军委主席习近平2月21日给正在北京大学首钢医院实习的西藏大学医学院学生回信，肯定他们献身西藏医疗卫生事业的志向，勉励他们练就过硬本领、服务基层人民，并向他们以及藏区各族群众致以节日的问候和美好的祝愿。

2月28日 西藏援鄂第二批抗疫生活物资启运。28日上午11时许，满载着2000吨天然饮用水、60吨藏香猪肉的33个火车集装箱和5辆冷链车分别从拉萨和昌都两地同步启运奔赴武汉，驰援湖北。为支持湖北省打赢疫情防控阻击战，自治区党委、政府统一部署，在第一批价值850万元的捐赠物资运抵湖北后，再次筹集了第二批价值940.2万元的天然饮用水和藏香猪肉发往武汉。

2月28日 西藏公路通车总里程超10万公里。截至2019年底，全区公路通车总里程为103579.2公里，其中农村公路74043.9公里，占比71.5%。

3月3日 西藏支持疫情防控捐赠款物逾2.23亿元。西藏积极开展抗击疫情捐款捐物，驰援湖北等地。截至3月1日，全区共接收捐赠疫情防控资金和物资折合人民币共计22309.9万元。其中，所有捐赠款项中，定向区内疫情防控捐赠款物折合人民币共计12474.81196万元，定向区外疫情防控捐赠款物折合人民币共计9835.094033万元。

3月5日 西藏部分景区将对全国医护人员公安干警免费开放。西藏部分景区推出了针对全国医护人员、公安干警的免费政策。活动时间为自景区正式开园起至2020年12月31日止。

3月7日 决战决胜脱贫攻坚座谈会西藏分会场会议召开。会议强调，在新冠肺炎疫情防控形势持续向好、生产生活秩序加快恢复的关键阶段，党中央专门召开座谈会，习近平总书记发表重要讲话，对克服疫情影响、决战决胜脱贫攻坚进行再安排再部署，充分体现了以习近平同志为核心的党中央带领全国各族人民打赢脱贫攻坚战的坚强决心和坚定信心，必将进一步激励全党全国各族人民坚定信心、振奋精神，奋力夺取脱贫攻坚全面胜利。

3月17日　自治区围绕西藏高校毕业生就业创业工作进行调研，与求职者和创业者面对面交流，听取他们关于就业创业的意见建议，鼓励他们要牢记总书记的殷殷重托，到人民最需要的地方去，转变观念、敢闯敢干，在创新创业中实现青春梦想和人生价值。

4月4日　西藏各地举行哀悼活动深切缅怀抗击新冠肺炎疫情斗争牺牲烈士和逝世同胞。自治区向新冠肺炎疫情牺牲烈士和逝世同胞哀悼活动在拉萨举行。自治区领导与各族各界群众一起，深切悼念牺牲烈士和逝世同胞。

4月4日　自治区看望慰问西藏援鄂疾控专业人员。经过日日夜夜的连续奋战，在圆满完成支援湖北抗击新冠肺炎疫情任务、解除14天隔离后，4日上午，西藏援鄂疾控专业人员郭林海、宋启飞、白玛赤列3位同志乘机回到拉萨。自治区党委领导在拉萨特地看望慰问了他们，代表自治区党委、政府和全区各族人民向他们及家人表示最崇高的敬意和衷心感谢。

4月7日　第二次青藏科考取得多项重大成果。2019年以来，第二次青藏高原综合科学考察研究队在西藏共采集大气、水文、土壤等环境要素样品1.2万余份，采集动植物、微生物样本4.4万余份，收集经济社会发展等资料超2200套，开展入户访谈、问卷调查近2400次，组织召开各类科考座谈会近140场，在亚洲水塔变化与影响及应对等方面获得重大突破。

4月7日　拉林铁路全线47座隧道全部贯通。4月7日上午11时，在建川藏铁路拉萨至林芝段重点控制性工程——米林隧道和藏嘎隧道顺利贯通，至此，川藏铁路拉林段全线 47 座 216.5 公里隧道全部贯通，这标志着川藏铁路拉林段工程建设取得决定性进展，为该段线路按期开通运营奠定坚实基础。

4 月 14 日　自治区党委主要领导深入山南市洛扎县边境村庄和执勤点等最前沿，就维护边境地区和谐稳定、边境小康村建设、边境地区基层组织建设等工作进行实地调研，强调，要牢记习近平总书记的殷殷重托，像格桑花一样扎根在雪域边陲，守护神圣国土、建设幸福家园，让鲜艳的五星红旗高高飘扬。

4 月 30 日　我国建成全球海拔最高 5G 基站。中国移动公司在珠峰海拔 6500 米前进营地的 5G 基站正式开通，标志着我国已建成全球海拔最高 5G 基站，5G 信号实现对珠峰北坡登山线路及峰顶的全覆盖。同时，中国移动与华为、四川准达联合部署的 F5G 千兆光纤网络也实现了海拔 6500 米高地的同步开通。

5 月 1 日　一季度西藏经济实现全国唯一正增长。据《西藏日报》报道，今年以来，全区上下统筹推进疫情防控和经济社会发展各项工作，在各项政策措施作用下，全区经济活动逐步恢复，基本民生有效保障，复工复产加快推进，全区经济社会形势不断向好。2020 年一季度，全区实现地区生产总值 384.58 亿元，同比增长 1.0%，增速比全国（–6.8%）高 7.8 个百分点，位居全国第一，是全国唯一实现正增长的省份。

5 月 2 日　“电力天路”再次刷新世界纪录。在海拔 5357 米的拉孜县与定日县交界处的嘉措拉山上，随着藏中与阿里电网联网工程 4R053 号世界最高 500 千伏输电铁塔的成功组立，再次刷新了我国在（藏中电网联网工程创造和保持的海拔 5259 米）世界超高压电网建设领域的新纪录。

5月2日 自治区与国务院联防联控机制工作指导组座谈，就做好常态化疫情防控特别是境外输入性疫情防控工作交换意见。会议指出，要认真贯彻落实习近平总书记重要指示精神和中央应对新冠肺炎疫情工作领导小组部署要求，坚持问题导向，找准薄弱环节，提出对策建议，助推西藏进一步提升常态化防控能力，全力做好疫情防控各项工作。

5月4日 “西藏青年五四奖章”颁授。为集中展示新时代西藏青年的精神品格和价值追求，激励全区各族青年发扬五四精神，勇担历史重任,在推进新时代西藏长足发展和长治久安伟大征程中建功立业、彰显价值，共青团西藏自治区委员会、西藏自治区青年联合会决定，授予曹晓花等16名同志第16届“西藏青年五四奖章”，授予那曲市安多县公安局交警大队等10个青年集体第16届“西藏青年五四奖章集体”。

5月9日 西藏首个综合保税区设立。据《西藏日报》报道，拉萨综合保税区正式获国务院批复设立，这是西藏首个综合保税区，也是西藏首个海关特殊监管区域。建成后的拉萨综合保税区是西藏自治区融入“一带一路”倡议、建设“孟中印缅经济走廊”“南亚陆路大通道”的重要载体，是把拉萨市建设成为面向南亚开放中心城市的关键抓手。

5月27日 2020珠峰高程测量登山队登顶珠穆朗玛峰。他们将在峰顶竖立觇标，安装GNSS天线，开展各项峰顶测量工作。为得到精确的数据，科学家需要通过复杂的计算，以消除误差。这一系统工程还需要2到3个月左右时间，最后还要经过一定审核程序，才会得出并公布珠峰确切“身高”。45年前的今天，中国人首次将觇标带至珠峰峰顶。

6月4日 西藏仍然是世界上生态环境质量最好的地区之一。《2019

年西藏自治区生态环境状况公报》发布。2019 年，全区环境空气质量整体保持优良，环境空气质量平均优良天数比例为 99.6%。拉萨市环境空气质量平均优良天数比例为 99.7%，在全国 168 个重点城市中排名第 1 位。珠穆朗玛峰区域环境空气质量继续保持在优良状态，达到一级标准。全区水、土壤、声、辐射环境整体保持良好，达到国家相关标准。监测表明，2019 年全区生物多样性和生态系统总体保持稳定，西藏仍然是世界上生态环境质量最好的地区之一。

6 月 7 日　全区疫情防控工作全面转入常态化管理。为深入贯彻落实党中央关于抓紧抓实抓细常态化疫情防控工作的决策部署和国务院联防联控机制关于做好新冠肺炎疫情常态化防控工作的要求，经自治区党委、政府同意，自治区应对新冠肺炎疫情工作领导小组办公室于日前印发了《西藏自治区关于做好新冠肺炎疫情常态化防控工作的意见》，对全区疫情常态化防控工作做了全面安排部署，全区新冠肺炎疫情防控工作由应急管理状态全面转入常态化管理。

6 月 9 日　西藏首次开展飞播造林作业。为加快国土绿化步伐，加快恢复和扩大林草植被，由两架空客 H125 直升机执飞的 2020 年飞播造林试验飞行作业在拉萨市启动。开展飞播造林试验飞行作业，在全区尚属首次，将填补西藏无飞播造林的历史。

6 月 12 日　教育对口支援西藏工作视频会议召开。为深入贯彻落实党中央关于脱贫攻坚总要求，打赢教育脱贫攻坚战，助力西藏教育快速发展，教育对口支援西藏工作视频会议召开，对标对表中央关于西藏教育工作决策部署，总结经验、分析形势、部署工作。教育部与自治区有关领导出席会议并讲话。

6 月 14 日　西藏打造云计算数据中心。据新华社消息，西藏云计算数据中心目前已完成一期一阶段项目建设，并开始投入试运营。该中心是目前全球海拔最高的云计算数据中心，整个项目占地面积 64.5

万平方米，总投资118亿元，预计在五至六年后全部完成。

6月14日　自治区深度贫困地区脱贫攻坚现场推进暨深化对口援藏扶贫工作会议召开。自治区对中央和国家机关部委、对口支援省市、中央企业长期以来对西藏工作的无私支援和大力支持表示衷心感谢，衷心希望一如既往地重视支持对口支援和扶贫协作工作，继续加大就业扶贫、产业扶贫、消费扶贫、项目扶贫、人才扶贫力度，助力西藏决战决胜脱贫攻坚战。会上，19个援藏省市、援藏央企与自治区和7个地市分别签订2020年扶贫产业、就业和消费扶贫企业合作协议，涉及312个帮扶项目，项目资金约159亿元。

6月19日　西藏实现所有行政村文艺演出队全覆盖。为丰富农牧区各族群众精神文化生活需求，西藏进一步加大村级公共文化资源供给，截至今年6月，已实现所有行政村文艺演出队全覆盖。西藏已基本建成区市县乡四级公共文化设施网络，实现各地市有图书馆、群艺馆和博物馆，各县有综合文化活动中心，各乡有综合文化站。

6月28日　自治区科学技术奖励大会召开。会议宣读了表彰决定，并为2019年度何梁何利基金科学与技术奖获得者多吉院士，2018年度自治区科学技术奖杰出贡献奖获得者刘务林研究员，2018年度何梁何利基金科学与技术奖、2019年度自治区科学技术奖杰出贡献奖获得者王保海研究员颁奖；并和自治区领导一起为自治区科学技术奖获奖代表颁奖。

7月2日　西藏党员队伍结构更加优化。《2019年中国共产党西藏自治区党内统计公报》显示，截至2019年底，全区党员总数为39.8万名，比上年净增1.6万名。党的基层组织2.2万个，比上年增加0.1万个。全区党的组织体系更加健全，党的执政根基进一步夯实。

7月2日　位于陕西省西咸新区秦汉新城的西藏民族大学秦汉校区正式启用。据悉，西藏民族大学秦汉校区占地面积763.5亩，于

2016年7月正式动工，总投资6.6亿元，总建设规模达15.36万平方米。

7月6日—8日 中共中央政治局常委、全国政协主席汪洋近日在西藏调研。他强调，要深入学习领会习近平总书记关于西藏工作的重要论述和新时代党的治藏方略，从中华民族伟大复兴战略全局和世界百年未有之大变局的高度审视和谋划西藏工作，紧紧围绕维护祖国统一、加强民族团结这个着眼点和着力点，多谋长远之策，多行固本之举，坚决开展反分裂斗争，坚决防范和化解重大风险挑战，不断夯实西藏长治久安的根基。

7月20日 自治区党委全面依法治藏委员会会议召开，传达学习习近平总书记在中央全面依法治国委员会第三次会议上的重要讲话精神，听取有关汇报，研究有关事项，安排部署下一阶段工作。会议指出，下一步工作要把党中央关于全面依法治国的决策部署落实好，在工作实践中总结经验、查找不足、补齐短板，充满自信、开拓创新、扎实工作，围绕长足发展和长治久安总目标，把全面依法治藏的基础性、先导性、全局性作用充分发挥出来，更加扎实推进依法治藏，努力实现各项工作法治化。

7月21日 西藏旅游市场复苏率全国第一。据《西藏日报》报道，今年上半年，西藏接待游客达833万余人次，在全国旅游市场复苏率中排名第一。特别是5、6月以来，西藏旅游率先在全国范围内实现正增长，同比分别增长27.04%、36.86%。

7月22日 自治区党委主要领导调研旅游产业发展情况，强调，要按照中央要求，结合西藏实际，紧紧围绕全区经济社会发展的出发点和落脚点，坚持以人民为中心的发展思想，在狠抓疫情防控常态化工作不放松的基础上，打好组合拳、搭建大舞台、唱响旅游戏，克服新冠肺炎疫情影响，多措并举助力旅游行业加快复苏，推动经济高质量发展和绿色发展。

7 月 24 日 西藏经济运行复苏态势明显。自治区政府新闻发布会发布消息，据地区生产总值统一核算结果，今年上半年，全区生产总值为 838.38 亿元，同比增长 5.1%；城镇居民人均可支配收入 20151 元，同比增长 8.8%；农村居民人均可支配收入 4425 元，同比增长 10.4%；农村居民人均可支配收入增速快于城镇居民 1.6 个百分点。

8 月 3 日 中共中央政治局委员、国家脱贫攻坚普查领导小组组长胡春华在西藏自治区考察国家脱贫攻坚普查现场登记工作。胡春华指出，脱贫攻坚普查是全面检验脱贫攻坚成效的重要基础性工作，将为党中央适时宣布打赢脱贫攻坚战、全面建成小康社会提供数据支撑，必须坚决按时保质完成。他强调，要深入学习贯彻习近平总书记重要指示批示精神，按照党中央、国务院决策部署，高标准做好普查现场登记工作，高质量如期完成普查各项任务。

8 月 6 日 西藏数字产业加速发展。2020 年以来，西藏着力健全规划政策体系，发布实施《西藏自治区数字经济发展规划（2020—2025 年）》《关于推进 5G 网络发展的实施意见》《“数字西藏”建设三年实施方案（2020—2022 年）》《“智慧西藏”建设三年实施方案（2020—2022 年）》等政策规划，顶层设计基本完成。上半年全区数字经济规模达 171.3 亿元，同比增长约 22.3%，促进了教育、政务、旅游等大数据应用示范。

8 月 14 日 王毅在西藏调研。国务委员兼外交部长王毅在西藏调研，并与自治区党委政府负责同志座谈。王毅介绍了当前国际形势和外交工作主要情况，并强调，近年来，在以习近平同志为核心的党中央坚强领导下，西藏自治区坚持以习近平新时代中国特色社会主义思想为指引，经济社会发展成就显著，在稳边固边兴边、对外交往合作及参与“一带一路”建设等方面取得重要成效。

8月26日 74个县（区）2050个建制村全部通客车。西藏“四好农村路”建设成就新闻发布会举行。截至25日，全区74个县(区)、476个乡镇、2050个建制村全部通客车，提前一个多月完成了交通运输部部署的“今年9月底前全部实现具备条件的乡镇和建制村通客车”的目标任务，这是西藏交通运输事业特别是“四好农村路”建设取得的又一项重大成果。

8月28日—29日 中央第七次西藏工作座谈会在北京召开。中共中央总书记、国家主席、中央军委主席习近平出席会议并发表重要讲话。习近平强调，面对新形势新任务，必须全面贯彻新时代党的治藏方略，坚持统筹推进“五位一体”总体布局、协调推进“四个全面”战略布局，坚持稳中求进工作总基调，铸牢中华民族共同体意识，提升发展质量，保障和改善民生，推进生态文明建设，加强党的组织和政权建设，确保国家安全和长治久安，确保人民生活水平不断提高，确保生态环境良好，确保边防巩固和边境安全，努力建设团结富裕文明和谐美丽的社会主义现代化新西藏。习近平强调，党中央历来高度重视西藏工作，改革开放以来先后召开6次西藏工作座谈会，每次都根据现实情况作出重大决策部署。党的十八大以来，西藏工作面临的形势和任务发生深刻变化，我们深化对西藏工作的规律性认识，总结党领导人民治藏稳藏兴藏的成功经验，形成了新时代党的治藏方略。做好西藏工作，必须坚持中国共产党领导、中国特色社会主义制度、民族区域自治制度，必须坚持治国必治边、治边先稳藏的战略思想，必须把维护祖国统一、加强民族团结作为西藏工作的着眼点和着力点，必须坚持依法治藏、富民兴藏、长期建藏、凝聚人心、夯实基础的重要原则，必须统筹国内国际两个大局，必须把改善民生、凝聚人心作为经济社会发展的出发点和落脚点，必须促进各民族交往交流交融，必须坚持我国宗教中国化方向、依法管理宗教事务，必须坚持生态保护第一，必须加强党的建设特别是政治建设。新时代党的治藏方略是做好西藏工作的根本遵循，必须长期坚持、全面落实。李克强主持会议。栗战书、王沪宁、赵乐际、韩正出席会议。汪洋作总结讲话。

8月29日 自治区党委、政府与人力资源和社会保障部在北京签署部区共建西藏技师学院备忘录，共谋西藏技工教育健康发展大计，进一步提升西藏技工教育水平。此次签署的备忘录，涉及师资队伍建设、专业建设、技能人才评价、项目建设等十个方面，对进一步助力西藏培养高层次技能人才、服务地区发展、助力脱贫攻坚具有重要意义。

9月4日 西藏各族各界庆祝西藏自治区成立55周年。西藏各族各界代表欢聚一堂，隆重召开庆祝西藏自治区成立55周年座谈会，回顾55年辉煌成就，展望新时代美好前景。

9月4日 西藏启动“十四五”卫生健康规划编制工作。国家卫生健康委卫生发展研究中心与自治区卫生健康委召开战略合作启动会，双方就西藏自治区“十四五”卫生健康相关规划编制工作进行探讨，并签订《西藏自治区“十四五”卫生健康规划战略合作框架协议》。“十四五”卫生健康规划编制工作将确定先行开展“十四五”全民健康高质量发展规划、深化医药卫生体制改革规划、卫生健康服务体系规划、突发急性传染病防控和紧急医学救援规划、全民健康信息化发展规划等编制工作。

9月15日—18日 河北省援藏工作考察团在藏调研对口支援工作。为深入贯彻落实习近平总书记在中央第七次西藏工作座谈会上的重要讲话精神和党中央决策部署，9月15日至18日，河北省援藏工作考察团赴藏调研，召开对口支援工作座谈会，签署加强对口支援与合作协议，推动新时代河北对口援藏工作再上新台阶。

9月23日 西藏以电视电话会议形式召开学习宣传贯彻中央第七

次西藏工作座谈会精神干部大会。会议强调，全区广大党员干部特别是领导干部，要把学习宣传贯彻中央第七次西藏工作座谈会精神特别是习近平总书记重要讲话精神，作为当前和今后一个时期的重大政治任务，不仅自己要学深学透，更要做好宣传工作，切实做到带头学、带头讲、带头干，带动全区各族干部群众全面贯彻新时代党的治藏方略，扎实做好各项工作，努力建设团结富裕文明和谐美丽的社会主义现代化新西藏，谱写好中华民族伟大复兴中国梦的西藏篇章。

9月23日　教育部工作组在藏调研。为深入贯彻落实中央第七次西藏工作座谈会精神，教育部深入西藏各级各类学校，就贯彻落实中央第七次西藏工作座谈会精神，深化西藏教育改革发展进行调研，召开贯彻落实中央第七次西藏工作座谈会精神推进会，推动新时代西藏教育高质量发展。自治区党政领导陪同调研或出席推进会。

9月24日　自治区扶贫开发工作领导小组会议召开。为深入学习贯彻习近平总书记在中央第七次西藏工作座谈会上关于扶贫工作的重要指示精神，切实巩固脱贫攻坚成果，做好新形势下扶贫工作，24日上午，自治区召开自治区扶贫开发工作领导小组会议。会议听取了2020年全区脱贫攻坚工作情况汇报，审议了有关报告和项目计划，与会人员围绕进一步巩固西藏脱贫攻坚成果发表意见建议。

9月28日—29日　自治区党委九届八次全会在拉萨举行。自治区党委常委会主持会议。全会听取和讨论了工作报告。会议传达学习了中央第七次西藏工作座谈会精神，对新时代西藏长治久安和高质量发展作出了全面部署。会议号召，全区广大党员干部群众要更加紧密地团结在以习近平同志为核心的党中央周围，坚持以习近平新时代中国特色社会主义思想和习近平总书记西藏工作重要论述为指导，全面贯彻新时代党的治藏方略，守土有责、守土担责、守土尽责，确保国家安全和长治久安、确保人民生活水平不断提高、确保生态环境良好、确保边防巩固和边境安全，努力建设团结富裕文明和谐美丽的社会主义现代化新西藏，奋力谱写好中华民族伟大复兴中国梦的西藏篇章。

10 月 3 日—4 日 广东·西藏对口支援工作座谈会召开。为深入贯彻落实习近平总书记在中央第七次西藏工作座谈会上的重要讲话精神和党中央决策部署，广东省党政代表团赴林芝调研，召开对口支援工作座谈会，推动新时代广东对口援藏工作再上新台阶。

10 月 9 日 昌都解放 70 周年庆祝大会举行。昌都解放 70 周年庆祝大会在昌都市综合体育馆隆重举行。中央统战部发来贺信。会议强调，70 年来，在中国共产党的领导下，在党的民族政策光辉照耀下，在全国各族人民的无私支援下，昌都各族人民以“敢叫日月换新天”的顽强意志积极投身社会主义建设和改革开放伟大事业，走上了中国特色社会主义的康庄大道。自治区党委殷切期望昌都各族干部群众，坚持以习近平新时代中国特色社会主义思想为指导，深入贯彻习近平总书记在中央第七次西藏工作座谈会上的重要讲话精神，贯彻习近平总书记关于西藏工作的重要论述和新时代党的治藏方略，增强“四个意识”、坚定“四个自信”、做到“两个维护”，以更加奋发有为的精神状态，扎实做好稳定、发展、生态、强边四件大事，不断谱写昌都各族人民美好生活的新篇章。

10 月 15 日 国务院新闻办公室在拉萨举行西藏脱贫攻坚新闻发布会。国内外 35 家媒体记者参会。发布会上，国内外媒体记者围绕西藏巩固提升脱贫攻坚成果、激发群众内生动力、推动群众持续增收、易地扶贫搬迁、农牧民转移就业、防止返贫致贫等踊跃提问。自治区党政领导同志主持发布并回答记者提问。

10 月 15 日 西藏历史性消除绝对贫困。国务院新闻办公室在拉萨举行新闻发布会，通报称，截至 2019 年底，西藏 74 个贫困县区全部摘帽，62.8 万建档立卡贫困人口全部脱贫，年人均纯收入从 2015

年底的1499元增加到2019年的9328元，历史性消除绝对贫困。据第三方评估，西藏脱贫攻坚群众满意度达99%以上。

10月20日 川藏铁路雅安至林芝段正式进入建设实施阶段。据新华社消息，经党中央、国务院批准，国家发展改革委近日批复同意建设川藏铁路雅安至林芝段，标志着这一重大工程正式进入建设实施阶段。

11月1日 西藏第七次全国人口普查登记工作启动。第七次全国人口普查登记工作主要调查人口和住户的基本情况，包括姓名、公民身份证号码、性别、年龄、民族、受教育程度、职业、迁移流动、婚姻生育、住房情况等内容。

11月9日 全国文化和旅游系统对口援藏工作会议在拉萨召开，认真学习贯彻党的十九届五中全会和中央第七次西藏工作座谈会精神，总结近年来全国文化和旅游系统对口援藏工作，研究部署下一阶段重点任务。文化和旅游部、自治区党政领导出席会议并讲话。

11月20日 未来三年西藏将向十一省市送电61亿千瓦时。国家电网有限公司“2021—2023年61亿千瓦时西藏清洁能源消纳框架协议”签约仪式在四川成都举行。本次协议签约电量达61亿千瓦时，根据协议，2021至2023年，西藏电网将通过雅中、昭沂、青豫、灵绍等多条特高压直流线路逐年输送20亿千瓦时、20亿千瓦时、21亿千瓦时的清洁能源至北京、河北、山东、上海、浙江、安徽、湖北、河南、江西、陕西、重庆等中东部地区11省（市）消纳。

11月20日—22日 生态环境部调研组在西藏调研。调研组在林芝市调研川藏铁路、对口援藏等工作，主持召开川藏铁路绿色工程建设座谈会。自治区主席一同调研。调研组表示，生态环境部将认真贯彻落实党中央、国务院的决策部署，继续加大对西藏生态环境保护工作的支持力度，协调推进各项工作，为推动新时代西藏长治久安和高质量发展作出应有贡献。

11月24日 全区企业家座谈会召开，深入学习贯彻党的十九届五中全会和中央第七次西藏工作座谈会精神，学习贯彻习近平总书记在企业家座谈会上的重要讲话和对新时代民营经济统战工作作出的重要指示精神，学习贯彻新时代党的治藏方略和习近平总书记关于西藏工作的重要论述，学习贯彻全国政协主席汪洋在全国民营经济统战工作会议上的讲话精神，与企业家共同探讨保护市场主体、推动企业发展、深化企业改革，了解需要帮助支持解决的困难问题，听取对编制好西藏“十四五”规划的意见建议。

12月2日 全区基层党建工作表彰会议召开，隆重表彰在稳定发展生态强边工作中作出突出贡献的全区百佳农牧区基层党组织，分析当前全区基层党建工作形势，部署下一阶段工作，进一步动员基层党组织和广大党员干部为推进新时代西藏长治久安和高质量发展而不懈奋斗。自治区党委书记、区党委党的建设工作领导小组组长出席会议并讲话。自治区党委常务副书记、自治区政协党组书记主持会议。

12月4日 西藏迈入统一电网时代。阿里与藏中电网联网工程是迄今为止世界上海拔最高、运距最远、最具挑战性的500千伏输变电工程。阿里与藏中电网联网工程投运，标志着全国陆路地区最后一个地级行政区域接入国家大电网，工程沿线16个县38万农牧民将用上安全可靠的放心电，西藏迈入主电网覆盖全区7地市74县区的统一电网时代。

12月8日—9日 自治区强边工作会议在日喀则市亚东县召开，深入学习贯彻习近平总书记治国必治边、治边先稳藏战略思想和新时代党的治藏方略，按照党的十九届五中全会和中央第七次西藏工作座谈会部署，聚焦强边这件大事，总结成绩、分析形势、部署工作，加快边境地区建设，确保边防巩固和边境安全。自治区党政军领导出席会议并讲话。

12 月 18 日　全球海拔最高的数据中心——宁算数据中心（一期）工程项目顺利竣工并通过相关验收。项目填补了西藏大数据存储中心的空白。该项目将以在藏数据中心为基础，布局国际离岸数据中心运营，建设面向南亚的国际关口局，旨在积极拓展尼泊尔、巴基斯坦、印度等南亚及东南亚 20 亿人口市场。

12 月 23 日　自治区住房和城乡建设厅宣布，“十三五” 期间，西藏完成城镇基础设施投资 475.46 亿元，全区城镇公共供水普及率、污水垃圾处理率和高寒高海拔城镇供暖覆盖率等市政公用服务水平得到显著提升，全区城镇面貌发生巨大变化，人民群众的幸福感、获得感和安全感不断增强。

12 月 24 日　中央“十三五”期间累计向西藏投资 3136 亿元。截至 2020 年 10 月底，中央政府在“十三五”期间已累计向西藏投资 3136 亿元，超出规划投资额的 17.3%，包括电力等重大基础设施建设在内的一大批重点项目，为西藏经济社会发展提供了强有力的支撑。

12 月 25 日—27 日　自治区党委九届九次全会暨区党委经济工作会议在拉萨举行。会议的主要任务是：坚持以习近平新时代中国特色社会主义思想为指导，深入学习贯彻党的十九届五中全会、中央经济工作会议和中央第七次西藏工作座谈会精神，总结成绩，分析形势，研究部署西藏“十四五”规划和 2035 年远景目标及明年经济工作，动员全区各级党政组织和广大党员干部振奋精神、真抓实干，确保“十四五”开好局、起好步。

12 月 26 日　全区文化产业行业年产值超 60 亿元。2020 年全区文化产业行业年产值达 60.95 亿元，各类文化企业达 7500 余家，从业人员近 7 万人，国家、区、市（地）、县（区）四级文化产业示范基地（园区）达 234 家。文化企业成为西藏特色文化产业发展的主力军和重点扶持的市场主体。

12 月 28 日 中央农村工作会议西藏分会场会议召开。就贯彻落实中央农村工作会议精神，会议强调，要增强“四个意识”、坚定“四个自信”、做到“两个维护”，用心学习领会习近平总书记重要讲话精神，切实把思想和行动统一到习近平总书记的重要讲话精神上来，统一到党中央关于“三农”工作的决策部署上来，大力实施乡村振兴战略，全面推进西藏农业农村现代化。

12 月 31 日 川藏铁路拉林段正线轨道铺通。川藏铁路拉萨至林芝段林芝车站最后一排长 25 米的轨排铺设完成，标志着拉林铁路 399.61 公里的正线轨道铺通。拉林铁路全线计划于 2021 年 6 月 30 日建成通车，这将进一步优化和改善西藏交通路网布局，结束藏东南不通火车的历史，为当地的经济社会发展注入新的活力，也为川藏铁路林雅段建设提供了更加便捷的运输通道。

后 记

本书坚持辩证唯物主义和历史唯物主义编修原则，真实客观公正地反映在党的领导下西藏全面建成小康社会的历史进程，并注重权威性，资料主要来源为《中国共产党西藏历史大事记（1949—2014）》《西藏脱贫攻坚大事记（2016—2020）》《西藏日报合订本（2015—2020）》。此次编修以党的十八大以来相关内容为主，1949 年至 2011 年内容占比 1/3，党的十八大以来内容占比 2/3。

记载内容为党中央关于西藏工作的重要会议、重要文件，中央领导在西藏考察调研及关于西藏工作的指示批示、贺信贺电等。记录自治区党委历届党代会，贯彻党中央、国务院关于全面建成小康社会相关决策的自治区党委常委会（扩大）会议。记录自治区领导关于西藏全面建成小康社会有关主题的考察调研、重要会议、重大活动等。记录在党的领导下，西藏经济建设、政治建设、文化建设、社会建设和生态文明建设方面取得的重大成就、重要变化。记录西藏在经济建设、政治建设、文化建设、社会建设和生态文明建设方面发布施行的具有全区性的政策、措施、文件等。

按时间顺序编写，采用编年体记述，以时为经、以事为纬，逐年记述，全面准确地反映中国共产党领导西藏各族人民全面建成小康社会的历史脉络。根据事件重要程度、与全面建成小康社会“五位一体”关联程度，进行内容取舍。记录党中央和区党委文件指示、重要会议、重大活动等，注重提炼核心内容和主要精神。记录史实客观真实公正，避免夹杂编者个人情感和主观评价。

本书以马克思列宁主义、毛泽东思想、邓小平理论、“三个代表”重要思想、科学发展观和习近平新时代中国特色社会主义思想为指导，深入贯彻落实党的十九大和十九届历次工作会议精神，深入贯彻落实习近平总书记关于全面建成小康社会和关于西藏工作的重要论述，深入贯彻落实中央第七次西藏工作座谈会精神和新时代党的治藏方略，忠实记录、生动反映新中国成立以来，中国共产党领导西藏各族人民全面建成小康社会的重大决策、光辉历程和丰功伟绩，激励西藏各族人民在新征程上奋勇前进、不懈奋斗，凝聚起建设团结富裕文明和谐美丽的社会主义现代化新西藏的磅礴合力。

参加本书编辑工作的有廖云路、陈振东、郭琳、曾琳、王丽同志。为本书从各方面提供支持的还有西藏自治区党委宣传部新闻处蒋志伟、郭红岩、鹿其寅、云丹加措、尚琨等同志。

本书编写组

2022 年 5 月